D1730199

Eine Arbeitsgemeinschaft der Verlage

Wilhelm Fink Verlag München
Gustav Fischer Verlag Stuttgart
Francke Verlag Tübingen
Paul Haupt Verlag Bern und Stuttgart
Dr. Alfred Hüthig Verlag Heidelberg
Leske Verlag + Budrich GmbH Opladen
J. C. B. Mohr (Paul Siebeck) Tübingen
R. v. Decker & C. F. Müller Verlagsgesellschaft m. b. H. Heidelberg
Quelle & Meyer Heidelberg · Wiesbaden
Ernst Reinhardt Verlag München und Basel
F. K. Schattauer Verlag Stuttgart · New York
Ferdinand Schöningh Verlag Paderborn · München · Wien · Zürich
Eugen Ulmer Verlag Stuttgart
Vandenhoeck & Ruprecht in Göttingen und Zürich

Für Dorothee

Jörn Altmann

Volkswirtschaftslehre

Einführende Theorie mit praktischen Bezügen

2., durchgesehene Auflage

106 Abbildungen

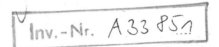
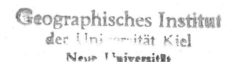
Gustav Fischer Verlag · Stuttgart

Adresse des Autors:

Prof. Dr. Jörn Altmann
Universitätsstr. 150
4630 Bochum

CIP-Titelaufnahme der Deutschen Bibliothek

Altmann, Jörn:
Volkswirtschaftslehre : einführende Theorie mit praktischen
Bezügen / Jörn Altmann. – 2., durchges. Aufl. – Stuttgart :
G. Fischer, 1990
    (UTB für Wissenschaft : Uni-Taschenbücher ; 1504)
    ISBN 3-437-40230-7
NE: UTB für Wissenschaft / Uni-Taschenbücher

Gesamtherstellung: Graph. Großbetrieb Friedrich Pustet, Regensburg
Gesetzt in der 9/10 p Sabon auf LTC 300
Umschlaggestaltung: Alfred Krugmann, Stuttgart
Printed in Germany

Inhalt

Abbildungsverzeichnis IX
Vorwort XIII

1.   Volkswirtschaftstheorie und Wirtschaftspolitik   1

2.   Grundbegriffe des Wirtschaftens   5
2.1 Bedürfnisse   5
2.2 Güter 10
2.3 Produktionsfaktoren 15
2.4 Das ökonomische Prinzip 20
2.5 Arbeitsteilung und Produktivität 21
2.6 Sektorenbildung 30

3.   Kreislauf 35
3.1 Realer Tausch und Geld 36
3.1.1 Realtausch-Probleme 39
3.1.2 Geldfunktionen 41
3.1.3 Geldarten 43
3.1.4 Geldschöpfung 47
3.2 Güter- und Geldkreislauf 51
3.3 Kapitalbildung 57

4.   Sozialproduktskonzepte 61
4.1 Entstehung des Sozialprodukts 61
4.1.1 Erfassung des Sozialprodukts 61
4.1.1.1 Bruttowertschöpfung 61
4.1.1.2 Brutto- und Nettosozialprodukt 66
4.1.2 Bewertung des Sozialprodukts 69
4.1.2.1 Marktpreise und Faktorkosten 69
4.1.2.2 Volkseinkommen 73
4.2 Verteilung des Sozialprodukts 75
4.3 Verwendung des Sozialprodukts 77
4.4 Zusammenfassende Übersicht 78
4.5 Erfassungs- und Bewertungsprobleme 80
4.5.1 Inlands- und Inländerprodukte 80
4.5.2 Methodische Probleme 82
4.5.2.1 Nichterfassen produktiver Tätigkeiten 82
4.5.2.2 Reales und nominales Sozialprodukt 83

4.5.2.3 Sozialprodukt pro Kopf und tatsächliche Verteilung . . . 86
4.5.2.4 »Kanonen statt Butter« 88

5.   **Wirtschaftssysteme und Wirtschaftsordnungen** 91
5.1   Allgemeines 91
5.2   Marktwirtschaft 93
5.2.1   Merkmale 93
5.2.2   Formen 94
5.2.3   Probleme 95
5.3   Soziale Marktwirtschaft 96
5.4   Zentralverwaltungswirtschaft 97
5.4.1   Merkmale 97
5.4.2   Formen 97
5.4.3   Probleme 99
5.5   Konvergenz der Wirtschaftsordnungen? 100

6.   **Marktformen und Verhaltensweisen** 103
6.1   Marktformen 103
6.2   Typische Verhaltensweisen 106
6.2.1   Polypol 106
6.2.2   Monopol 107
6.2.3   Oligopol 108
6.3   Konzentration von Marktmacht 109
6.3.1   Formen 109
6.3.1.1 Kartell 109
6.3.1.2 Konzern 110
6.3.1.3 Fusion 111
6.3.2   Konzentrationskontrolle 112
6.3.2.1 Kartellverbot 113
6.3.2.2 Fusionskontrolle 115
6.3.2.3 Mißbrauchsaufsicht 117
6.3.3   Grenzen der Wettbewerbskontrolle 118

7.   **Marktpreisbildung** 123
7.1   Bestimmungsfaktoren der Nachfrage 123
7.1.1   Der Preis des betrachteten Gutes 124
7.1.2   Der Preis anderer Güter 133
7.1.3   Einkommen 134
7.1.4   Bedürfnisstruktur 136
7.1.4.1 Direkte Preiselastizität der Nachfrage 136
7.1.4.2 Die Kreuzpreiselastizität 143
7.1.4.3 Einkommenselastizität 145

7.2 Bestimmungsfaktoren des Angebots 146
7.2.1 Produktionsfunktionen und Faktoreinsatzverhältnisse . 146
7.2.2 Produktionskosten 151
7.2.3 Angebotsfunktion 154
7.3 Marktgleichgewicht 159
7.4 Störungen des Gleichgewichts 164
7.5 Staatliche Eingriffe in die Marktpreisbildung 171
7.5.1 Höchstpreise 171
7.5.2 Mindestpreise 176

8. **Schlußbemerkung** 185

Anhang: Einige Ergänzungen zum Elastizitätsbegriff 187

Literaturverzeichnis 193

Register 199

Abbildungsverzeichnis[1]

Abb. 2/1   Transitive Bedürfnisordnung   7
Abb. 2/2   Intransitiver Zirkel   7
Abb. 2/3   Wahlparadox   8
Abb. 2/4   Güter   11
Abb. 2/5   Kostendeckungsgrade öffentlicher Güter   14
Abb. 2/6   Produktionsfaktoren   16
Abb. 2/7   Produktionsfaktor Boden   16
Abb. 2/8   Produktionsfaktor Arbeit I   17
Abb. 2/9a Produktionsfaktor Arbeit II   18
Abb. 2/9b Produktionsfaktor Arbeit III   19
Abb. 2/10 Arbeitsteilung und Produktivität I   21
Abb. 2/11 Produktivitäten   24
Abb. 2/12 Produktivitätsentwicklung 25
Abb. 2/13 Arbeitsteilung und Produktivität II   25
Abb. 2/14 Arbeitsteilung und Produktivität III   27
Abb. 2/15 Volkswirtschaftliche Sektoren   31

Abb. 3/1   Autarkie   35
Abb. 3/2   Arbeitsteilung und Tausch   36
Abb. 3/3   Kreislauf I   37
Abb. 3/4   Realtausch I   37
Abb. 3/5   Realtausch II   38
Abb. 3/6   Realtausch III   39
Abb. 3/7   Realtausch IV   40
Abb. 3/8   Giralgeldschöpfung I   47
Abb. 3/9   Giralgeldschöpfung II   48
Abb. 3/10 Bargeldumlauf   50
Abb. 3/11 Kreislauf II   52
Abb. 3/12 Umschlagshäufigkeit des Geldes   55
Abb. 3/13 Quantitätsgleichung   55
Abb. 3/14 Kapitalbildung   58
Abb. 3/15 Volkswirtschaftliche Sektoren   59
Abb. 3/16 Zusammenfassung   60

---

[1] Eine Reihe von Abbildungen enthalten Überschriften von Zeitungsmeldungen. Aus Gründen der Übersichtlichkeit wird dabei auf Quellenangaben verzichtet.

Abb. 4/1   Wertschöpfung   62
Abb. 4/2   Marktpreiskalkulation   63
Abb. 4/3   Sozialproduktsbegriffe I   66
Abb. 4/4   Investitionsbegriffe   67
Abb. 4/5   Investitionsziele   68
Abb. 4/6   Sozialproduktsbegriffe II   69
Abb. 4/7   Marktpreise und Faktorkosten   71
Abb. 4/8   Sozialproduktsbegriffe III   72
Abb. 4/9   Faktorkosten/Faktoreinkommen   73
Abb. 4/10   Sozialproduktsbegriffe IV   74
Abb. 4/11   Sozialprodukt und Konjunktur   79
Abb. 4/12   Sozialproduktsbegriffe V   80
Abb. 4/13   Inlands- und Inländerprodukt   81
Abb. 4/14   Schattenwirtschaft   83
Abb. 4/15   Reales und nominales Sozialprodukt   85
Abb. 4/16   Sozialprodukt pro Kopf I   86
Abb. 4/17   Sozialprodukt pro Kopf II   87

Abb. 5/1   Wirtschaftssysteme   98
Abb. 5/2   Zentralverwaltungswirtschaftlicher Planungsprozeß   99
Abb. 5/3   Konvergenztheorie   100

Abb. 6/1   Markttypologie   103
Abb. 6/2   Machtkonzentration   104
Abb. 6/3   Marktformen (Beispiele)   105
Abb. 6/4   Konzentrationsformen   109
Abb. 6/5   Schachtelkonzern   111
Abb. 6/6   Aufgaben des Kartellamts   113
Abb. 6/7   Kartellkontrolle   115
Abb. 6/8   Fusionskontrolle   116
Abb. 6/9   Mißbrauchsaufsicht   117
Abb. 6/10   Abgestimmtes Verhalten?   119
Abb. 6/11   Gerichtsurteile   120

Abb. 7/1   (normale) Nachfragefunktion   125
Abb. 7/2   (Gesamt-) Nachfragefunktion   126
Abb. 7/3   Änderungen der »sonst gleichen Bedingungen« . . .   127
Abb. 7/4   Punktwolke und Regression   127
Abb. 7/5   Sättigungsmenge   129
Abb. 7/6   Marktsättigung?   129
Abb. 7/7 $N = f(P)$ 131
Abb. 7/8 $N_A = f(P_B)$ 133

Abb. 7/9   N = f (Y) 135
Abb. 7/10 Preiselastizität 138
Abb. 7/11 Elastizitätsbegriffe 139
Abb. 7/12 Elastizität und Steigung 140
Abb. 7/12a Branntweinsteuern 143
Abb. 7/13 Limitationales Faktoreinsatzverhältnis 147
Abb. 7/14 Substitutionales Faktoreinsatzverhältnis 148
Abb. 7/15 Faktorsubstitution 149
Abb. 7/16 Ertragsgesetz 150
Abb. 7/17 Produktionskosten 151
Abb. 7/18 Gesetz der Massenproduktion 152
Abb. 7/19 Kosten- und Ertragsfunktion 153
Abb. 7/20 Marktpreis und Angebot 155
Abb. 7/21 Arbeitskosten international 155
Abb. 7/22 Lohnkosten 156
Abb. 7/23 Angebotsfunktion 157
Abb. 7/24 Marktgleichgewicht I 160
Abb. 7/25 Marktgleichgewicht II 162
Abb. 7/26 Nachfrageänderung 165
Abb. 7/27 Angebotsänderung I 166
Abb. 7/28 Angebotsüberhang 167
Abb. 7/29 Angebotsänderung II 168
Abb. 7/30 Höchstpreis 171
Abb. 7/31 Preisstops I 172
Abb. 7/32 Preisstops II 174
Abb. 7/33 Mindestpreis I 176
Abb. 7/34 Mindestpreis II 177
Abb. 7/35 Produktionsquoten 177
Abb. 7/36 Agrarüberschüsse 179
Abb. 7/37 EG-Mindestpreis-System 180
Abb. 7/38 Lagerabbau 180
Abb. 7/39 Agrarausgaben 181
Abb. 7/40 Mindestpreis III 182

Abb. A/1   Elastizität I 188
Abb. A/2   Elastizität II 191

Vorwort zur 2. Auflage

Die große Nachfrage nach diesem Buch hat schon nach kurzer Zeit eine 2., durchgesehene Auflage erforderlich gemacht, bei der Fehler und kleinere Unsauberkeiten beseitigt wurden. Das Buch wird mittlerweile von dem Anfang 1990 erschienenen »Arbeitsbuch Volkswirtschaftslehre/Wirtschaftspolitik« (UTB 1537) und der 4. Auflage des Bandes »Wirtschaftspolitik« (UTB 1317; 1990) ergänzt.

Bochum, im März 1990   Jörn Altmann

Vorwort

Dieses Lehrbuch wendet sich an Leser, die (noch) nicht über volkswirtschaftliche Grundkenntnisse verfügen. Die Darstellung beginnt daher inhaltlich »bei Null«, setzt keinerlei Vorkenntnisse voraus und wird in kleinen Schritten entwickelt.

Ausgehend von allgemeinen Begriffsbestimmungen werden grundsätzliche volkswirtschaftliche Zusammenhänge erläutert, wobei versucht wird, anhand von praktischen Beispielen Verbindungen zwischen der volkswirtschaftlichen Theorie und der ökonomischen Realität zu schaffen.

Münster, im August 1988   Jörn Altmann

1. Volkswirtschaftstheorie und Wirtschaftspolitik

Volkswirtschaftslehre kann eine ausgesprochen trockene Materie sein, die schon manchen gutwilligen Interessierten, der sich mit ihr auseinandersetzen wollte, durch unverständliche Sprache, mathematische Darstellungen oder mangelnden Bezug zur Realität abgeschreckt hat.

Dies ist bedauerlich, denn für einen Wirtschaftswissenschaftler kann kein Zweifel daran bestehen, daß die meisten Probleme dieser Welt im Kern vorrangig ökonomische Probleme sind. Somit ist die Wirtschaftswissenschaft, natürlich insbesondere die Volkswirtschaftslehre, die wichtigste wissenschaftliche Disziplin überhaupt. Andere Disziplinen sind bei der Problemanalyse dann nur Hilfswissenschaften der Wirtschaftswissenschaft ...

Leider sehen die Vertreter anderer Disziplinen dies oft ganz anders, indem sie wiederum ihr Fachgebiet für das wichtigste überhaupt halten; dies ist für einen Volkswirt natürlich nicht leicht nachzuvollziehen. Überhaupt hat die Ökonomie in manchen Kreisen kein gutes Image:

> »Auf der ersten Etappe der »Reise um die Welt in 80 Tagen« benutzten die Reisenden einen Ballon. Über Frankreich wurde der Ballon von Wolken umhüllt, die Ballonfahrer verloren die Orientierung und mußten tiefer gehen. Als sie auf einem Feld einige Bauern sahen, riefen sie hinunter: »Können Sie uns sagen, wo wir uns befinden?«
>
> Einer der Bauern (...) antwortete mit lauter Stimme: »Sie befinden sich genau über meinem Feld in einem Ballon.« Die Ballonfahrer starrten sich gegenseitig verlegen an, überlegten einige Zeit, was der Bauer wohl gemeint haben könnte, und schüttelten die Köpfe.
>
> Einer von ihnen fand des Rätsels Lösung: »Dieser Mann da unten muß ein Ökonom sein«, sagte er. Die anderen zeigten sich darüber überrascht und wollten von ihrem Mitfahrer wissen, wie er dies wohl herausgefunden habe.
>
> »Ganz einfach«, sagte dieser, »der Mann hat die Situation genau beschrieben, aber das hilft uns nicht weiter.«*

---

* (Von Prof. Charles Wolf jr., The Rand Corporation, Santa Monica, Californien, zitiert in der Frankfurter Allgemeinen Zeitung vom 14. 8. 1980).

Dieses Buch versucht, dieses Vorurteil zu widerlegen und Lesern ohne (volks)wirtschaftliche Vorkenntnisse elementare volkswirtschaftliche Zusammenhänge näherzubringen, wobei insbesondere die ›Verwendbarkeit‹ theoretischer Überlegungen durch ihren Bezug zur Realität verdeutlicht werden soll. Der Autor bemüht sich dabei um eine verständliche Sprache und um eine Darstellungsweise, die in ihren einzelnen Schritten nachvollziehbar ist, insbesondere wenn es sich um etwas sprödere Theoriebausteine handelt.

Die Einschätzung von Ökonomen nach der Art der oben zitierten Ballonfahrer beruht offensichtlich darauf, daß dabei nur eine von drei Betrachtungsweisen der Wirtschaftswissenschaft berücksichtigt wird. Grundsätzlich kann jedes Problem auf dreierlei Weise betrachtet werden:

(1) Eine *historisch-beschreibende* Betrachtung geht nicht auf Ursachen und Zusammenhänge ein, sondern beschränkt sich nur auf die *Darstellung* von Situationen oder Abläufen. Dieses Vorgehen bietet sich z. B. an, wenn die Vorgeschichte bestimmter Ereignisse zusammengestellt werden soll und beschäftigt sich mit Fragestellungen wie »Was ist?« oder »Was war?«.

(2) Eine wirtschafts-*theoretische* Betrachtung untersucht die Beziehungen zwischen Ursachen und Wirkungen. Im Gegensatz zur reinen Beschreibung will die Theorie *erklären*, wobei die Aussagen verallgemeinerungsfähig und nicht auf eine bestimmte Zeit oder ein bestimmtes Land beschränkt sein sollen. Außerdem sollen sie objektiv sein, d. h. frei von **Werturteilen**. Theoretische Untersuchungen bilden somit auch die Basis für Vorhersagen zukünftiger Ereignisse. Sie sind überprüfbar und gegebenenfalls auch widerlegbar.

(3) Sofern *Bewertungen* vorgenommen werden, etwa mit den Kategorien »gut« oder »schlecht«, handelt es sich nicht um theoretische, sondern um *politische* Aussagen. Dann lautet die Fragestellung nicht »was ist und warum?«, sondern »was sollte sein?«. Neben Beschreibung und Erklärung kommt die Möglichkeit der Beeinflussung hinzu (»Wie ist der gewünschte Zustand am besten zu erreichen?«), wobei auf die Erkenntnisse der Theorie zurückgegriffen wird. Subjektive Wertungen können allenfalls auf ihre logische Widerspruchsfreiheit untersucht werden, nicht aber hinsichtlich der eigentlichen Wertung.

Ob sich eine Regierung beispielsweise eher für die Bekämpfung von Inflation oder für Senkung der Arbeitslosigkeit entscheidet, ist vorrangig keine theoretische, sondern eine politische Frage. Überprüfbar ist dann aber, ob die ergriffenen Maßnahmen den gültigen Theorien von Ursachen und beabsichtigten Wirkungen entsprechen, also ob sie logisch sind.

Die obigen Ballonfahrer ignorieren offensichtlich, daß wirtschafts*theoretische* und wirtschafts*politische* Betrachtungen über die reine Beschreibung hinausgehen und somit durchaus »weiterhelfen« können.

Die Darstellungen in diesem Buch werden sich weitgehend im theoretischen Bereich bewegen, denn es sollen vor allem verallgemeinerungsfähige Zusammenhänge zwischen Ursachen und Wirkungen behandelt werden. Dies umfaßt sowohl die Untersuchung des Zustandekommens bestimmter Probleme als auch von Maßnahmen zur Herbeiführung beabsichtigter Wirkungen. Dabei wird es nicht ausbleiben, daß gelegentlich auch persönliche Meinungen einfließen, die durchaus nicht den Anspruch der Allgemeingültigkeit erheben. Wir werden uns aber bemühen, solche subjektiven Wertungen deutlich zu machen und nicht unter der Hand als bestätigte Theorien zu verkaufen.

Zwei grundsätzliche Anmerkungen zur theoretischen Betrachtung sind noch erforderlich:

(1) Theoretische Untersuchungen von Ursachen und Wirkungen führen zu »*Wenn-dann*«-*Beziehungen*. Die Vielschichtigkeit eines konkreten Problems wird dabei vereinfacht und zu einem Modell verdichtet. Die theoretische Modellbildung geht von bestimmten Annahmen aus (»wenn«, oder: »unter der Voraussetzung, daß . . .«), so daß die Güte einer Theorie von der Wirklichkeitsnähe ihrer Annahmen abhängt. Eine Aussage, die beispielsweise von der Unterstellung eines dreibeinigen Menschen ausgeht, mag theoretisch interessant sein, ist aber ohne jede praktische Relevanz. Andererseits können aber auch Modelle, deren Annahmen die Wirklichkeit sehr stark vereinfachen, durchaus für die Praxis verwertbare Aussagen liefern. Ein Strichmännchen beispielsweise ist sicher ungeeignet, den Einfluß der Bewegung auf den Blutdruck zu beobachten, wohl aber läßt sich der Bewegungsablauf beim Treppensteigen darstellen. Mit anderen Worten: Theoretische Modelle müssen so beschaffen sein, daß das, was sie untersuchen oder aussagen sollen, anhand (realistischer) Annahmen und Modellkomponenten zu leisten ist.

(2) Sofern ein Modell mehrere ursächliche oder abhängige Variablen umfaßt, ist es für die theoretische Analyse erforderlich, die einzelnen Abhängigkeitsbeziehungen isoliert zu untersuchen. Wenn man bei-

spielsweise die Veränderung des Bremsweges eines Autos in Abhängigkeit von unterschiedlich nasser Fahrbahn untersuchen will, dann darf sich bei verschiedenen Versuchen nur die Fahrbahnnässe ändern, nicht aber der Zustand des Autos (z. B. andere Reifen) oder andere Einflußgrößen (z. B. ein anderer Fahrer). Diese Vorgehensweise, daß von mehreren Größen, die sich alle verändern können, nur eine verändert wird (Fahrbahnnässe), während alle übrigen Einflußfaktoren konstant gehalten werden, faßt man unter der Bedingung »*unter sonst gleichen Voraussetzungen*« zusammen (lateinisch: »**ceteris paribus**«, gelegentlich findet sich auch nur die Abkürzung ›c.p.‹).

Zwar bildet ein solches Modell dann nicht die Wirklichkeit ab, in der sich meist gleichzeitig mehrere Größen verändern, doch ermöglicht es die ceteris-paribus-Betrachtung, den Einfluß einer einzelnen Größe in einem komplexen Wirkungszusammenhang zu isolieren. Wenn man beispielsweise den Einfluß der Inflation auf das Nachfrageverhalten untersuchen will, dann muß durch eine c.p.-Klausel ausgeschlossen werden, daß die inflationsbedingte Kaufkraftminderung durch Lohnerhöhungen ausgeglichen wird. Die Betrachtung von Zusammenhängen »unter sonst gleichen Voraussetzungen« steht daher auch im Mittelpunkt vieler Abschnitte dieses Buches.

Gesamtwirtschaftliche Betrachtungen lösen sich von konkreten Problemen *einzelner* Wirtschaftseinheiten und versuchen, das Verhalten von Haushalten oder Unternehmen so zusammenzufassen, daß sich verallgemeinerungsfähige Aussagen über Ursachen und Wirkungen machen lassen. Die Volkswirtschaftslehre im Sinne von **Nationalökonomie** behandelt daher im wesentlichen *gesamtwirtschaftliche* (**makro-ökonomische**) Probleme, während das zweite Hauptgebiet der Wirtschaftswissenschaften, die Betriebswirtschaftslehre, sich eher auf *einzelwirtschaftliche* (**mikro-ökonomische**) Fragen konzentriert. Natürlich gibt es dabei eine Reihe von Berührungspunkten und Überschneidungen, die man also sowohl der Volks- als auch der Betriebswirtschaftslehre zuordnen kann. Auch in diesem Buch werden einige einzelwirtschaftliche Gesichtspunkte behandelt, die von gesamtwirtschaftlicher Bedeutung sind.

Die Darstellungen dieses Buches werden inhaltlich ergänzt bzw. fortgesetzt in einem anderen, weniger wirtschaftstheoretisch als wirtschaftspolitisch ausgerichteten UTB-Band des Autors, auf den am Schluß des letzten Kapitels Bezug genommen wird. Dessenungeachtet ist der vorliegende Band in sich abgeschlossen und verständlich.

Der Autor dankt einem unbekannten Lektor des Verlages für eine Reihe von wertvollen Hinweisen.

2. Grundbegriffe des Wirtschaftens

Ausgangspunkt ökonomischer Überlegungen ist die Tatsache, daß jeder Mensch bestimmte Bedürfnisse oder Wünsche verspürt und danach trachtet, sie zu befriedigen. Sofern dieses Verhalten vom Verstand gelenkt (d. h. rational) ist, bezeichnet man es als »Wirtschaften«. Hiermit stehen einige Begriffe im Zusammenhang, die zunächst zu erklären sind.

2.1 Bedürfnisse

Ein **Bedürfnis** ist das Empfinden eines Mangels, d. h. man möchte irgend etwas haben, über das man nicht verfügt. Wenn man Hunger hat, hat man das Bedürfnis nach Nahrung. Wenn einem die gebratenen Tauben in den Mund flögen, wäre das Bedürfnis augenblicklich befriedigt und das Problem erledigt. In der Realität macht die Bedürfnisbefriedigung allerdings *Mühe,* und dies ist hier der entscheidende Aspekt.

Ein Bedürfnis kann sich auf alles mögliche erstrecken, elementar z. B. auf **Existenzbedürfnisse** wie Hunger, Durst, Schlafen, während am anderen Ende der Skala ›höhere‹ Bedürfnisse wie der Wunsch nach sozialen Kontakten, nach Selbsterfüllung o. ä. stehen mögen. Bedürfnisse sind *subjektiver* Natur: *Nur* der betreffende Mensch kann entscheiden, ob er ein Bedürfnis hat, d. h. ob ein Mangel vorliegt oder nicht.

Bedürfnisse sind also *nicht objektiv überprüfbar* und daher auch *nicht vergleichbar.* So ist es nicht möglich zu entscheiden, ob ein Mensch ein stärkeres Hunger*gefühl* verspürt als ein anderer. Bedürfnisse entstehen auf der einen Seite ›aus dem Menschen selbst heraus‹ (**endogen**), aber auf der anderen Seite wirken eine Vielzahl äußerer (**exogener**) Faktoren auf die Bedürfnisentstehung ein. Hierzu zählen u. a. die Gesellschaftsordnung, die Familie, die Bildung, die Werbung etc. Dabei wird bereits deutlich, daß keine exakte Trennung zwischen endogen und exogen determinierten Bedürfnissen gezogen werden kann.

Allerdings wird diese Tatsache oft als negativ gewertet: Der Mensch fühlt sich ›manipuliert‹ durch Einflüsse von außen, die er selbst nicht kontrollieren kann. Ein Hauptziel der Werbung ist es, dem Konsumenten das Gefühl eines endogenen Bedürfnisses zu geben (zu suggerieren), weil solche Bedürfnisse als ›natürlich‹ und ›gut‹ gewertet werden. Endogen empfundene Bedürfnisse werden in der Bedürfnisskala deshalb die oberen Plätze einnehmen. Daher hat es der berühmte Staubsaugervertreter an der Tür so schwer, der Hausfrau klarzumachen, daß sie dringend einen neuen Staubsauger braucht. Erst wenn es durch ein geschicktes Verkaufsgespräch oder eine andere Werbemaßnahme gelingt, im Kunden ein als ›eigenes‹ empfundenes Bedürfnis zu wecken, wird dieser sich zum Kauf entschließen. Solange man das Gefühl hat, etwas aufgeschwatzt zu bekommen, wird man eine Abwehrhaltung einnehmen.

Berühmt-berüchtigt ist der Einfall einer bekannten Erfrischungsgetränkefirma, die zwischen die Bilder eines Spielfilms ab und zu einzelne Werbebilder einfügte. Diese werden zwar vom Auge aufgenommen und im Unterbewußtsein gespeichert, aber nicht bewußt wahrgenommen. Die Einzelbilder eines Films werden nicht als Bilder empfunden, sondern als fließende Bewegungen. Das so unterbewußt (latent) aufgebaute Bedürfnis (hier: Durst) bedarf nur eines auslösenden Reizes, z. B. des tatsächlichen Sehens der bisher nur unbewußt registrierten Flasche vor dem Kinosaal, um ein bewußtes, als endogen empfundendes Bedürfnis zu wecken. Diese Form manipulierender Werbung ist verboten.

Auf der einen Seite hat jeder Mensch eine Vielzahl von Bedürfnissen, auf der anderen Seite reichen die zur Verfügung stehenden **Güter** (siehe Abschnitt 2.2) nicht aus, alle Bedürfnisse gleichzeitig im gewünschten Umfang zu erfüllen. Man sagt daher, daß die Güter *knapp* sind. Knappheit bezeichnet also einen Zustand, in dem etwas in geringerem Maße zur Verfügung steht als gewünscht.

Wenn die Bedürfnisse zahlreich, die Güter aber knapp sind, muß man sich entscheiden, welche Bedürfnisse vordringlich befriedigt werden sollen (oder müssen), welche möglicherweise nur teilweise und welche gar nicht. Dies setzt logisches Verhalten voraus, erfordert also **Rationalität**, denn der Mensch muß sich über die Rangfolge seiner Bedürfnisse klar werden und eine Bedürfnisskala aufstellen, bei der die Bedürfnis-Intensität eine eindeutige Richtung hat. Formal bedeutet dies, daß eine rationale Bedürfnisskala *monoton steigend* darstellbar sein muß, so daß ausgeschlossen ist, daß zwar das ›wichtigste‹ Bedürfnis intensiver empfunden wird als das zweite oder dritte, daß aber das fünfte wiederum wichtiger wäre als das dritte. Sofern solche Widersprüche

Person Rangfolge	X	Y	Z
1.	A	A	A - B
2.	B	B - C	C
3.	C		

Abb.: 2/1 Transitive Bedürfnisordnung

ausgeschlossen sind, spricht man auch von einer **transitiven Ordnung** der jeweiligen Bedürfnisse.

Betrachten wir ein Beispiel: Jemand möchte in der Hauptreisezeit eine Urlaubsreise buchen. Daher bittet ihn das Reisebüro, drei verschiedene Länder zu nennen, in denen ein Urlaub in Frage käme. Der Kunde möchte am liebsten nach Aland, wenn das nicht geht, nach Benesien, und wenn auch das nicht geht, nach Cedonien. Ob die Reihenfolge A vor B oder C transitiv, d. h. *widerspruchsfrei* ist, läßt sich überprüfen. Wenn das Reisebüro dem Kunden sagt: »Benesien ist ausgebucht, aber Aland und Cedonien sind frei«, dann muß der Reisende Aland wählen. Wenn das Reisebüro sich am nächsten Tag meldet und sagt, es sei doch noch eine Reise nach Benesien möglich, dann darf sich der Kunde nun

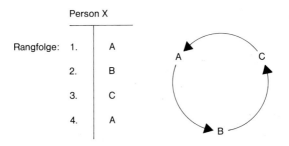

Abb.: 2/2 Intransitiver Zirkel

nicht plötzlich für Benesien entscheiden, denn die Alternative Aland hatte er als wichtigste oder beliebteste angegeben.

Transitive Bedürfnisordnungen wären die in Abb. 2/1 dargestellten Beispiele, (wobei eine Gleichordnung wie *B–C* Gleichwertigkeit [»ebenso gut wie«] bedeutet), während sich in Abb. 2/2 ein *intransitiver Zirkel* ergibt.

Intransitive Bedürfnisordnungen können auch bei demokratischen Mehrheitsentscheidungen auftreten. Drei Personen X, Y und Z (Vater, Mutter und Kind) wollen über das Urlaubsziel demokratisch befinden. Dabei soll über die drei Urlaubsziele *Aland* (A), *Benesien* (B) und *Cedonien* (C) jeweils paarweise abgestimmt werden (»lieber A oder B?«). Die – in sich transitiven – individuellen Präferenzordnungen (Präferenz = Vorliebe) seien in Abb. 2/3 a dargestellt. Zuerst wird zwischen A und B abgestimmt. X und Y ziehen A der Möglichkeit B vor, Z entscheidet sich umgekehrt, doch gilt als Mehrheitsentscheidung: A vor B (Abb. 2/3 b). Bei der Entscheidung zwischen B und C ergibt sich

(a) **individuelle Präferenzordnungen**

	X	Y	Z
1.	A	C	B
2.	B	A	C
3.	C	B	A

(b) **Abstimmungen:**　　　　　　　　　　(c) **kollektive Präferenzordnung**

	X	Y	Z	Ergebnis
A:B	A B	A B	B A	A B
B:C	B C	C B	B C	B C
C:A	A C	C A	C A	C A

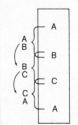

Abb.: 2/3 Wahlparadox

mehrheitlich: B vor C, so daß für die drei Personen insgesamt die Reihenfolge gilt: A vor B und B vor C. Aber: Eine Kontrollentscheidung zwischen A und der bislang eindeutig als drittrangig ermittelten Alternative C ergibt die erstaunliche Mehrheitsentscheidung: C vor A (Abb. 2/3 b und 2/3 c).

Dies ist das berühmte **Wahlparadox** der demokratischen Mehrheitswahl (vgl. *Arrow* 1963), welches durchaus ein Problem in einer direkten Demokratie darstellen kann, in der über alternative Ziele die Wählermeinung eingeholt werden soll.

Noch ein weiteres Demokratieproblem sei erwähnt. Bedürfnisse können nicht *gemessen* werden (»Wer freut sich mehr, X oder Z?«), also kann man auch nicht *vergleichen*. Bei einer knappen Entscheidung hat die Mehrheit mit 51% der Stimmen »gewonnen«, doch sind die Betreffenden möglicherweise gar nicht sonderlich an dem zu entscheidenden Problem interessiert. Die überstimmten 49% der »Minderheit« hingegen empfinden vielleicht ihre Niederlage sehr viel intensiver als die Mehrheit ihren Sieg. Die gleichwertige Gewichtung jeder einzelnen Stimme (die beispielsweise auch in der Vollversammlung der Vereinten Nationen praktiziert wird, wo jedes Land – unabhängig von seiner Größe oder Bedeutung – über eine Stimme verfügt*) ist angesichts der Unmöglichkeit, Bedürfnisintensitäten zu *messen*, eine Notlösung, die den vordergründigen Vorteil hat, technisch einfach zu sein. Überzeugend ist die »1 Mann – 1 Stimme« – Regel nicht immer. Es gibt durchaus eine Reihe von Abstimmungsverfahren, die es erlauben – etwa durch Verteilung von 10 Stimmpunkten auf 3 Alternativen – unterschiedliche Bedürfnisintensitäten zum Ausdruck zu bringen, doch sind diese Verfahren offensichtlich komplizierter zu handhaben.

Da nicht alle Bedürfnisse gleichzeitig und vollständig befriedigt werden können, müssen die zur Verfügung stehenden Mittel nach subjektiven Kriterien auf die verschiedenen Bedürfnisse verteilt werden. Oftmals handelt es sich um Bedürfnisse, die durch käuflich zu erwerbende Güter zu befriedigen sind, so daß das Problem in der Einteilung einer verfügbaren Geldsumme besteht. Es wird noch zu zeigen sein, daß das Problem des Wirtschaftens durchaus nicht immer mit Geld verbunden ist.

---

* Dies gilt jedoch nicht für alle internationalen Organisationen. Beispielsweise leitet sich das Stimmrecht im *Internationalen Währungsfonds (IWF)* aus der Höhe der Beiträge der Mitgliederländer *(Quoten)* ab, so daß z. B. die USA oder die Europäische Gemeinschaft jeweils für sich genommen Sperrminoritäten haben. Finanzschwache Mitglieder fordern daher seit langem eine Änderung dieses Entscheidungsverfahrens.

Die Zuordnung nicht ausreichend vorhandener (knapper) Mittel zu einer Vielzahl von Bedürfnissen bezeichnet man also als *Wirtschaften*. Dabei sind verschiedene Vorgehensweisen möglich. So ist es z. B. denkbar, daß der eine Mensch bestrebt ist, Bedürfnisse möglichst vollständig zu befriedigen, so daß er viele nachrangige Bedürfnisse lieber unbefriedigt läßt, als sie nur teilweise abdecken zu können. Ein anderer mag hingegen zufriedener sein, wenn von all seinen Bedürfnissen möglichst viele, wenn auch nur jeweils teilweise befriedigt werden. Dies wiederum ist eine subjektive Entscheidung, die sich jeder externen Beurteilung entzieht.

2.2 Güter

Nach der Klärung des Begriffes *Bedürfnis* ist zu untersuchen, was geeignet ist, Bedürfnisse zu befriedigen. Es wurde bereits festgestellt, daß Bedürfnisse grundsätzlich ein subjektiv empfundener Mangel sind. Ebenso gilt für die Bedürfnisbefriedigung, daß nur derjenige, der ein Bedürfnis empfindet, darüber befinden kann, was geeignet ist, diesem Bedürfnis abzuhelfen. Alles, was subjektiv zur Befriedigung von Bedürfnissen dient bzw. dienen kann, bezeichnet man als **Gut**. Wie sich schon bei der Unterscheidung verschiedener Bedürfnisarten zeigte, können sich Bedürfnisse auf materielle und immaterielle Güter erstrekken. Materielle Güter bezeichnet man als *Sachgüter*, während man bei den immateriellen Gütern zwischen *Dienstleistungen* und *Rechten* unterscheidet (Abb. 2/4).

Ein **Sachgut** ist beispielsweise ein Kühlschrank oder ein Joghurttopf; Haareschneiden, der Besuch eines Kinos oder der Abschluß einer Versicherung sind **Dienstleistungen**; das **Recht**, in einem See zu baden ist ebenso ein Gut wie das Recht, Patente zu nutzen. Die immer wieder anzutreffende Formulierung »Güter und Dienstleistungen« ist somit sachlich falsch: Man spricht auch nicht von Möbeln und Tischen. Wenn man unbedingt den Begriff »Sachgut« ersetzen will, sollte man – wie in der Zahlungsbilanzstatistik üblich – von *Waren* und Dienstleistungen sprechen.

Ein Mangelempfinden bedeutet, daß von einem bestimmten Gut aus subjektiver Sicht zu wenig zur Verfügung steht. Die Knappheit des betreffenden Gutes ist dabei gleichfalls eine subjektive bzw. relative Knappheit, die von einem anderen Wirtschaftssubjekt durchaus nicht in gleicher Weise empfunden werden mag. Wenn man daher von

Abb.: 2/4 Güter

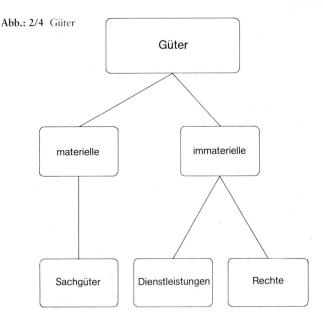

knappen Güttern spricht, so ist die Knappheit in der Regel nicht als absolute und objektive Knappheit zu verstehen. In jedem Fall aber gilt als Knappheit eine Diskrepanz zwischen verfügbaren und gewünschten Gütern.

Wenn von knappen Gütern gesprochen wird, so muß es auch Güter geben, die nicht knapp sind. Solche Güter bezeichnet man als **freie Güter**, doch wird es in zunehmendem Maße schwierig, Beispiele dafür zu finden. Freie Güter müssen zwei Bedingungen genügen: Sie müssen in (subjektiv) *unbegrenzter Menge* zur Verfügung stehen und ihre Beschaffung darf *keine Mühe* bereiten.

Grundsätzlich könnte man die zum Leben notwendige Atemluft als ›frei‹ bezeichnen, doch läßt sich andererseits argumentieren, daß Luft ein knappes Gut ist, z. B. in Smog-gefährdeten Großstädten, in Bergwerken oder für Taucher. Ob ein Gut knapp oder frei ist, hängt demnach von den jeweiligen Umständen ab. Geht man einen Schritt zurück, so sind alle Güter, die bei der Betrachtung der Bedürfnis-Güter-Beziehung in Betracht kommen, knappe Güter: Bedürfnisse entstehen, weil ein Mangel empfunden wird, was nichts anderes heißt, als daß ein bestimmtes Gut subjektiv knapp ist.

Ein wichtiger Punkt muß an dieser Stelle hervorgehoben werden: Wenn von Knappheit die Rede ist, wird häufig ausgeführt, daß knappe Güter einen *Preis* haben. Dies ist grundsätzlich auch richtig, nur darf man es nicht so verstehen, daß knappe Güter *Geld* kosten müssen. Dann müßten alle Güter, die nichts kosten, freie Güter sein, und das ist ja wohl nicht richtig. Zum Beispiel kosten vierblättrige Kleeblätter kein Geld, sind aber ein knappes Gut. Der ›Preis‹ eines knappen Gutes kann sich selbstverständlich auf Geldeinheiten beziehen, und wir werden noch darauf zurückkommen, daß Preise »Knappheitsbarometer« sind. Aber auch knappe Güter, die kein Geld kosten, haben ihren Preis. Angenommen, ein Opernliebhaber müsse sich zwischen zwei Opern entscheiden, die im Fernsehen in verschiedenen Kanälen gleichzeitig gesendet werden (von der Möglichkeit der Video-Aufzeichnung sei abgesehen). Die Entscheidung für die eine Oper ›kostet‹ den Verzicht auf die andere. Dies gilt auch für in Geld ausgedrückte Preise. Kauft man ein bestimmtes Gut, verzichtet man darauf, dieses Geld für andere Verwendungszwecke auszugeben. Daher spricht man auch von *Verzichtskosten* oder **Opportunitätskosten**, das heißt frei übersetzt: ›Kosten der verpaßten Gelegenheiten‹. Die Tatsache, daß man auf etwas anderes verzichten muß, um ein bestimmtes Gut zu erhalten, macht dieses Gut zum knappen Gut. Allein die Tatsache, daß man Arbeit bzw. Mühe aufwenden muß, um ein bestimmtes Gut zu erhalten, erfüllt diese Bedingung.

Ist eine der beiden Bedingungen nicht erfüllt (unbegrenzte Menge, keine Kosten – im gerade erläuterten Sinn – bei der Beschaffung), handelt es sich um knappe Güter, und nur diese sind Gegenstand des Wirtschaftens.

Im folgenden wird noch kurz auf einige weitere Güter-Begriffspaare eingegangen.

In Abhängigkeit vom Nutzungszeitraum eines Gutes unterscheidet man zwischen **Gebrauchsgütern**, die dauerhaft sind und längerfristig zur Verfügung stehen, und **Verbrauchsgütern**, deren Nutzung ihre Vernichtung bedeutet.

Entsprechend ihrer Zweckbestimmung im Produktionsprozeß spricht man von **Konsumgütern**, wenn die betreffenden Güter am Ende des Produktionsprozesses stehen und direkt der Bedürfnisbefriedigung dienen (sowohl als Gebrauchs- als auch Verbrauchsgüter), während **Investitionsgüter** dazu dienen sollen, ihrerseits andere Güter zu produzieren.

Als **Substitutionsgüter** gelten solche Güter, die sich hinsichtlich ihrer Verwendbarkeit gegenseitig ersetzen können, während **Komplementärgüter** nur zusammen und gleichzeitig benutzt werden können. Komplementär sind z. B. Radio und Antenne, während ein Auto der Marke X durch ein Auto der Marke Y ersetzt werden kann.

Sofern ein Gut sinnvollerweise nur von einer Mehrzahl von Wirtschaftssubjekten genutzt werden kann bzw. nur von einer Mehrzahl zusammen nachgefragt wird, spricht man von einem **Kollektivgut**, anderenfalls von einem **Individualgut**. Kollektivgüter setzen demnach immer die Existenz einer Gruppe (Familie, Dorf-, Stadtbevölkerung, Nation etc.) voraus. Beispiele sind Schulen, Krankenhäuser, die Polizei, Versicherungen etc.; ein Kaugummi oder ein Surfbrett sind Individualgüter.

Sofern es sich um verschiedenartige Güter handelt, bezeichnet man sie als **heterogene**, sind sie gleichartig, als **homogene** Güter. Heterogene Güter werden oft unter einem Oberbegriff zusammengefaßt (Äpfel und Kirschen als Obst; Kneifzangen und Sägen als Werkzeug) und dadurch ›homogenisiert‹ (z. B. beim Vergleich der Versorgung der Nationen X und Y mit Nahrungsmitteln, wobei durchaus heterogene Güter betrachtet werden).

Eine für die Wirtschaftspolitik bedeutsame Unterscheidung ist die zwischen **privaten** und **öffentlichen** Gütern. Private Güter sind solche, für die ein Markt existiert und für die der Interessent einen (Geld-)Preis bezahlen muß. Wer dies nicht will oder kann, wird von der Nutzung des Gutes ausgeschlossen. Für öffentliche Güter kann oder soll dieses **Ausschlußprinzip** nicht durchgesetzt werden: Für die Straßenbeleuchtung wird der ›normale‹ Nutzer in der Regel nicht bereit sein, freiwillig etwas zu bezahlen (*»Trittbrettfahrer«*). Wenn andererseits die Möglichkeit der Zahlungserzwingung fehlt, wird sich auch kein privater Anbieter für dieses Gut finden. Es gibt nur sehr wenig überzeugende Beispiele für solche **spezifischen öffentlichen Güter** wie z. B. die öffentliche Sicherheit. Sie sind somit nur indirekt über Zwangsabgaben (Steuern) finanzierbar und können daher nur vom Staat angeboten werden.

Daneben gibt es öffentliche Güter, die sowohl staatlich als auch privat angeboten werden (können), da bei ihnen das Ausschlußprinzip funktioniert und die somit auch direkt über Benutzergebühren finanzierbar sind, wie z. B. die Müllabfuhr, Schulen und Autobahnen. Aus gesellschaftspolitischen Gründen sollen aber bestimmte Güter der ganzen Bevölkerung zur Verfügung stehen. Daher werden sie teils vom Staat selbst, teils von staatlich subventionierten privaten Anbietern entweder umsonst oder zu nicht kostendeckenden Preisen angeboten, so daß sich der Staat durch dieses günstige Güterangebot ein Verdienst (englisch: ›merit‹) erwirbt. Solche Güter wie z. B. Schulen, Kindergärten, Museen, öffentliche Verkehrsmittel, Sozialwohnungen oder Hochschulen, die

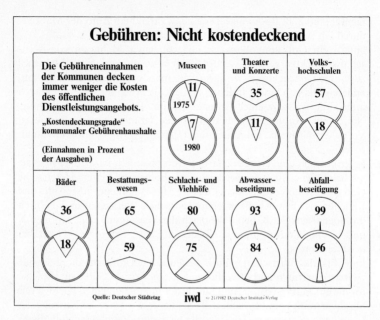

Abb.: 2/5 Kostendeckungsgrade öffentlicher Güter

quasi ›unter Preis‹ angeboten werden, bezeichnet man daher als **merito-rische** öffentliche Güter. Ob hierzu auch das Fernsehen oder der Rundfunk zu zählen sind, ist allerdings weniger eine ökonomische als eine politische Frage. Abb. 2/5 gibt einige Kostendeckungsgrade kommunal angebotener öffentlicher Güter wieder.

Der Staat als Güteranbieter trägt jedoch im Gegensatz zum (nicht subventionierten) privaten Anbieter kein betriebswirtschaftliches Unternehmensrisiko, da eventuelle Verluste aus dem Staatshaushalt gedeckt werden. Daher stellt sich häufig die Frage, ob bestimmte öffentliche Güter nicht privat kostengünstiger bzw. effizienter angeboten werden könnten. Auch dies ist eine politische Entscheidung.

2.3 Produktionsfaktoren

Die Aussage, daß Güter der Bedürfnisbefriedigung dienen, läßt die Frage offen, woher diese Güter kommen. Güter sind in der Regel das Ergebnis eines Prozesses, in dem sog. **Produktionsfaktoren** eingesetzt und miteinander kombiniert werden. Güter werden also geschaffen, hergestellt, bereitgestellt, ausgegraben oder wie auch immer man sich diesen Prozeß vorstellen mag.

Volkswirtschaftlich unterscheidet man drei Produktionsfaktoren (auf die Abgrenzung zur betriebswirtschaftlichen Betrachtung gehen wir hier nicht ein):

1.   Der Produktionsfaktor **Natur** umfaßt den Boden (Land und Wasser) mit allen in ihm enthaltenen Bodenschätzen sowie alle natürlichen Energiequellen. In vielen Lehrbüchern wird dabei vom Produktionsfaktor **Boden** gesprochen. Dieser gängige Begriff ist daher streng genommen nicht umfassend genug, weshalb wir stattdessen von ›Natur‹ sprechen.

2.   Unter dem Produktionsfaktor **Arbeit** versteht man die menschliche Arbeit, und zwar sowohl körperliche als auch geistige Arbeit.

Die beiden Produktionsfaktoren Natur und Arbeit gibt es schon seit Anbeginn der Menschheitsgeschichte, weshalb man sie als **ursprüngliche** *(originäre)* Produktionsfaktoren bezeichnet.

3.   Als Produktionsfaktor **Kapital** bezeichnet man alle bei der Produktion von Gütern verwendeten Produktionsmittel außer Arbeit und Natur, wie z. B. Maschinen, Werkzeuge, Gebäude etc. Im Gegensatz zu den Produktionsfaktoren Natur und Arbeit muß Kapital erst geschaffen werden. Dies geschieht durch Kombination der ursprünglichen Produktionsfaktoren, weshalb man Kapital auch als **abgeleiteten** *(derivativen)* Produktionsfaktor bezeichnet: Durch Abbrechen (Arbeit) eines Astes (Natur) wird z. B. ein Werkzeug oder eine Waffe hergestellt.

Kapitalbildung bedeutet Konsumverzicht: Die Zeit, die man darauf verwendet, Produktionsmittel herzustellen, kann z. B. nicht als Muße genutzt werden. Mit Hilfe der produzierten Produktionsmittel soll sich das Produktionsergebnis verbessern, so daß sich die Mühe lohnt.

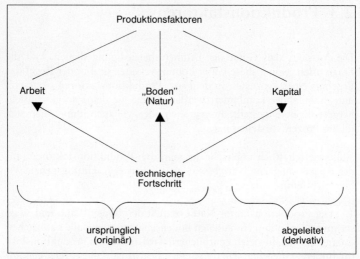

Abb.: 2/6 Produktionsfaktoren

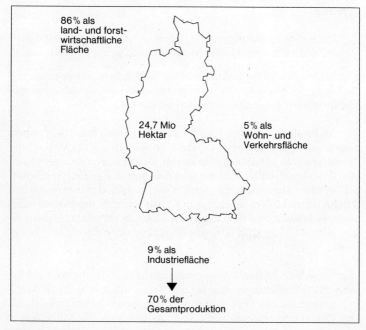

Abb.: 2/7 Produktionsfaktor Boden

Offensichtlich ist der Produktionsfaktor Kapital als *Sach*-Kapital zu verstehen und nicht gleichzusetzen mit Geldkapital. Die Rolle des Geldes in der Volkswirtschaft werden wir später noch ausführlich behandeln. Geld ist selbst kein Produktionsfaktor, sondern allenfalls ein Mittel zum Beschaffen von Produktionsfaktoren. Da sich Kapital aus der Kombination von Arbeit und Natur ableitet, wird (Sach-) Kapital gelegentlich auch als vorgeleistete Arbeit bezeichnet.

In verschiedenen Lehrbüchern wird die Auffassung vertreten, daß ein vierter Produktionsfaktor existiere: der **technische Fortschritt**. Dieser beeinflußt die Qualität, oder allgemeiner: die Wirksamkeit der Produktionsfaktoren Kapital, Boden und Arbeit (vgl. Abb. 2/6). Es ließe sich lange darüber diskutieren, ob technischer Fortschritt ein eigenständiger Produktionsfaktor oder eher ein Bestandteil der anderen Produktionsfaktoren ist. Diese Diskussion ist für unsere einführende Betrachtung nicht erforderlich, und wir schließen uns hier der traditionellen Betrachtung an, daß es aus volkswirtschaftlicher Sicht die drei Produktionsfaktoren Arbeit, Natur und Kapital gibt, auf die technischer Fortschritt einwirkt.

Die *Ausstattung mit Produktionsfaktoren* ist eine wichtige Bestimmungsgröße für den Wohlstand einer Volkswirtschaft. Fehlende Bodenschätze oder unzureichende landwirtschaftlich nutzbare Flächen

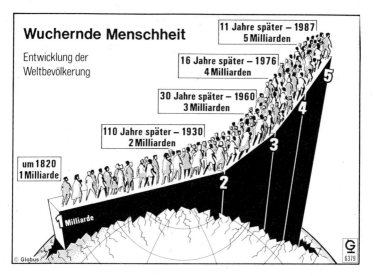

Wuchernde Menschheit

Entwicklung der
Weltbevölkerung

11 Jahre später – 1987
5 Milliarden

16 Jahre später – 1976
4 Milliarden

30 Jahre später – 1960
3 Milliarden

110 Jahre später – 1930
2 Milliarden

um 1820
1 Milliarde

1 Milliarde

© Globus

6379

Abb.: 2/8 Produktionsfaktor Arbeit I

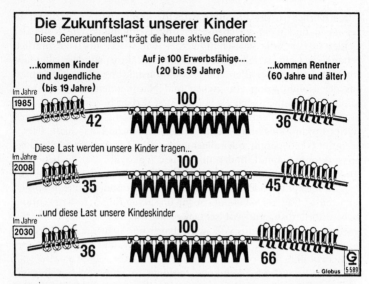

Die Zukunftslast unserer Kinder
Diese „Generationenlast" trägt die heute aktive Generation:

...kommen Kinder und Jugendliche (bis 19 Jahre) | Auf je 100 Erwerbsfähige... (20 bis 59 Jahre) | ...kommen Rentner (60 Jahre und älter)

Im Jahre 1985   42   **100**   36

Diese Last werden unsere Kinder tragen...
Im Jahre 2008   35   **100**   45

...und diese Last unsere Kindeskinder
Im Jahre 2030   36   **100**   66

ⓒ Globus   5589

TEURE HYPOTHEKEN werden die kommenden Generationen bei der Rentenfinanzierung zu tragen haben: Schon wenn die heute mitten im Berufsleben stehenden Enddreißiger in den Ruhestand gehen – zum Beispiel im Jahr 2008 –, sieht die Lage erheblich anders aus als heute. Dann stehen deren Kinder im Beruf, und je 100 von ihnen müssen mit ihren Rentenversicherungsbeiträgen für 45 Rentner aufkommen; das bedeutet gegenüber dem gegenwärtigen Zustand – 36 Rentner auf je 100 Erwerbsfähige – eine um 25 Prozent höhere „Alterslast". Freilich, gleichzeitig geht die Kinderzahl zurück, die dann die aktive Generation aufzieht. Aber das bedeutet nur eine begrenzte Entlastung, denn Rentner sind teurer als Kinder. Im Jahr 2030 kommen auf je 100 Deutsche im erwerbsfähigen Alter 66 Rentner sowie 36 Kinder und Jugendliche. Jeder Verdiener muß dann also einen Nichtverdiener mit durchbringen.

Abb.: 2/9a Produktionsfaktor Arbeit II

können die wirtschaftliche Entwicklung genauso hemmen wie fehlende oder unzureichend qualifizierte Arbeitskräfte oder Kapital. Die *Verfügbarkeit* von Produktionsfaktoren – einerlei, ob im Land vorhanden oder ›von außen‹ importiert – ist allerdings nur eine notwendige, nicht aber hinreichende Voraussetzung für ökonomische Entwicklung, denn ob und wie Produktionsfaktoren *genutzt* werden, ist eine andere Frage als ihre Verfügbarkeit (Abb. 2/7 zeigt beispielhaft die Nutzungsverteilung des Bodens in der Bundesrepublik Deutschland). So hängt die sinnvolle Nutzung von ›Natur‹, Geld- und Sachkapital u. a. davon ab, ob der **komplementäre** Produktionsfaktor Arbeit (auch im Sinne von *know how*) in hinreichendem Maße zur Verfügung steht.

Dabei muß man sich vor Trugschlüssen hüten: In vielen Entwicklungsländern steht der Produktionsfaktor Arbeit auf den ersten Blick in

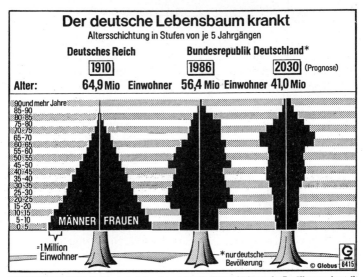

Der deutsche Lebensbaum krankt

Altersschichtung in Stufen von je 5 Jahrgängen

Deutsches Reich **Bundesrepublik Deutschland***

1910   1986   2030 (Prognose)

Alter: 64,9 Mio Einwohner 56,4 Mio Einwohner 41,0 Mio

90 und mehr Jahre
85-90
80-85
75-80
70-75
65-70
60-65
55-60
50-55
45-50
40-45
35-40
30-35
25-30
20-25
15-20
10-15
5-10
0-5

MÄNNER FRAUEN

= 1 Million Einwohner *nur deutsche Bevölkerung

© Globus 6415

IMMER MEHR ALTE. *Der deutsche Lebensbaum, der die Altersschichtung der Bevölkerung darstellt, hatte vor dem Ersten Weltkrieg die Pyramidenform einer Tanne in vollem Saft. Die schöne Form war nicht nur auf die damals hohen Geburtenziffern zurückzuführen, sondern ebenso auf die geringere Lebenserwartung. 1910 hatte Deutschland eine Altersstruktur, wir wir sie heute von Entwicklungsländern kennen. Der Lebensbaum von 1986 gleicht einer sturmzerzausten Bergkiefer.*

Abb.: 2/9b Produktionsfaktor Arbeit III

hohem Maße zur Verfügung, denn in vielen Ländern wächst die Bevölkerung in solchem Maße, daß sie sich innerhalb einer Generation verdoppelt (vgl. Abb. 2/8). es handelt sich dabei jedoch meist um ein Überangebot an *unqualifizierter* Arbeit, während *qualifizierte* Arbeitskräfte knapp sind.

In Ländern mit stagnierender oder sogar schrumpfender Bevölkerung wie der Bundesrepublik hingegen kann die demographische Entwicklung u. a. zu Finanzierungsproblemen im Hinblick auf die Altersversorgung führen, indem immer weniger Personen, die Beiträge zur Sozialversicherung leisten, immer mehr Anspruchsberechtigte finanzieren müssen. Abb. 2/9 a zeigt die Veränderung der Altersstruktur der Bevölkerung der Bundesrepublik, die – unter sonst gleichen Voraussetzungen – beispielsweise zu Finanzierungsproblemen in der Altersversorgung führen kann (Abb. 2/9 b); rein rechnerisch müßte dies zu höheren Einzahlungen, d. h. Beitragsleistungen, und/oder sinkenden Auszahlungen führen.

2.4 Das ökonomische Prinzip

Das ökonomische Prinzip (auch **Rationalprinzip** genannt) ist ein zentraler Aspekt des Wirtschaftens. Um einen übergreifenden Begriff für natürliche und für juristische Personen zu haben, die beide Gegenstand ökonomischer Betrachtung sind, ist es üblich, (etwas gestelzt) von **Wirtschaftssubjekten** zu sprechen. *Wirtschaften* kann somit definiert werden als das rationale Handeln eines Wirtschaftssubjekts, um knappe Güter mit (unbegrenzten) Bedürfnissen in Einklang zu bringen. Dies setzt voraus, daß der wirtschaftende Mensch eine *Wahl* zwischen verschiedenen Möglichkeiten zu treffen hat, wie die vorhandenen knappen Güter (Mittel) eingesetzt werden sollten. Diese Wahl muß eine *rationale* Wahl sein, d. h. sie muß planvoll (im Gegensatz zu zufällig) erfolgen. Man sagt daher auch verkürzt:»Wirtschaften heißt Wählen«. Sofern ein Wirtschaftssubjekt nur soviele Güter zur Verfügung hat, wie zur Sicherung seines physischen Existenzminimums erforderlich sind, hat das Wirtschaftssubjekt gar keine Wahlmöglichkeit, die knappen Güter für alternative Bedürfnisse einzusetzen. Wirtschaften bedeutet daher im engeren Sinne Beschaffung und Verwendung eines *Überschusses* über das reine Existenzminimum. Wie dieses Existenzminimum zu definieren wäre, soll hier nicht betrachtet werden, da es ein Beispiel dafür ist, daß ein häufig verwendeter Begriff je nach Bedarf, Absicht oder Annahmen mit verschiedenen Inhalten gefüllt werden kann.

Wirtschaften kann – methodisch gesehen – auf zweierlei Weise erfolgen. Hierzu zwei Beispiele:

1.   Der Student A eignet sich für eine Prüfung gerade soviel Wissen an, daß er den Mindestanforderungen zu entsprechen glaubt.
2.   Der Student B lernt bis zur physischen und geistigen Erschöpfung, um ein bestmögliches Prüfungsergebnis zu erzielen.

Die Vorgehensweise des Studenten A bezeichnet man als **Minimalprinzip**. Es bedeutet, ein genau bestimmtes Ziel (Ergebnis) mit möglichst geringem Mitteleinsatz zu erreichen. Hingegen verfolgt Student B das **Maximalprinzip**, welches besagt, mit den verfügbaren (gegebenen) Mitteln das bestmögliche Ergebnis zu erzielen. *Jede andere Auslegung des Rationalprinzips ist falsch.* Insbesondere falsch ist die Koppelung von Minimal- und Maximalprinzip, die jedoch sehr häufig vertreten wird: mit geringstem Mitteleinsatz das bestmögliche Ergebnis zu erzielen. Daher sei betont, daß jeder sich rational verhaltende Mensch sich grundsätzlich nur nach dem Minimal- *oder* dem Maximalprinzip verhalten kann: Man kann z. B. nicht gleichzeitig Weltrekord laufen und dabei seinen Kalorienverbrauch minimieren wollen. Für jegliche Entscheidungssituation, also nicht nur für wirtschaftliche Entscheidungen im engeren Sinne, gilt, daß man nicht gleichzeitig den Mitteleinsatz minimieren und das Ergebnis maximieren kann. Formal bedeutet dies, daß die Zielfunktion nur einen Extremwert hat, der *entweder* ein Minimum *oder* ein Maximum darstellt.

Wir können nunmehr zusammenfassen: Die Aussage ›Wirtschaften heißt Wählen‹ macht deutlich, daß zum Wirtschaften der Verzicht auf andere Handlungs- und Entscheidungsmöglichkeiten gehört. Wirtschaften bedeutet jede rationale Handlung, mit der knappe Güter einer Vielfalt von Bedürfnissen zugeordnet werden.

Die bei der Betrachtung des Rationalprinzips abgeleiteten Varianten des Minimal- bzw. Maximalprinzips lassen sich nun dazu verwenden, eine ökonomisch sinnvolle Organisation des Wirtschaftens durch **arbeitsteilige** Vorgehensweise zu untersuchen.

2.5 Arbeitsteilung und Produktivität

Robinson Crusoe ist ein Paradebeispiel für eine sich selbstversorgende (**autarke**) Wirtschaftseinheit, in der über Arbeitsteilung nicht nachgedacht zu werden braucht. In dem Moment, wo der Eingeborene Freitag

	Angel	Kokosnüsse
Robinson	8	4
Freitag	12	2

Abb.: 2/10 Arbeitsteilung und Produktivität I

hinzukommt, möge die Ausgangssituation wie in Abb. 2/10 gelten.

Robinson (R) benötigt zur Herstellung einer Angel 8 Zeiteinheiten und zum Pflücken einer Kokosnuß 4 Zeiteinheiten. Freitag (F) pflückt eine Kokosnuß in 2 Zeiteinheiten und braucht zur Herstellung einer Angel 12 Zeiteinheiten. Sofern R und F jeder eine Angel bauen und je eine Kokosnuß pflücken, benötigen sie insgesamt 26 Zeiteinheiten, z. B. Minuten (von wirklichkeitsbezogenen Einwänden ist hier bitte abzusehen!).

Dies ist nicht chronoglogisch zu verstehen, d. h. wenn sie um 9.00 Uhr anfangen, sind sie nicht erst um 9.26 Uhr fertig, sondern bereits um 9.14 Uhr (soviel Zeit benötigt F). Dennoch sind insgesamt 26 Arbeitsminuten aufgewendet worden. In der Industrie spricht man dabei von Mann-Minuten, Mann-Stunden oder Mann-Monaten, etc. Wenn ein Handwerksmeister zwei Gesellen für eine Reparatur schickt und diese von 9.00 Uhr bis 10.00 Uhr arbeiten, dann wird die Rechnung auch auf 2 Arbeitsstunden lauten.

Die Güterproduktion kann offensichtlich verbessert werden, indem R und F die Arbeit anders zwischen sich aufteilen. Jeder spezialisiert sich auf das, was er besser (schneller) kann als der andere: R wird sich um den Angelbau kümmern, F wird Kokosnüsse pflücken. Für dasselbe Produktionsergebnis (2 Angeln, 2 Kokosnüsse) werden dann insgesamt statt 26 nur noch 20 Zeiteinheiten benötigt. Diese Betrachtung entspricht offensichtlich dem Minimalprinzip, doch läßt sie sich auch analog mit dem Maximalprinzip anstellen; hierauf ist noch zurückzukommen.

Historisch gesehen, waren die ursprünglichen Wirtschaftseinheiten selbständige Hauswirtschaften, deren Mitglieder alle anfallenden Arbeiten für sich ausführten (sog. **Autarkie** [griech.] = Selbstversorgung, auch »Robinson-Wirtschaft« genannt). Arbeitsteilung führte zur Entstehung von Handwerken bzw. Berufen, wodurch sich die Produktionsleistung verbesserte, gleichzeitig aber auch die gegenseitige *Abhängigkeit* zunahm: Auf der einen Seite produziert jeder einzelne mehr, als er für die eigenen Bedürfnisse benötigt und ist daher in der Lage, andere mitzuversorgen. Auf der anderen Seite ist er nicht (mehr) in der Lage, alle seine Bedürfnisse selbst zu befriedigen, sondern ist darauf angewiesen, von anderen mitversorgt zu werden. Das Ergebnis sind *Tauschvorgänge*, bei denen die Überschüsse der jeweiligen eigenen Aktivitäten ausgetauscht werden.

Die Aufgabenverteilung auf verschiedene Berufe bezeichnet man als *gesellschaftliche* Arbeitsteilung. Innerhalb jedes Berufes tritt wiederum eine weitere, *technische* Arbeitsteilung auf, wobei die Spezialisierung immer weiter fortschreitet. Weitreichende Arbeits*zerlegung* ist eine Voraussetzung für den Einsatz von Maschinen, um einzelne Arbeitsgänge oder Handgriffe zu ersetzen. Es ist hier nicht der Ort, um Vor- und Nachteile von Arbeitsteilung, Arbeitszerlegung und Mechanisierung zu diskutieren. Offensichtlich aber stehen Vorteilen wie höherer **Produktivität** (auf diesen Begriff wird gleich eingegangen), niedrigeren Produktionskosten oder u. U. mehr Freizeit auch Nachteile wie Unselbständigkeit oder Monotonie der Arbeit gegenüber.

Das Prinzip der Arbeitsteilung läßt sich auch auf andere Bereiche übertragen. So spricht man von *internationaler* Arbeitsteilung zwischen Ländern und Regionen. Theorien über die Weltwirtschaftsordnung wird vielfach die Hypothese zugrunde gelegt, daß die Welt insgesamt profitiert, wenn sich jedes Land auf die Produktion solcher Güter spezialisiert, für deren Herstellung es besonders gut ausgerüstet ist. Konsequenterweise müssen die über den nationalen Bedarf hinausgehenden produzierten Güterüberschüsse getauscht werden, so daß unbehinderter Handel (**Freihandel**) erforderlich ist, um die Vorteile internationaler Arbeitsteilung nützen zu können. Das Freihandelspostulat ist auch Grundlage des internationalen **Allgemeinen Zoll- und Handelsabkommens** *(GATT)*. Daß dabei offenbar Theorie und Praxis erheblich auseinandergehen, kann hier nicht diskutiert werden.

Unser Robinson-Beispiel können wir zur Erläuterung eines volks- und betriebswirtschaftlich wichtigen Begriffs verwenden. Bezieht man das Produktionsergebnis (engl.: *output)* auf den zur Erzielung dieses Ergebnisses erforderlichen Mitteleinsatz *(input)* so spricht man von **Produktivität:**

$$\text{Produktivität} = \frac{\text{Produktionsergebnis}}{\text{Mitteleinsatz}} = \frac{\text{Output}}{\text{Input}}.$$

Je nachdem, welche Produktionsfaktoren man dabei in die Betrachtung einbezieht, unterscheidet man zwischen **Arbeits-, Kapital-, Boden-** oder **Geamtproduktivität.** Der Produktivitätsbegriff kann sich also auf einen einzelnen Produktionsfaktor beziehen oder auf eine Mehrzahl von Produktionsfaktoren (Abb. 2/11). Wenn man das Produktionsergebnis nur auf die eingesetzte Arbeit bezieht, spricht man also von **Arbeitsproduktivität.** Und dabei wiederum kann man den Arbeitseinsatz in *Zeiteinheiten* (z. B. Stunden) bemessen, woraus sich die **Stunden-Produktivität** ergibt, oder mit der *Zahl* der eingesetzten Arbeitskräfte (**Pro-Kopf-Produktivität**), oder auch in Geldwerten, z. B. Produktionsergebnis pro eingesetzter Lohnsumme (**Lohnproduktivität**). Abb. 2/12 verdeutlicht, daß eine Steigerung der Arbeitsproduktivität dazu führen kann, daß – im Sinne des *Minimalprinzips* – das gleiche Produktionsergebnis mit

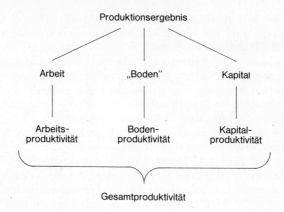

Abb.: 2/11 Produktivitäten

weniger Arbeitskräften als vorher produziert werden kann, so daß
Arbeitskräfte entbehrlich, d. h. arbeitslos werden können. So ›freige-
setzte‹ Arbeitskräfte können daher nur dann wieder in den Wirtschafts-
prozeß eingegliedert *(re-integriert)* werden, wenn sich neue, zusätzliche
Beschäftigungsmöglichkeiten bieten, die vorher nicht gegeben waren.
Dies setzt wirtschaftliches **Wachstum** voraus. Um den Freisetzungsef-
fekt, d. h. zunehmende Arbeitslosigkeit, zu vermeiden, setzen sowohl
eine wachsende Bevölkerung als auch steigende Arbeitsproduktivität
neue Beschäftigungsmöglichkeiten voraus, und dies bedeutet wirtschaftliches Wachstum, das üblicherweise mit dem Wachstum des
(realen Brutto-) Sozialprodukts gemessen wird (vgl. Abschnitt 4).
Untersuchen wir in unserem obigen Beispiel der Abb. 2/10 einmal die
Arbeitsproduktivität in der Kokosnußproduktion: Vor der Einführung
der Arbeitsteilung benötigte R für das Pflücken einer Nuß
4 Minuten, d. h. *seine* Arbeitsproduktivität war $1 : 4 = 0,25$.
Da eine Produktivitätszahl das Produktionsergebnis auf den Mitteleinsatz bezieht, ist ›0,25‹ hier so zu lesen, daß 0,25 Kokosnüsse pro
Zeiteinheit geerntet werden. F hingegen hatte eine höhere Arbeitsproduktivität von $1 : 2 = 0,5$. Die *Gesamt-Arbeitsproduktivität* in der
›Kokosnußproduktion‹ von R und F zusammen betrug somit vor der
Arbeitsteilung $2 : [4+2] = 0,33$, während sie sich nach der Arbeitsteilung (nur Freitag produziert Kokosnüsse) auf 2 Kokosnüsse : 4 Zeiteinheiten $= 0,5$ (Minimalprinzip) oder $3 : 6 = 0,5$ (Maximalprinzip)
verbessert (Abb. 2/13). Nach dem Minimalprinzip also wäre dasselbe
Produktionsergebnis wie *vor* der Arbeitsteilung (2 Kokosnüsse) mit

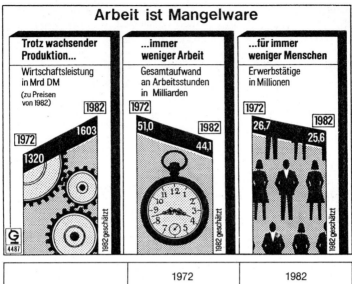

Arbeit ist Mangelware

Trotz wachsender Produktion...	...immer weniger Arbeit	...für immer weniger Menschen
Wirtschaftsleistung in Mrd DM (zu Preisen von 1982) 1982 1603 1972 1320	Gesamtaufwand an Arbeitsstunden in Milliarden 1972 51,0 1982 44,1	Erwerbstätige in Millionen 1972 26,7 1982 25,6

	1972	1982
Stundenproduktivität	$\dfrac{1320}{51} = 26{,}4$	$\dfrac{1603}{44{,}1} = 36{,}35$
Pro-Kopf-Produktivität	$\dfrac{1320}{0{,}0267} = 49.438{,}2$	$\dfrac{1603}{0{,}0256} = 62.617{,}19$

Abb.: 2/12 Produktivitätsentwicklung

	vor Arbeitsteilung	nach Arbeitsteilung
Angelproduktion	0,1	0,125
Kokosnußproduktion	0,33	0,5

Abb.: 2/13 Arbeitsteilung und Produktivität II

weniger Arbeitsleistung als vorher zu erzielen. Aus der Sicht eines Kokusnußfabrikanten wäre es also einleuchtend, den relativ unproduktiveren Robinson (R) zu entlassen und stattdessen einen weiteren Freitag (F) einzustellen bzw. – und das ist hier im Hinblick auf den Beschäftigungseffekt der wichtige Aspekt – ggf. den Faktor Arbeit durch den Faktor Kapital zu ersetzen (zu **substituieren**), indem z. B. eine Kokosnuß-Pflückmaschine eingesetzt wird.

Zur Vervollständigung noch ein Blick auf die Gesamt-Arbeitsproduktivität in der Angelgeräte-Industrie unseres Beispiels: Vor der Arbeitsteilung betrug sie $2:20 = 0,1$ Angeln pro Zeiteinheit, nach der Arbeitsteilung $2:16 = 0,125$ Angeln (Minimalprinzip) oder $2,5:20 = 0,125$ (Maximalprinzip) (Abb. 2/13).

Da jeder Spezialist nur noch ein Gut herstellt, aber wahrscheinlich über beide Güter verfügen möchte, ist ein Austausch der produzierten Güter erforderlich. Dies ist dann offensichtlich eine Frage des *Tauschverhältnisses*: Wenn in unserem Beispiel die Beteiligten einig sind, daß eine Angel einer Kokosnuß entspricht, ergeben sich keine Probleme, und die Vorteile der Arbeitsteilung sind unbestreitbar.

Dies ist jedoch nicht immer eindeutig: Vor der Arbeitsteilung benötigte R für beide Güter $8+4 = 12$ Minuten, F hingegen $12+2 = 14$ Minuten. Durch die Spezialisierung wird R arbeitsmäßig benachteiligt (er arbeitet nun 16 statt 12 Minuten), F begünstigt (4 statt 14 Minuten). Das Austauschverhältnis zwischen Angel und Kokosnuß wird demnach wohl kaum $1:1$ sein: Für R dürfte eine Angel vor der Arbeitsteilung soviel Wert gewesen sein wie zwei Kokosnüsse $(8:4 = 2)$, für F hingegen soviel wie sechs Kokosnüsse $(12:2 = 6)$. Für beide Beteiligten wird ein Tausch daher nur dann günstig sein, wenn R für seine Angel *mehr* als zwei Kokosnüsse erwarten kann und F für eine Kokosnuß *mehr* als – rechnerisch – ⅙ Angel. Ein Tausch ist somit nur dann für beide Beteiligten lohnend, sofern sich ein Tauschverhältnis einstellt, das *zwischen* den ursprünglichen individuellen Tauschrelationen von 1 Angel = 2 Kokosnüsse (R) und 1 Angel = 6 Kokosnüsse (F) liegt, beispielsweise 1 Angel = 4 Kokosnüsse. R erhält dann relativ gesehen mehr Nüsse, als er selbst erzeugen könnte, und F muß pro Angel weniger Nüsse ›bezahlen‹* als bei Eigenproduktion.

Welches Preisverhältnis sich tatsächlich einstellt, kann nicht theoretisch beantwortet werden (es könnte auch 1 Angel = 5 Kokosnüsse oder sonstwie lauten), so daß es durchaus möglich ist, daß bei einem solchen Tauschvorgang der eine Beteiligte deutlich mehr profitiert als der

---

* Man denke dabei an den Begriff der Opportunitätskosten in Abschnitt 2.2.

andere. Dieses Problem stellt sich insbesondere auf internationaler Ebene, wo zwischen Industrie- und Entwicklungsländern aufgrund unterschiedlicher Spezialisierungsmuster die hauptsächlichen Exporte der Entwicklungsländer (Rohstoffe und landwirtschaftliche Produkte) relativ gesehen ungünstig gegen die Industrieländerexporte (Fertigprodukte) ›getauscht‹ werden, eine Situation, die als *asymmetrischer Tausch* bezeichnet wird.

Von diesen Überlegungen hier einmal abgesehen, legt eine Situation wie in Abb. 2/10 eine Spezialisierung eindeutig nahe. Wie verhält es sich aber, wenn der eine Tauschpartner *beide* Güter schneller (billiger) herstellt als der andere, so wie es Abb. 2/14 darstellt? Dabei würde für F keinerlei Anreiz bestehen, mit R zu tauschen, da R beide Güter teurer (weil langsamer) herstellt als F. Und dennoch wäre eine Arbeitsteilung – unter Nichtbeachtung des gerade erwähnten Problems des asymmetrischen Tausches – grundsätzlich sinnvoll: Wenn R sich auf die Produktion von A konzentriert und F das Gut K herstellt, sinkt der Mitteleinsatz von bisher insgesamt $(10+8+8+2) = 28$ Einheiten auf $(2 \times 10) + (2 \times 2) = 24$ Einheiten (eine umgekehrte Spezialisierung würde den Mitteleinsatz auf 32 Einheiten ansteigen lassen).

Der Grund liegt darin, daß die Produktivitätsunterschiede zwischen F und R bei der Produktion von A *kleiner* sind als bei K. R ist bei Gut K viermal schlechter als F, bei Gut A hingegen nur 1,25 mal schlechter. Man sagt daher auch, daß R bei Gut A einen ›**komparativen**‹ (Kosten-) Vorteil hat, d. h. mit anderen Worten, daß seine Spezialisierung auf Gut A zwar für sich gesehen einen Nachteil mit sich bringt (die Produktivität sinkt von 0,111 auf 0,100), doch wird dies überkompensiert durch die Entwicklung der Produktivität bei der Produktion von Gut K, die von 0,2 auf 0,5 ansteigt. Die Relation von $10 : 8 = 1,25$ bei Gut A ist somit

	Angel	Kokosnüsse
Robinson	10	8
Freitag	8	2

Abb.: 2/14 Arbeitsteilung und Produktivität III

vergleichsweise vorteilhafter als die von 8:2 = 4 bei Gut K. In derartig gelagerten Fällen ist eine Spezialisierung also – gesamtwirtschaftlich betrachtet – auch dann sinnvoll, wenn der eine Tauschpartner beide betrachteten Güter schneller (d. h. billiger) herstellt als der andere – eine Situation, die man sich sowohl im Kleinen als auch im internationalen Maßstab vorstellen kann. Wie aber oben ausgeführt, hängt es von dem sich ergebenden Tauschverhältnis ab, ob beide Tauschpartner durch die Spezialisierung gleichmäßig profitieren oder nicht.

Unterschiedliche *Faktorproduktivitäten* können somit unterschiedliche *Wettbewerbsfähigkeit* konkurrierender Anbieter bedeuten, sofern die Faktorkosten in direktem Zusammenhang mit den Angebotspreisen stehen. Auf freien Märkten könnten sich unproduktive Anbieter dann auf Dauer nicht behaupten, sondern würden von produktiveren Konkurrenten verdrängt. Sollen derart gefährdete Unternehmen oder Branchen – und damit Arbeitsplätze – gesichert werden, müssen sie Schutz erhalten. Dies geschieht in der Regel durch staatliche Maßnahmen, um die Wettbewerbsposition zu verbessern, entweder in Form von **Subventionen**, welche die Angebotspreise senken helfen, oder durch künstliche Verteuerung der Konkurrenten, etwa durch **Schutzzölle** auf ausländische Konkurrenz-Importe oder sogar **Importverbote**. In der Bundesrepublik (bzw. der EG) gibt es viele Bereiche, die durch Subventionen und/oder Schutzzölle geschützt werden (sog. **Protektion**), u. a. der Bergbau, die Stahlindustrie, der Schiffbau und die Landwirtschaft. Ohne derartige protektionistische Maßnahmen würde ein erheblicher Strukturwandel eintreten, indem in unproduktiven Bereichen Unternehmen schließen müßten. Gegen protektionistische Maßnahmen ist – auch unter marktwirtschaftlichen Gesichtspunkten – nichts einzuwenden, sofern sie als *vorübergehender Schutz* gedacht sind. Schutzzölle oder andere Maßnahmen können den begünstigten Wirtschaftsbereichen Luft verschaffen, die sie zur Erhöhung ihrer Produktivität und damit zur Verbesserung ihrer Wettbewerbsfähigkeit nutzen können. Ziel sollte dabei also sein, die vorübergehende Protektion wieder abzubauen und abzuschaffen. Je größer der aktuelle oder potentielle Druck der Konkurrenz (insbesondere auf den Weltmärkten) ist, desto stärker ist die Notwendigkeit, Produktivitätsverbesserungen zu erreichen, um sich gegen die Konkurrenz behaupten zu können. Es kann als gesichert gelten, daß offene Märkte zu höherer Produktivität führen als künstlich abgeschottete.

Wenn protektionistische Maßnahmen allerdings auf Dauer bestehen bleiben, dann besteht die Gefahr, daß die innovativen Kräfte erschlaffen und die volkswirtschaftlichen Strukturen verkrusten, so daß Ressourcen (Arbeitskräfte, Kapital, Boden etc.) unproduktiv eingesetzt werden. In dieser Hinsicht besteht daher nur vordergründig ein Zielkonflikt zwischen der (künstlichen) Sicherung von (allerdings unproduktiven) Arbeitsplätzen und dem wirtschaftlichen Wachstum, denn unproduktive Wirtschaftszweige können die wirtschaftliche Entwicklung durchaus behindern und langfristig zu größeren Beschäftigungsproblemen führen, als aufgrund eines rascheren Strukturwandels anzunehmen wäre. Es braucht nicht betont zu werden, daß die Arbeitsplatzsicherung ein hochpolitisches Problem ist, bei dem sicher nicht nur produktivitätstheoretische Überlegungen eine Rolle spielen.

Die Entwicklung der Arbeitsproduktivität spielt ferner auch eine Rolle bei *Lohntarifverhandlungen*. Eine Erhöhung der Arbeitsproduktivität bedeutet bei Anwendung des Minimalprinzips, daß dasselbe Produktionsergebnis nun mit weniger Arbeitseinsatz erzielt werden kann. Dies bedeutet eine Ersparnis bei den Lohnkosten. Die so pro Produktionseinheit eingesparte Lohnsumme könnte daher als Lohnerhöhung an die Arbeitnehmer ausgeschüttet werden, ohne daß dies für den Arbeitgeber eine Erhöhung der Lohnkosten bedeutete (sog. *produktivitätsorientierte Lohnerhöhung*). Ob diese Hypothese richtig ist, hängt jedoch auch davon ab, aus welchem Grunde die Arbeitsproduktivität gestiegen ist:

Liegt die Erhöhung der Arbeitsproduktivität ausschließlich an einer besseren Arbeitsleistung, ist die Forderung nach einer (kostenneutralen) Lohnerhöhung zweifellos berechtigt. Anders liegt der Fall hingegen, wenn die *Arbeits*produktivität zwar rechnerisch steigt (Produktionsergebnis bezogen auf den *Arbeits*einsatz), eine Steigerung des Produktionsergebnisses (Maximalprinzip) bzw. eine Verringerung des Arbeitseinsatzes (Minimalprinzip) aber auf – kostenverursachende – Veränderungen beim Faktor *Kapital* zurückzuführen ist, z. B. aufgrund der Einführung neuer Maschinen. Aus Unternehmersicht wird daher eine *arbeits*produktivitätsorientierte Lohnpolitik meist als Voraussetzung dafür dargestellt, daß die Preise der erzeugten Güter konstant bleiben können. Lohnkostenerhöhungen, die nicht durch Produktivitätsforschritte aufgefangen werden können, stellen dann *ceteris paribus* eine Gefahr für die Preisniveaustabilität dar.

Inflation wird danach also im wesentlichen als (**hausgemachte**) **Kostendruckinflation** verstanden. Gewerkschaften argumentieren hingegen eher, daß Lohnforderungen nicht *Ursache*, sondern *Folge* von Preiserhöhungen seien, die vor allem durch die Verteuerung von Importgütern verursacht werden (**importierter** Kostendruck). Folglich müsse eine Lohnerhöhung neben dem Produktivitätsfortschritt auch die allgemeine Preisentwicklung berücksichtigen. Die Diskussion, ob es sich um eine Lohn-Preis-, Preis-Lohn oder um eine Lohn-Lohn-Spirale handelt, bei der sich im Laufe eines Jahres die Tarifabschlüsse an den Ergebnissen der bereits abgeschlossenen Lohnrunden orientieren, kann hier nicht vertieft werden. Für die aktuelle Wirtschaftspolitik ist jedoch die Tatsache von Bedeutung, daß Lohnkostensteigerungen, die nicht durch Produktivitätssteigerungen kompensiert werden können, aus betriebswirtschaftlicher Sicht einen Anreiz darstellen, den Produktionsfaktor Arbeit durch Kapital zu substituieren. Dieser Arbeitslosigkeits-fördernde Aspekt wird verschärft durch unterschiedlich hohe Lohnkostenniveaus im internationalen Vergleich, so daß Branchen, die sich kostengünstigerer ausländischer Konkurrenz gegenübersehen (beispielsweise der Schiffbau) von zunehmender, strukturell bedingter Arbeitslosigkeit bedroht sind.

2.6   Sektorenbildung

Eingangs wurde bereits die Notwendigkeit erläutert, die komplexen wirtschaftlichen Beziehungen der Realität in der theoretischen Betrachtung zu vereinfachen. Ein wesentlicher Baustein hierfür ist die Zusammenfassung von gleichartigen Wirtschaftssubjekten zu **Sektoren**. Die Sektorenbildung ist auch Grundlage der volkswirtschaftlichen Gesamtrechnung, mit deren Hilfe die wirtschaftlichen Vorgänge in einer Volkswirtschaft statistisch erfaßt und ausgewertet werden, beispielsweise bei der Ermittlung des Sozialprodukts (vgl. **Kapitel 4**). Sinnvollerweise sind die folgenden fünf (Haupt-) Sektoren zu unterscheiden (siehe auch Abb. 2/15):

(1)   Private Haushalte

Zu den privaten *Haushalten* rechnet man Wirtschaftssubjekte, die auf den Gütermärkten Nachfrager (Konsumenten) und auf den Faktormärkten Anbieter von Produktionsfaktoren sind. Dies gilt ungeachtet der Tatsache, daß offensichtlich auch Haushalte Güter produzieren (Essenkochen, Rasenmähen, Reparaturen etc.). Diese Güterproduktion erfolgt im wesentlichen für den Eigenbedarf, gelangt also nicht auf Gütermärkte (Daraus resultiert ein statistisches Erfassungsproblem, auf das im Abschnitt 4.5.2.1 eingegangen wird). Zu den Haushalten zählen auch Vereine, Parteien, Gewerkschaften und Kirchen, also Institutionen ohne Erwerbscharakter.

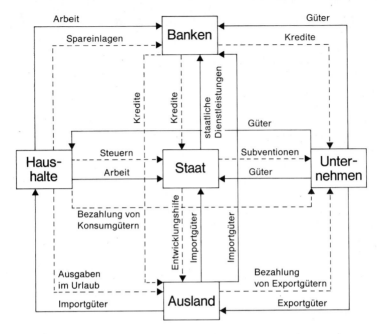

Abb.: 2/15 Volkswirtschaftliche Sektoren

(2) Unternehmen

Das »Spiegelbild« der Haushalte sind *Unternehmen*, deren Tätigkeit auf die *Produktion* von Sachgütern, Dienstleistungen oder Rechten gerichtet ist.

Unternehmen sind auf den Gütermärkten Anbieter (»Produzenten«) und auf den Faktormärkten Nachfrager von Produktionsfaktoren. In diesem Sinne stehen die Begriffe »Arbeit*nehmer*« und »Arbeit*geber*« sprachlogisch auf dem Kopf, denn der *Anbieter* des Faktors »Arbeit« wird als Arbeit*nehmer* und der *Nachfrager* als Arbeit*geber* bezeichnet; Arbeits*platz*-Geber und -nehmer wäre – so gesehen – korrekter.

Einzelne Wirtschaftssubjekte können somit auch mehr als einem Sektor zugerechnet werden. Ein Fabrikbesitzer ist einmal »Unternehmer« in seiner Eigenschaft als Güter-Anbieter und Faktor-Nachfrager, zum anderen »Haushalt« in seiner Eigenschaft als Güternachfrager (im Konsumbereich). Wer Investitionsgüter nachfragt, ist definitionsgemäß Unternehmer, denn ein Haushalt bietet – ebenfalls definitionsgemäß – keine Güter an und kann folglich auch nicht investieren. Die umgangssprachlich üblichen »Investitionen« im Haushalt gelten statistisch immer als Konsum. Zum Sektor »Unternehmen« zählen auch staatliche Unternehmen, ferner landwirtschaftliche Betriebe, Handwerksbetriebe sowie die gesamte Wohnungsvermietung inclusive der Nutzung von Eigentumswohnungen (»Vermietung an sich selbst«).

(3) Staat

Der Sektor »Staat« zerfällt im Prinzip in die Untersektoren *»öffentliche Haushalte«* und *»öffentliche Unternehmen«.* Erstere werden in der Abgrenzung der volkswirtschaftlichen Gesamtrechnung für die Bundesrepublik Deutschland *nicht* in den Sektor »Haushalte« einbezogen, letztere sind Bestandteile des Sektors »Unternehmen«:

Öffentliche *Haushalte* sind – wie private – Nachfrager von Gütern. Die entscheidenden Unterschiede zu privaten Haushalten liegen eimal in der Art der *Einnahmeerzielung*: Während ein privater Haushalt Faktorleistung anbieten muß, um Einnahmen zu erzielen, gilt für öffentliche Haushalte das Prinzip von Leistung und Gegenleistung *nicht*, denn ihre Einnahmen sind (im wesentlichen) *Zwangsabgaben* (Steuern), für die keine konkret zurechenbare Gegenleistung besteht.

Der zweite Unterschied besteht in der Art der *Wirtschaftsplanung*: Während ein privater Haushalt die Höhe seiner Ausgaben von seinen zu erwartenden Einnahmen abhängig machen muß, können öffentliche Haushalte – unter bestimmten Voraussetzungen und in gewissen Grenzen – die Höhe der Einnahmen aufgrund des Zwangscharakters von Steuern von der Höhe der zu leistenden Ausgaben abhängig machen. Es ist daher zweckmäßig, private und öffentliche Haushalte zu trennen.

Öffentliche *Unternehmen* unterscheiden sich von privaten vor allem im Hinblick auf ihre Unternehmensziele. Während private Unternehmen »egoistisch« orientiert sind und in der Regel nach Gewinn streben, sind öffentliche Unternehmen im Prinzip altruistisch (»gemeinnützig« im weiteren Sinne) angelegt und streben allenfalls nach Kostendeckung, wenn nicht sogar im Falle meritorischer und spezifisch öffentlicher Güter (vgl. Abschnitt 2.2) Verluste bewußt einkalkuliert bzw. unvermeidbar sind. Dies schließt nicht aus, daß bestimmte Unternehmen sich durchaus privatwirtschaftlich verhalten, obgleich sie im Staatsbesitz sind. Ungeachtet dieser Unterschiede werden öffentliche Unternehmen – unabhängig von ihrer Rechtsform – nicht dem Sektor »Staat« sondern dem Sektor »Unternehmen« zugeordnet.

Der Sektor **Staat** umfaßt somit die **Gebietskörperschaften** (Bund, Länder, Gemeinden und Gemeindeverbände (Ämter, Kreise, etc.) und die **Sozialversicherungen**.

(4) Banken

Banken sind im Prinzip *Unternehmen*, und in einigen volkswirtschaftlichen Betrachtungen wird auch bei der Zusammenfassung zu Sektoren nicht zwischen Banken und Unternehmen unterschieden. *Banken* bieten jedoch im wesentlichen keine Sachgüter an, sondern sie wickeln die **monetären Transaktionen** ab, d. h. sie dienen u. a. der Abwicklung des Zahlungsverkehrs und der Verwaltung von (Geld-) Vermögen. Der Bankensektor wird daher auch als *Vermögenssektor* bezeichnet. Die monetären Transaktionen erleichtern die Beziehungen zwischen den Sektoren, wie im **Kapitel 3** gezeigt wird.

(5) Ausland

In einer sog. *offenen* Volkswirtschaft werden die außenwirtschaftlichen Beziehungen in einem Sammel-Sektor »Ausland« erfaßt. Prinzipiell wären wiederum pro Land die vorangehenden vier Sektoren zu unterscheiden, doch ist diese Differenzierung für die volkswirtschaftliche Gesamtrechnung nicht erforderlich. Erfaßt werden somit (aus unserer Sicht) das Inland (Deutschland) mit vier Sektoren und der »Rest der Welt« in einem weiteren, einzigen Sektor.

Die offizielle volkswirtschaftliche Gesamtrechnung der Bundesrepublik unterscheidet grundsätzlich nur drei Sektoren: den Unternehmenssektor, die privaten Haushalte und den Staatssektor. Diese Sektoren werden jedoch wiederum jeweils in Teilsektoren unterteilt: Der Unternehmenssektor umfaßt die Produktionsunternehmen sowie die Banken und Versicherungen, der Staatliche Sektor umfaßt die Gebietskörperschaften (Bund, Länder, Gemeinden) sowie die Sozialversicherungen, und die privaten Haushalte unterteilen sich in die eigentlichen privaten Haushalte sowie die Institutionen ohne Erwerbscharakter. Hinzu kommt noch ein Sektor Ausland. Die oben erfolgte Unterscheidung der *fünf* Sektoren ist somit eine vereinfachte Darstellung der volkswirtschaftlichen Gesamtrechnung.

Zwischen diesen fünf gesamtwirtschaftlichen Sektoren besteht ein Geflecht von Beziehungen, wie in Abb. 2/15 anhand einiger Beispiele verdeutlicht wird: So ›fließen‹ Güterströme (durchgezogene Linien) vom Unternehmenssektor zu den Haushalten und dem Staat; monetäre Ströme bzw. Geldströme (gestrichelte Linien) fließen ihnen als Bezahlung von Güterkäufen entgegen; Steuern fließen als Geldströme ohne Gegenleistung an den Staatssektor; vom Staat fließen einseitig monetäre Ströme in Form von Subventionen an Haushalte und Unternehmen; Löhne und Gehälter sind Geldströme, die den Haushalten als Gegenleistungen für Faktorleistungen (z. B. Arbeit) zufließen, usw.;

natürlich sind nicht alle möglichen Beziehungen in der Abbildung dargestellt.

Auf die Beziehungen zwischen den Sektoren werden wir später verschiedentlich zurückkommen. Wie schon angedeutet, dienen Zusammenfassungen einzelner Beziehungen als Grundlage für bestimmte Statistiken bzw. Analysen. So läßt sich z. B. aus der Summe der Beziehungen zum Sektor Ausland die **Zahlungsbilanz** herausarbeiten, während der Sektor Staat (die »öffentliche Finanzwirtschaft«) sich in den Bundes-, Länder- und Gemeindehaushalten widerspiegelt. Durch Zusammenfassung bestimmter anderer Ströme lassen sich ferner verschiedene Sozialproduktsgrößen ermitteln, usw. Die folgenden **Kapitel 3** und **4** gehen hierauf näher ein.

3. Kreislauf

Im vorangehenden Kapitel wurden mit den volkswirtschaftlichen Sektoren wichtige Bausteine für eine Betrachtung gesamtwirtschaftlicher Beziehungen dargestellt; im Zusammenhang mit Abb. 2/15 wurden einige Beispiele für güterwirtschaftliche und monetäre Beziehungen zwischen den Sektoren angeführt. Dabei wurde ausgeführt, daß es sich um *Ströme* handelt, d. h. Güter oder Geld ›fließen‹ zwischen den Sektoren hin und her. Insgesamt lassen sich diese Bewegungen in *Kreislaufbeziehungen* zusammenfassen. Dies soll in den folgenden Abschnitten näher erläutert werden, wobei die Darstellung schrittweise erweitert wird.

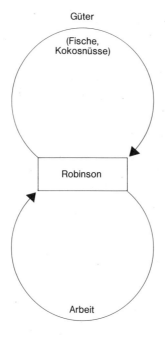

Abb.: 3/1 Autarkie

3.1 Realer Tausch und Geld

Den Elementarzustand des Wirtschaftens bezeichnet man als Selbstversorgung (**Autarkie**) oder bildlich als Robinson-Crusoe-Wirtschaft. Eine autarke Wirtschaftseinheit kennt keine Tauschbeziehungen mit anderen Wirtschaftseinheiten bzw. Wirtschaftssubjekten; dennoch wird aus systematischen Gründen dieser Zustand so betrachtet, als ob der autarke Robinson mit sich selbst tauscht. In Abb. 3/1 wird deutlich, daß Robinson (R) seine eigene Arbeitsleistung einsetzt, um sich selbst mit Gütern zu versorgen. Man könnte also auch sagen, daß die Güter eine Entlohnung seiner Arbeit darstellen oder daß die Güter mit eigener Arbeitsleistung ›bezahlt‹ werden.

Robinsons Einzelwirtschaft erweitert sich durch das Erscheinen von Freitag (F). Gleichzeitig tritt eine Arbeitsteilung auf, wodurch die Notwendigkeit des Tauschens entsteht: Beispielsweise fängt Robinson nur Fische, aber mehr als er allein braucht, während Freitag mehr Kokosnüsse sammelt, als er selbst benötigt. Abb. 3/2 gibt diese Situation wieder: Es findet ein **Realtausch** Gut gegen Gut statt.

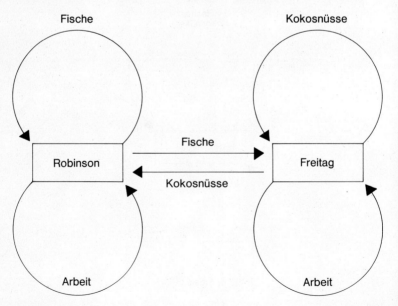

Abb.: 3/2 Arbeitsteilung und Tausch

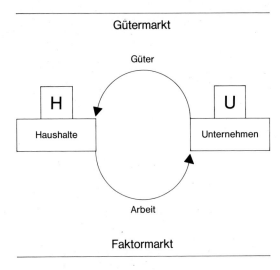

Abb.: 3/3 Kreislauf I

Eine analoge Realtauschbeziehung entsteht, wenn Arbeitsleistung gegen Güter getauscht wird. Im Gegensatz zum Realtausch Gut gegen Gut, der ja auch heute noch zu beobachten ist (z. B. bei Briefmarkensammlern), werden die Beispiele für den Tausch Arbeitsleistung gegen Gut seltener. Im landwirtschaftlichen Bereich war es früher durchaus üblich, daß ein Bauer seinen Knecht in Naturalien entlohnte. Gelegentlich soll es ja auch möglich sein, im Gasthaus seine Zeche durch Tellerwaschen zu begleichen. Abb. 3/3 stellt diese Situation schematisch dar, wobei die beiden tauschenden Sektoren gemäß den Definitionen des Abschnitts 2.6 als *Haushalt* (H) bzw. als *Unternehmen* (U) bezeichnet werden.

	N	A
A	x	y
B	y	x

Abb.: 3/4 Realtausch I

Abb.: 3/5 Realtausch II

3.1.1 Realtausch-Probleme

Verlassen wir unser Robinson-Freitag-Beispiel und betrachten zwei Personen A und B, die jeweils einen Gegenstand (X = Tennisschläger bzw. Y = Fußball) zum Tausch anbieten (A), aber einen anderen Gegenstand suchen (nachfragen: N). Abb. 3/4 gibt dies wieder. Wenn A und B sich finden, kann das Problem durch einen Realtausch Fußball gegen Tennisschläger gelöst werden. Dieses elementare Tauschproblem ist dadurch gekennzeichnet, daß die Vorstellungen von A genau das *Spiegelbild* derer von B sind und umgekehrt. Abb. 3/5 enthält einige Beispiele für Realtauschangebote, wobei durch Abb. 3/6 auch deutlich wird, daß realer Tausch im internationalen Handel keineswegs selten ist: Devisenschwache Länder bieten bei sog. **Barter-Geschäften** als ›Bezahlung‹ für Importgüter häufig ihre eigenen Exportgüter an. Vielfach existieren Abkommen über **Kompensationsgeschäfte** oder Zahlungsverrechnung – so auch zwischen der Bundesrepublik und der DDR –, bei denen der Wert der international ›getauschten‹ Güter

Waren statt Geld –Tauschhandel floriert
Auslandsschulden lassen Dritte Welt zu neuen Geschäftspraktiken greifen

Thailand fordert verstärkt Gegengeschäfte

Bartergeschäfte im Westhandel

Kompensationsgeschäfte auf Wachstumskurs - Mittelstand benachteiligt

Lateinamerika: Rückkehr zum Tauschhandel?

Buenos Aires (epi). Als 1947 das GATT gegründet wurde, wollte man den in den 30er Jahren und im Krieg eingerissenen Bilateralismus im Welthandel abbauen. Solange es den Industrieländern gut ging, wurde das Ziel weitgehend erreicht. Doch heute zeigt sich eine Rückkehr zu bilateralen Rahmenverträgen und direktem Tauschhandel, ein System, das im übrigen die östlichen Länder nie aufgegeben haben. In Lateinamerika häufen sich wieder die nur bilateral verwendbaren Devisenreserven, von den Zentralbanken jeweils gesondert ausgewiesen. Brasilien macht große Tauschgeschäfte mit Ölländern. Nach dem Irak und Iran werden gegen Öl Sojamehl, gefrorenes Hühner- und Rindfleisch, Textilien und Stahl geliefert. Das größte Abkommen (Wert 700 Millionen Dollar) wurde

mit der Sowjetunion abgeschlossen, ebenso neuerdings mit Mexiko. Argentinien lieferte so viel Getreide nach Rußland, daß ein gewaltiger Handelsüberschuß zugunsten des Landes entstand. Jetzt bestehen die Russen auf vermehrten Käufen ihrer Waren. Sie haben Turbinen für Wasserkraftwerke geliefert, man verhandelt über Elektrifizierung einer Bahnstrecke, auch wird im direkten Tauschhandel Wein gegen Trolleybusse nach Rußland geliefert. Auch die DDR soll in Verhandlungen stehen, um argentinischen Wein gegen Wegebaumaschinen zu kaufen. Die Politiker der argentinischen Parteien, die sehr wahrscheinlich nächstes Jahr die zu wählende Zivilregierung stellen, treten alle für vermehrten Bilateralismus und Protektionismus im Außenhandel ein.

Abb.: 3/6 Realtausch III

gegenseitig aufgerechnet wird, so daß nur die nicht ausgeglichenen Differenzbeträge tatsächlich zu Devisenzahlungen führen. Größere Unternehmen mit einer breiteren Güterpalette und besseren Vermarktungsmöglichkeiten für die als ›Bezahlung‹ erhaltenen Güter sind dabei tendenziell im Vorteil.

Erweitern wir unser Tauschproblem aus Abb. 3/4 um eine weitere Person C zu einer Situation wie in Abb. 3/7. Dann müßte A nicht nur B treffen, sondern auch C finden, und alle drei müßten jeweils paarweise einem realen Ringtausch zustimmen. Es läßt sich leicht ausmalen, wie man die Tauschsituation durch Hinzufügen weiterer Personen und Tauschobjekte komplizieren kann. Aber bereits auch so dürften die *Probleme realen Tausches* deutlich werden:

(1) Das primäre Problem des Realtausches besteht darin, den oder die geeigneten *Tauschpartner zu finden*. In den Tageszeitungen kann man entsprechende Anzeigen lesen; siehe Abb. 3/5. Wenn A den B gefunden hat, aber noch nicht C, gibt es zwei Möglichkeiten: A gibt B den Fußball ›auf Kredit‹, indem B verspricht, den von A gewünschten Tennisschläger nachzuliefern. Oder A ist bereit, den Fußball ›zurückzulegen‹ und für B eine gewisse Zeit bereitzuhalten. In jedem Fall muß B sich auf die Suche nach einem geeigneten C machen.

(2) Sofern sich die geeigneten Tauschpartner gefunden haben, muß das *Wertverhältnis* der zu tauschenden Güter festgelegt werden: Entspricht ein Fußball einem Tennisschläger? Oder zweien? Oder einem halben?

(3) Wenn dies gelungen ist, ergibt sich die technische Schwierigkeit, den Tausch entsprechend dem vereinbarten Wertverhältnis durchzuführen. Angenommen, der Fußball sei doppelt soviel wert wie der Tennisschläger. Wird der Fußball nun gegen zwei Tennisschläger ge-

	N	A
A	x	y
B	y	z
C	z	x

Abb.: 3/7 Realtausch IV

tauscht (B hat aber nur einen!)? Oder soll man den Fußball halbieren? Das Problem besteht also in der physischen *Teilbarkeit* der zu tauschenden Güter.

Es ist wohl zu erahnen, wie solche Tauschprobleme entzerrt worden sind: Durch die Erfindung von **Geld**. Wir werden im Abschnitt 3.1.3 betrachten, welche Wandlungen Geld bis heute durchlaufen hat. Allen Erscheinungsformen von Geld ist jedoch gemeinsam, daß bestimmte *Eigenschaften* erfüllt sein müssen, die man als *Geldfunktionen* bezeichnet.

3.1.2 Geldfunktionen

Wir wollen unser begonnenes Beispiel weiterverwenden. A trifft C und verkauft ihm einen Fußball gegen Geld. Damit ist die Beziehung zwischen A und C abgeschlossen. Mit dem erworbenen Geld kann A sich nun auf die Suche nach B machen, um das für den Fußball erhaltene Geld gegen den von A gewünschten Tennisschläger zu tauschen *(zweistufiger Tausch)*. Ob B und C nun gleichfalls in Tauschbeziehungen treten, sei dahingestellt. Damit diese Entzerrung des Tauschproblems möglich wird, muß das, was als Geld verwendet wird, drei *Aufgaben* erfüllen können:

1. Geld muß als Tauschmittel akzeptiert werden, d. h. der Besitzer eines Gutes muß bereit sein, dieses Gut gegen Geld herzugeben (**Tauschmittelfunktion**).

2. Mit Hilfe des Geldes muß es möglich sein, die zu tauschenden Gegenstände zu bewerten und damit vergleichbar zu machen. Wenn ein Fußball 60,– DM kostet, ein Tennisschläger aber 120,– DM, dann wäre das Tauschverhältnis bestimmt als 2 Fußbälle = 1 Tennisschläger (Funktion der **Recheneinheit**). Durch die Umrechnung in Geld können heterogene Güter vergleichbar gemacht werden.

3. A verkauft B seinen Fußball und erhält 60,– DM. Weil er krank wird, kann er sich erst vier Wochen später daran machen, einen Tennisschläger bei C zu kaufen, der gleichfalls 60,– DM kosten soll. Die von B erhaltenen 60,– DM repräsentieren somit seinen Fußball, den A – in verwandelter Form – bei C gegen einen Tennisschläger tauscht. Der Tausch ›Fußball gegen Tennisschläger‹ findet aus der Sicht von A im Grunde genommen auch statt, aber in zwei (zeitlich auseinanderliegenden) Phasen auf dem Umweg über B. Dies setzt aber voraus,

daß sich in den vier Wochen, die zwischen dem Tausch ›Fußball gegen Geld‹ und dem folgenden Tausch ›Geld gegen Tennisschläger‹ verstreichen, keine Veränderung der Wertrelationen ergeben hat, konkret: Die Güter dürfen in der Zwischenzeit nicht teurer geworden sein. Geld muß also für eine bestimmte Zeit den Wert eines Gutes ›aufbewahren‹ können (**Wertaufbewahrungsfunktion**).

Ist diese dritte Funktion nicht erfüllt (d. h. wären die 60,– DM nach kurzer Zeit nicht mehr soviel wert wie 1 Tennisschläger bzw. 1 Fußball), würde A möglicherweise seinen Fußball nicht gegen Geld verkaufen wollen, sondern auf Realtausch bestehen. Dadurch wäre auch die Tauschmittelfunktion des Geldes eingeschränkt. Wir werden später auf diese und andere *Konsequenzen der Inflation* eingehen.

Die drei Funktionen des Geldes – Tauschmittel-, Recheneinheits- und Wertaufbewahrungsfunktion – sind die *ökonomischen* Geldfunktionen. Gelegentlich wird noch eine weitere Funktion des Geldes genannt: die des **gesetzlichen Zahlungsmittels**. Dies bedeutet, daß die Tauschmittel- und Recheneinheitsfunktion durch Gesetz geregelt ist. Es muß deutlich hervorgehoben werden, daß dies eine rein *rechtliche* Frage ist, zwar den Umgang mit Geld erleichtert, jedoch aus ökonomischer Sicht durchaus entbehrlich ist. In inflationären Zeiten ist zu beobachten, daß es zwar ein gesetzliches Zahlungsmittel geben mag, daß die Bevölkerung dieses jedoch nicht als Tausch- und Wertaufbewahrungsmittel akzeptiert, sondern auf anderes ›Geld‹ ausweicht; man denke an die berühmte *Zigarettenwährung* nach dem Zweiten Weltkrieg, und dieses ›ungesetzliche‹ Geld erfüllte alle ökonomischen Geldfunktionen.

Man kann sagen, daß Geld seine Aufgabe als ›Schmiermittel der Wirtschaft‹ nicht oder nur unzureichend wahrnehmen kann, wenn eine der drei ökonomischen Geldfunktionen gefährdet ist. Besonders kritisch ist dabei die Wertaufbewahrungsfunktion: Wenn sie beeinträchtigt ist (d. h. mit anderen Worten: wenn Inflation vorliegt), wird das zunehmend ›wertlose‹ Geld nicht mehr als Tauschmittel akzeptiert, und auch die Funktion der Recheneinheit kann eingeschränkt werden: In vielen Ländern ging die Bevölkerung bei Inflationsraten von mehreren hundert Prozent pro Jahr dazu über, alle Inlandspreise in Dollar auszudrücken und die eigene Währung – wenn irgend möglich – in Dollars umzutauschen (sog. **Parallelwährung**). Eine Währung kann zwar gesetzliches Zahlungsmittel sein, aber ihre ökonomischen Funktionen einbüßen, während andererseits ein Gut als Geld fungieren kann und alle ökonomischen Funktionen erfüllt, ohne gesetzliches Zahlungsmittel zu sein.

Um auf unsere anfänglichen Probleme des Realtausches zurückzukommen: Die Erfindung von Geld reduziert das Suchproblem, indem statt eines oder mehrerer Tauschpartner mit jeweils komplementären Angebots- *und* Nachfragestrukturen jeweils nur die Angebots- *oder* Nachfrageseite komplementär sein muß: Es ist einfacher, jemanden zu finden, der einem ein gebrauchtes Auto verkauft, als jemanden, der dafür auch das eigene Auto als Bezahlung akzeptiert. Und auch das Teilbarkeitsproblem löst sich, sofern die Geldeinheit genügend klein gestückelt ist. Und damit ist auch das Bewertungsproblem vereinfacht, da man es sich leichter angewöhnt, in Mark und Pfennig zu denken als in halben Tennisschlägern.

3.1.3 Geldarten

Geld hat im Zeitablauf eine Vielzahl unterschiedlicher Erscheinungsformen durchlaufen. In der elementarsten Form wird es als **Naturgeld** oder **Warengeld** bezeichnet, beispielsweise Muscheln, Vieh, Stoff, Salz, Teesiegel etc. Allen Geldformen ist gemeinsam, daß die als Geld fungierenden Güter selten sind oder einen hohen Gebrauchswert haben, woraus sich ein hoher Tauschwert ableitet. Theoretisch könnte man Kieselsteine oder Hühnereier als Geld verwenden, doch wird man bei Kieselsteinen wahrscheinlich sehr schnell mit einem Inflationsproblem konfrontiert werden, und Hühnereier (oder Mühlsteine) werfen technische Probleme auf. Ob ein bestimmtes Gut als Geld verwendet wird, hängt lediglich davon ab, ob es geeignet ist, die drei beschriebenen ökonomischen Geldfunktionen zu erfüllen. Die Funktion als Wertaufbewahrungsmittel ist jedenfalls bedroht, wenn Geld beliebig vermehrt werden kann. Daher also die grundsätzlich zu beobachtende Auswahl seltener Güter als Geld. Historisch gesehen wurden die Naturalgeldformen abgelöst durch Edelmetalle, zunächst in unbearbeiteter Form, wie z. B. als *Nuggets*, die die Goldwäscher aus den Flüssen wuschen. Dabei stellte sich immer das Problem der Wertbestimmung. Dieses wurde gelöst durch die »Erfindung« von **Münzen**, d. h. einer Metallscheibe wurde der Wert aufgeprägt. Das Recht zur Münzprägung (sog. **Münzregal**) lag dabei meist bei den herrschenden Fürsten, Königen etc., und konnte von diesen auch verliehen werden. Dabei wurde die Geldform den meist runden Prägestempeln angepaßt. Grundsätzlich setzte und setzt das Vertrauen in diese Wertbestimmung durch Markierung (hieraus leitet sich auch die Bezeichnung *Mark* ab) also eine amtliche oder sonstige Autorität voraus.

Münzen aus massiven, aber meist relativ weichen Edelmetallen wie Gold oder Silber waren eine Freude für die sog. *Geldschneider*, die mit einem scharfen Messer einen so feinen Span vom Rand der Münze abschnitten, daß der Laie es nicht merkte. Damit·war die Münze vom Metallgehalt her natürlich weniger wert als amtlicherseits aufgeprägt. Das derart gewonnene Edelmetall konnte dann verkauft werden. Daher wurden derart gefährdete Münzen meist mit einer Markierung am Rande versehen. Wurde diese abgeschnitten, ließ sich dies sehr leicht feststellen. Aus Tradition wurde dies bei vielen Münzen bis in die heutige Zeit beibehalten, wie z. B. bei den deutschen DM-Münzen. Das Geldschneiden würde sich heute ohnehin nicht mehr lohnen: Man unterscheidet zwischen *vollwertigen Münzen*, bei denen der aufgeprägte Wert dem Metallwert entspricht und *Scheidemünzen*, deren aufgeprägter Wert höher ist als der Metallwert, und nur Scheidemünzen sind heute im Umlauf.

Bei kleinen Münzwerten kann es vorkommen – wie bei den deutschen Ein- und Zweipfennigstücken –, daß die Herstellungskosten *höher* sind als der aufgeprägte Nennwert. Aber es lohnt sich nicht, das in diesen Münzen enthaltene Metall einzuschmelzen, weil die dadurch entstehenden Kosten wiederum in keinem Verhältnis zum erzielbaren Erlös stehen. Die höherwertigen Münzen allerdings verursachen geringere Herstellungskosten als der aufgeprägte Wert, und die Differenz fällt in der Bundesrepublik als **Münzeinnahme** (auch **Schlagschatz** genannt) an den Bund: Im Auftrag der Bundesregierung werden Münzen geprägt und durch die Deutsche Bundesbank in Umlauf gebracht, wobei dem Bund der Nennwert der Münzen seitens der Bundesbank gutgeschrieben wird. Im Bundeshaushalt stellt diese Differenz zwischen Nennwert und Prägekosten jährlich eine Einnahme zwischen 200 und 800 Mio DM dar. Vor kurzem war in der Diskussion, eine 10-DM-Münze in Umlauf zu bringen. Dies wäre für den Bundesfinanzminister sicherlich angenehm gewesen, doch hat man sich mittlerweile dagegen entschieden, u. a. weil sich in Bankkreisen Widerspruch regte wegen des recht kostenintensiven Umgangs mit Hartgeld, aber auch die erforderliche Umstellung von Automaten aller Art hat dabei eine Rolle gespielt.

Gelegentlich gibt es auch überwertige Münzen, bei denen der Prägewert geringer ist als der Metall- bzw. der Tauschwert. Solchen Münzen ist das Schicksal beschieden, anderen Verwendungszwecken zugeführt zu werden. Auf die deutschen Münzen wird u. a. das Prägejahr und ein Kennbuchstabe für die staatliche Münzstätte eingeprägt (D = München, F = Stuttgart, G = Karlsruhe, J = Hamburg). Ein normales Fünfmarkstück mit seltener Prägekennzeichnung kann unter Sammlern 100 DM und mehr wert sein. Man wird es daher kaum zum Bezahlen von Zigaretten verwenden – allerdings nur, wenn man um den Wert dieser ganz normalen Umlaufmünzen weiß. Auch Sonder- und Gedenkmünzen (z. B. die *Olympia-Münzen*) haben aufgrund ihrer begrenzten

Auflage meist einen Sammlerwert deutlich über ihrem Nennwert. Sie sind allerdings in der Regel durchaus gesetzliche Zahlungsmittel: Wer möchte, kann sich grundsätzlich mit einer seltenen Gedenkmünze im Supermarkt Gummibärchen kaufen; allerdings wird nicht jede Kassiererin eine solche Münze als legales Zahlungsmittel erkennen und akzeptieren. Der Autor ist übrigens gerne bereit, DM-Sondermünzen zu ihrem Nennwert einzutauschen ...

Auch wenn sich durch Einschmelzen der Münzen das enthaltene Metall zu höheren Preisen verkaufen läßt, als der Prägewert verspricht, werden auch diese Münzen vom Markt verschwinden. Eine deutsche silberhaltige Münze wurde daher, kurz bevor sie in Umlauf gebracht werden sollte, zurückgezogen, weil die Silberpreise stark gestiegen waren. Es geht auch die Sage, daß kleine italienische Münzen deshalb so selten sind, weil sie beispielsweise nur 2 Lire ›wert‹ sind, jedoch als Bestandteil von Knöpfen sehr begehrt seien: Die Herstellung einer gleichgroßen Metallscheibe als Knopfuntergrund wäre teurer als 2 Lire. Wir können nicht sagen, ob dies tatsächlich so ist, aber betriebswirtschaftlich einleuchtend wäre es.

Der Übergang vom Warengeld zum Münzgeld läßt sich an einigen Münzbezeichnungen nachvollziehen. So gibt es eine Reihe von Münzen, die deutlich machen, daß sie ursprünglich bei der Gewichtsbestimmung von Waren eine Rolle spielten: das englische *Pfund*, die italienische *Lira* (lira = Pfund) oder der alte deutsche *Batzen* (»Ein Heller und ein Ba-ha-tzen ...«). Der holländische *Gulden* leitet sich aus ›gülden‹, also golden ab. Andere Bezeichnungen weisen auf die geographische Herkunft hin. So geht der *Dollar* auf *Taler* zurück, und dieser wieder auf Silbervorkommen bei Joachimstal im Erzgebirge, aus denen Münzen geprägt wurden. Der erwähnte *Heller* bezieht sich auf Schwäbisch Hall (damals Hall am Kochen), und *Groschen* ist eine schwäbische Umformung der »großen Münze aus Tours« (»gros *Tournois*«).

Als nächste Geldform entwickelten sich **Banknoten**, letztlich als Reaktion auf Probleme mit Münzen. Münzen sind in größerer Zahl schwer zu transportieren und vor allem auch in unsicheren Zeiten von Räubern bedroht gewesen. Robin Hood hätte kaum eine Chance gehabt, wenn zu seiner Zeit Banknoten in ihrer ursprünglichen Form verbreitet gewesen wären: Diese stellten nur Bestätigungen dar, daß ein Kaufmann (bei einer Bank) eine gewisse Summe Geldes hinterlegt hat. Diese Gutschrift konnte man zur Zahlung verwenden und auch den rechtmäßigen Empfänger auf diesem Papier bezeichnen (so wie heute beim Scheck). Nur der rechtmäßige Besitzer eines solchen Papiers konnte dies gegen das hinterlegte Geld eintauschen. Natürlich sind solche *Namenspapiere* etwas umständlich, weil jede Weitergabe verzeichnet werden muß, aber diese Prodzedur ist bei *Wechseln* und *Schecks* ja durchaus gebräuchlich. Später wurden Banknoten von Namenspapieren zu *Inhaberpapieren*, d. h. jeder Besitzer – ob rechtmäßig oder nicht – kann sie verwenden. Bei bestimmten Währungssystemen vertreten die Geldscheine das ›eigentliche‹ Gold, d. h. die Banknotenmenge steht in einem festen Verhältnis zu den Goldvorräten des Landes (z. B. bei der **Gold-** und der **Goldkern-Währung**). Dies ist heute nicht mehr der Fall, und wir wollen an dieser Stelle – ohne es vertiefen zu können – bereits betonen, daß zwischen dem Wert der DM beispielsweise und den Gold- und Devisenreserven der Bundesbank kein Zusammenhang besteht. Der Geldwert ist – verkürzt gesagt – nicht durch Gold, sondern durch das Güterangebot, d. h. durch das Sozialprodukt gedeckt. Banknoten werden in der Bundesrepublik im Auftrag der Deutschen Bundesbank gedruckt, die hinsichtlich ihrer Entscheidung über die Menge der umlaufenden Geldscheine von Weisungen der Bundesregierung unabhängig ist. Damit ist in der Bundesrepublik ausgeschlossen, daß eine Regierung den Staatshaushalt (inflationär) mit der Notenpresse finanziert, so wie es in vielen Ländern möglich (und üblich) ist.

Die historisch jüngste Geldart wird als **Buchgeld** oder **Giralgeld** bezeichnet, weil dieses Geld nur in den Büchern der Banken (auf Konten) erscheint, nicht aber in Form von stofflichem Geld. Über Buchgeld kann man z. B. durch Schecks oder Überweisungen verfügen. Der Begriff Giralgeld leitet sich daraus ab, daß es vier verschiedene Banktypen gibt: Privatbanken, öffentliche Banken (Landesbanken, Sparkassen), Genossenschaftsbanken (Volksbanken, Raiffeisenbanken) und die Post als Bank, die jeweils untereinander ein eigenes Verrechnungssystem, einen Verrechnungskreislauf haben (*giro* [ital.] = Kreis; daher auch *Girozentralen*). Viele Begriffe im Zusammenhang mit Geld leiten sich aus dem Italienischen ab, so auch *Bank* selbst: Die Geldverleiher bzw. Geldwechsler saßen mit ihren Tischen (*banca* [ital.] = Tisch) z. B. auf den Märkten. Ging der Geldwechsler bankrott, wurde ihm von der Marktaufsicht mit dem Beil der Tisch zerschlagen (*banca rotta* [ital.] = zerstörter Tisch). Dann kam es zum Konkurs (*concursus creditorum* [lat.] = Zusammenlauf der Gläubiger).

Der konkrete Stoffwert des Geldes ist vom Natural- und Metallgeld über die Banknoten bis zum Buchwert immer geringer geworden bzw. beim Buchgeld sogar verschwunden. Während eine Münze immerhin einen gewissen Metallwert hat, ist das Papier einer Banknote als Papier praktisch wertlos, und Giralgeld ist stofflich nicht existent. Wegen der Bedeutung des Giralgelds werden wir im folgenden Abschnitt nochmals auf die »Produktion« von Geld, die *Geldschöpfung*, eingehen.

3.1.4 Geldschöpfung

In der Bundesrepublik werden Münzen vom Staat geprägt (und von der Bundesbank in Umlauf gebracht) und Banknoten im Auftrag der Bundesbank gedruckt und von dieser in Umlauf gebracht. Wie aber entsteht Giral- oder Buchgeld?

In der Bundesrepublik (wie in den meisten anderen Staaten) muß jede Geschäftsbank einen bestimmten Prozentsatz ihrer Einlagen bei der Bundesbank als nichtverzinsliche **Mindestreserve** hinterlegen, über die sie nicht verfügen kann; diese Beträge sind also blockiert. Auf Einzelheiten, die hier zu weit führen würden, werden wir erst später im Zusammenhang mit der Geldpolitik der Bundesbank eingehen. Die Differenz zwischen Einlage und Mindestreserve bezeichnet man als **Überschußreserve**, über die die Bank nach Belieben verfügen kann. Wir werden eine Reihe von heroischen *Annahmen* machen, die dazu dienen, das folgende Beispiel überschaubar zu machen, die aber *nicht realistisch* sind. So halten die Banken beispielsweise in der Regel höhere Reserven als durch die Mindestreserveregelung vorgeschrieben. Wir unterstellen aber, daß jede Bank ihre Überschußreserven in voller Höhe als Kredit an einen Kreditnehmer weitergeben kann. Außerdem gehen wir von einem einzigen Mindestreservesatz auf alle Einlagen aus, was in der

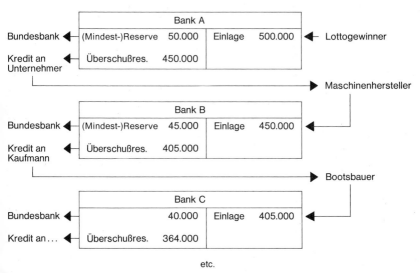

etc.

Abb.: 3/8 Giralgeldschöpfung I

Realität nicht zutrifft: Der Mindestreservesatz betrage einheitlich 10%. Nun zu unserem Beispiel (vgl. Abb. 3/8).

Ein Lottogewinner zahlt 500 000,– DM bei seiner Bank A ein. Von diesen Einlagen muß die Bank 10% = 50 000,– DM an die Bundesbank abführen, die Überschußreserve von 450 000,– DM zahlt sie als Investitionskredit an einen Unternehmer aus, der damit Maschinen kauft. Der Maschinenhersteller zahlt die so verdienten 450 000,– DM bei seiner Bank B ein, so daß diese 10% der neu entstehenden Einlage = 45 000,– DM als Mindestreserve an die Bundesbank abführt und die Überschußreserve von 405 000,– DM wiederum als Kredit an einen Privatmann vergibt, der sich damit eine Jacht kauft. Der Bootsbauer zahlt die erhaltenen 405 000,– DM bei seiner Bank C ein, usw. usw.

Wenn man diesen Prozeß gedanklich unendlich oft fortsetzt (Abb. 3/9), wird die jeweils verfügbare Überschußreserve immer kleiner, so wie ein von Hand zu Hand weitergereichter Schneeball immer mehr abschmilzt. Dies entspricht der jeweils abzuführenden Mindestreserve. Formal gesprochen handelt es sich um eine *geometrische Reihe*, bei der die einzelnen Summanden jeweils 10% kleiner sind als der vorangehende. Unter Heranziehung der Summenformel für eine *unendliche* geometrische Reihe läßt sich so bestimmen, wie hoch – nach (theoretisch) unendlich vielen Schritten – die gesamte Kreditsumme ist, die

Annahme: Mindestreservesatz 10%

Periode	Einlage	Kredit-schöpfung	Mindestreservezuwachs bei der Bundesbank
1	500.000	450.000	50.000
2	450.000	405.000	45.000
3	405.000	364.500	40.500
4	364.500	328.050	36.450
.	328.050	.	.
.	.	.	.
.	.	.	.
.	.	.	.
.	.	.	.
n	0	0	0
max. Summe	5.000.000	4.500.000	500.000

Abb.: 3/9 Giralgeldschöpfung II

sich maximal aus einer einzigen anfänglichen Einzahlung von 500 000,– DM bei der Bank innerhalb des Bankensystems ›produzieren‹ ließe:

Die Summenformel für eine geometrische Reihe ist

$$(1) \qquad s_n = a \cdot \frac{1 - q^n}{1 - q},$$

wobei s_n die Endsumme ist, a das erste Reihenglied (hier: die erste Überschußreserve) und q der Multiplikator der geometrischen Reihe (hier: 0,9 wegen 100% − 10% = 90% oder 0,9). Bei einer unendlichen geometrischen Reihe geht der Ausdruck q^n gegen Null, so daß sich der Ausdruck reduziert auf

$$(2) \qquad s_n = \frac{a}{1 - q}.$$

1 − q aber ist nichts anderes als der Mindestreservesatz, so daß sich unter den von uns unterstellten Annahmen die maximale mögliche Kreditschöpfung bestimmen läßt als

$$(3) \qquad \text{Kredit (max.)} = \frac{1. \ \text{Überschußreserve}}{\text{Mindestreservesatz}}.$$

in unserem Beispiel also

$$(4) \qquad \frac{450\,000}{0,1} = 4\,500\,000.$$

Aus einer anfänglichen Einlage von 500 000,– DM kann das Bankensystem somit bei einem Mindestreservesatz von 10% (unter den gemachten ›heroischen‹ Annahmen) maximal weitere 4 500 000,– DM an Krediten und damit an Buch- oder Giralgeld produzieren, so daß insgesamt also das *10-fache* der ursprünglichen Einlage nachfragewirksam werden kann.

Wegen Gleichung (4) dürfte einleuchten, daß diese Kreditschöpfung bzw. gleichbedeutend: Buch- oder Giralgeldschöpfung (da sich dieser Prozeß auf den Konten bzw. in den Büchern des Bankensektors vollzieht) durch Veränderung der Mindestreservesätze erhöht oder eingeschränkt werden kann. Beispielsweise würde bei einer Anfangseinlage von wie bisher 500 000,– DM, aber einem Mindestreservesatz von 20% das maximale Kreditpotential sich bestimmen als

$$(5) \quad \frac{500\,000 - (20\%)}{0,2} = \frac{500\,000 \times 0,8}{0,2} = \frac{400\,000}{0,2} = 2\,000\,000;$$

bei einem Mindestreservesatz von nur 5% wären es maximal sogar 9 500 000,– DM.

Abb. 3/10 gibt den Banknoten- bzw. Münzumlauf Ende 1986 wieder, zusammen also rd 123,7 Mrd DM. Die Geldmenge in ihrer weitesten

Banknotenumlauf

Stand am Jahresende

	1986	
Noten zu DM	Mio DM	%
1000	25 224,9	22,13
500	14 444,9	12,67
100	53 825,8	47,22
50	12 388,4	10,87
20	4 794,0	4,21
10	3 166,4	2,78
5	138,6	0,12
Insgesamt	113 983,0	100,00

Münzumlauf

Stand am Jahresende

	1986	
Münzen zu DM	Mio DM	%
10,–	971,4	9,96
5,–	4 138,6	42,45
2,–	1 241,5	12,73
1,–	1 603,8	16,46
–,50	745,9	7,65
–,10	622,3	6,38
–,05	202,7	2,08
–,02	101,7	1,04
–,01	121,9	1,25
Insgesamt	9 749,8	100,00

Abb.: 3/10 Bargeldumlauf

Definition M_3 (es gibt verschiedene Abgrenzungen, u. a. M_1, M_2, M_3 sowie die Zentralbankgeldmenge, auf die hier nicht eingegangen werden soll) hatte Ende 1986 ein Volumen von rd. 1018 Mrd DM. Dies bedeutet, daß das Giralgeld rund 88% der Geldmenge M_3 ausmachte und mit Abstand die wichtigste Geldform in einer hochentwickelten Wirtschaft darstellt. Da die Münz- und Banknotenproduktion problemlos von der Bundesbank kontrolliert wird, ist somit die kritische Geldmengenkomponente das Giralgeld.

Dies gilt umso mehr, als die DM eine frei **konvertible**, d. h. eine ohne jede Beschränkung in andere Währungen eintauschbare Währung ist (dies ist weltweit sehr selten, da die allermeisten Währungen Devisenkontrollen irgendwelcher Art unterliegen). Daher stellen Devisenzuflüsse eine bedeutende und nicht leicht zu kontrollierende Quelle für die Geldschöpfung dar. Wie bereits angedeutet, verfügt die Bundesbank wie jede Notenbank auf der Welt neben der hier dargestellten Mindestreserve über eine Reihe weiterer binnen- und außenwirtschaftlich wirkender Instrumente, mit denen sie auf die Geldschöpfung Einfluß nehmen kann. Dies wird im wirtschaftspolitischen Teil vertieft werden.

3.2 Güter und Geldkreislauf

Nach diesem Exkurs über Geld kehren wir wieder zur Kreislaufbetrachtung zurück. Durch die Einbeziehung von Geld in die wirtschaftlichen Beziehungen zwischen den Sektoren *Haushalt* (H) und *Unternehmen* (U) ergeben sich zwei Bereiche (vgl. Abb. 3/11). Auf der einen Seite wird der Produktionsfaktor Arbeit von den Haushalten gegen Lohnzahlungen angeboten. Nicht dargestellt, aber analog zu betrachten sind neben dem *Arbeitsmarkt* die anderen **Faktormärkte** für Boden (z. B. Immobilienmarkt) und Kapital (Geld- und Kapitalmarkt). Dabei ergibt sich jeweils ein **realer Strom** (er entspricht dem Wert des Produktionsfaktors) und – gegenläufig – ein **monetärer Strom** als Entgelt für die Produktionsfaktoren (z. B. Löhne, Zinsen, Mieten). Der reale und der monetäre Strom sind dabei *wertmäßig gleich*: Arbeitsleistung im Wert von 900,– DM wird mit 900,– DM Lohn entgolten. Dies entspricht dem Prinzip der *doppelten Buchführung* in der kaufmännischen Betrachtung, wo jeder Vorgang zweimal erfaßt wird – und zwar einmal mit ›postivem‹ und einmal mit ›negativem‹ Vorzeichen: Dies entspricht der unterschiedlichen Richtung der Pfeile in Abb. 3/11.

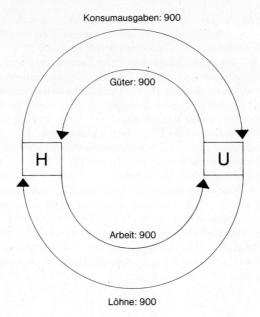

Konsumausgaben: 900

Güter: 900

H   U

Arbeit: 900

Löhne: 900

Abb.: 3/11 Kreislauf II

Auf der anderen Seite steht der **Gütermarkt,** auf dem Güter gegen Geld getauscht werden. Auch hier gilt die wertmäßige Gleichheit von realen (Güter-) und monetären (Geld-)Strömen. Wie bei den Faktormärkten kann man auch bei Gütermärkten weitere Unterscheidungen anstellen, z. B. zwischen Konsumgüter- und Investitionsgütermärkten unterscheiden.

Aus Vereinfachungsgründen beschränken wir uns in Abb. 3/11 auf die beiden Sektoren Haushalte und Unternehmen, werden die Betrachtung aber später erweitern und damit realistischer gestalten. Das einfache *Zwei-Sektoren-Modell* läßt aber bereits einige grundsätzliche Erkenntnisse zu, die mit einem Beispiel verdeutlicht werden sollen.

Ein Haushalt kauft bei einem Lebensmittelhändler Konsumgüter im Werte von 300,– DM und bezahlt bar mit 3 Hundertmarkscheinen. Mit dem verdienten Geld zahlt der Lebensmittelhändler bar die offene Rechnung eines Klempnermeisters. Dieser wiederum verbraucht dieselben 3 Hundertmarkscheine in einer Bar. Die Summe der realen Ströme bzw. der Wert der umgesetzten Güter (Sachgüter und Dienstleistungen) beträgt insgesamt 300 (Lebensmittel) + 300 (Rohrbruch reparieren) +

300 (Sekt plus Bedienung) = 900,– DM. Die Summe der monetären Ströme als Bezahlung der realen ist gleichfalls 900,– DM, jedoch wurden diese 900,– DM mit nur 3 Hundertmarkscheinen bezahlt. Die Geldmenge, d. h. hier die Summe der Geldscheine, ist also nur 300,– DM. Die Geldmenge von 300 wurde jedoch dreimal verwendet, und damit ist die Gleichheit von monetären und realen Strömen wiederhergestellt.

Die Häufigkeit, mit der eine Geldmenge innerhalb einer Betrachtungsperiode ›den Besitzer wechselt‹, bezeichnet man als **Umlaufgeschwindigkeit** des Geldes bzw. als **Umschlagshäufigkeit** der Geldmenge. Sie ist in unserem Beispiel »3«.

Die Beziehung ›*Summe der realen Ströme = Summe der monetären Ströme*‹ läßt sich dadurch verfeinern zu ›*Wert der umgesetzten Güter = Geldmenge mal Umlaufgeschwindigkeit*‹. Der Wert der umgesetzten Güter ist seinerseits die Summe einer Vielzahl von einzelnen Komponenten. Wenn die Konsumgüterkäufe im Werte von 300,– DM 75 Flaschen Wein à 4,– DM waren und die Rohrbruchreparatur (vereinfacht) 6 Arbeitsstunden à 50,– DM, etc., dann läßt sich der Gesamtwert der umgesetzten Güter darstellen als

$$
\begin{aligned}
& x_1 \cdot p_1 \\
+\ & x_2 \cdot p_2 \\
+\ & x_3 \cdot p_3 \\
& \vdots \\
& \vdots \\
+\ & x_n \cdot p_n \\
\hline
=\ & \sum_{i=1}^{n} x_i \cdot p_i \, ,
\end{aligned}
$$

wobei x_i (i = 1, 2, …, n) jeweils die Güter*mengen* (Flaschen, Arbeitsstunden etc.) und p_i (i = 1, 2, …, n) die entsprechenden Güter*preise* darstellt. P wäre ein (gewogener) Durchschnittspreis, etwa ein **Preisindex**, wie wir ihn später im wirtschaftspolitischen Teil im Abschnitt über die Inflation behandeln werden. X hingegen ist eine Größe, die konkret schlecht übersetzbar ist, jedoch abstrakt die Gesamtheit der Gütermengen symbolisiert.

Somit läßt sich die Beziehung ableiten

$$
(1) \qquad X \cdot P = M \cdot U,
$$

wobei X – wie erwähnt – die Gütermengen darstellt, P das sog. **Preisniveau**, d. h. den gewogenen Durchschnitt der Güterpreise, M die Geldmenge und U die Umlaufgeschwindigkeit. Für unser Beispiel ergibt sich damit zahlenmäßig

(2) $900 = 300 \cdot 3.$

Die Beziehung (1) X · P = M · U wird in der volkswirtschaftlichen Theorie als **Tauschgleichung** oder (nach ihrem ›Erfinder‹ Irving Fisher) als **Fisher'sche Verkehrsgleichung** bezeichnet. Sie kann elementare Zusammenhänge verdeutlichen, auf denen die sog. **Quantitätstheorie** des Geldes beruht. Nach dieser Theorie beeinflußt die Geld*menge* (M) als unabhängige Variable die (abhängigen) Variablen X und P: X · P entspricht dem Wert der produzierten Güter, z. B. dem **Sozialprodukt**, M · U der Gesamtsumme, welche die Käufer für die Güter ausgeben. Abstrakter ausgedrückt: Der Wert des *realen Güterangebots* (X · P) entspricht der *monetären Nachfrage* (M · U) oder noch kürzer: *Angebot = Nachfrage.*

Betrachten wir einmal, was sich aus unserem obigen Beispiel ergäbe, wenn die Geldmenge aus vier Fünfzigmarkscheinen bestünde: Dann müßte – wenn dasselbe Güterangebot wie vorher im Wert von DM 900,– gekauft werden soll – gemäß Gleichung (1) die Umlaufgeschwindigkeit der Geldmenge sich erhöhen auf 4,5 – d. h. das Geld müßte schneller (häufiger) den Besitzer wechseln.

Nun ist es aber eine Erfahrungssache, daß die *Umlaufgeschwindigkeit* im kürzeren Zeitraum relativ *konstant* ist. Die Umlaufgeschwindigkeit der sog. **Zentralbankgeldmenge** (im wirtschaftspolitischen Teil wird dieser Begriff näher definiert) liegt in der Bundesrepublik heute etwa bei 9,2, d. h. die Zentralbankgeldmenge wird im Laufe eines Jahres etwa 9-mal verwendet. Anders ausgedrückt: Die Zentralbankgeldmenge ist etwa 9-mal kleiner als der Wert der umgesetzten Güter. Die Umlaufgeschwindigkeit wird von einer Vielzahl konstanter Zahlungsgewohnheiten beeinflußt. So werden z. B. Löhne und Gehälter monatlich, Mieten monatlich, Steuern und Versicherungen viertel-, halb- oder ganzjährig bezahlt; im Handel werden üblicherweise Zahlungsziele von 14 und 30 Tagen eingeräumt; Standardwechsel haben eine Laufzeit von drei Monaten, usw. Diese Gegebenheiten verändern sich – wenn überhaupt – nur langsam, so daß man durchaus sagen kann, daß die Umlaufgeschwindigkeit im kürzeren Zeitraum nur geringe Schwankungen aufweist, somit – bei großzügiger Betrachtung – kurzfristig konstant ist, obgleich sie im Trend (langsam) sinkt (Abb. 3/12).

Nach der *Quantitätstheorie des Geldes* lassen sich die Konsequenzen

1970	10,4
1971	10,5
1972	10,2
1973	10,3
1974	10,4
1975	10,1
1976	10,1
1977	9,8
1978	9,5
1979	9,4
1980	9,6
1981	9,5
1982	9,4
1983	9,2
1984	9,3
1985	9,2
1986	9,2

Quelle: Deutsche Bundesbank

Abb.: 3/12 Umschlagshäufigkeit des Geldes

von Veränderungen der monetären Nachfrage – sei es aufgrund von Geld*mengen*veränderungen (daher ja der Name *Quantitäts*theorie), sei es aufgrund von Veränderungen der Umlaufgeschwindigkeit – aus der Beziehung (1) ableiten. Wir wollen uns hier auf zwei Beispiele mit der Geldmenge beschränken.

Was kann z. B. geschehen, wenn die Geldmenge – bei konstanter Umlaufgeschwindigkeit – *größer* wird? In Abb. 3/13 wird die steigende Geldmenge durch M ↑ und die konstante Umlaufgeschwindigkeit durch Ü symbolisiert. Bei Vergrößerung der Geldmenge (M ↑) wird – weil die Umlaufgeschwindigkeit konstant ist (Ü) – die monetäre Nachfrage steigen. Auf der Seite des Güterangebots können nun zwei Reaktionen (<=) eintreten: Einmal kann sich die produzierte bzw. angebotene Gütermenge erhöhen (X ↑), sofern die Unternehmer, Produzenten etc. dazu in der Lage sind, d. h. wenn die Produktionsmög-

$$\text{(a)} \quad X{\uparrow} \cdot \bar{P} \quad \Leftarrow \quad M{\uparrow} \cdot \bar{U}$$

$$\text{(b)} \quad \bar{X} \cdot P{\uparrow} \quad \Leftarrow \quad M{\uparrow} \cdot \bar{U}$$

$$\text{(c)} \quad X{\downarrow} \cdot P{\downarrow} \Leftarrow \quad M{\downarrow} \cdot \bar{U}$$

Abb.: 3/13 Quantitätsgleichung

lichkeiten noch nicht ausgeschöpft sind. Dies liegt bei **Unterbeschäftigung** vor, so daß zusätzliche Kaufwünsche ohne größere Vorbereitungen und Umstellungen erfüllt werden können (Abb. 3/13, a).

Sofern jedoch bei **Vollbeschäftigung** die *Produktionskapazitäten ausgelastet* sind, ist das Güterangebot kurzfristig nicht zu erhöhen. Dies erforderte Investitionen zur Schaffung zusätzlicher Kapazitäten, welche nicht von heute auf morgen durchgeführt werden können. Die erhöhte Nachfrage stieße dann auf ein mengenmäßig konstantes Angebot ($\bar{X}$), so daß sich ein **Nachfrageüberhang** ergibt. Was dann geschieht, läßt sich auf jeder Versteigerung beobachten: Auch dort entsteht ein Nachfrageüberhang, wenn die monetäre Nachfrage, verkörpert durch mehrere Interessenten, einem zu kleinen Güterangebot gegenübersteht. Der Ausgleich zwischen Angebot und Nachfrage kann auf der Seite von $X \cdot P$ also dann nicht durch Erhöhung von X, sondern nur durch P erfolgen, mit anderen Worten: Die Preise steigen (P ↑) (Abb. 3/13, b). Wir werden später betrachten, aus welchen Gründen die Geldmenge M steigen kann, doch das extreme Beispiel der Geldproduktion durch Laufenlassen der Notenpresse, so wie es in vielen Ländern zu beobachten ist, wenn die Regierung Geld benötigt, wird für unseren Zusammenhang hier einleuchtend sein. Im Abschnitt über Inflationsursachen werden wir dies vertiefen.

Allerdings ist hinzuzufügen, daß nicht jedes (legale) Drucken von Banknoten bzw. Prägen von Münzen auch die Geldmenge erhöht und somit Inflationsgefahren heraufbeschwört. Wie oben im Zusammenhang mit dem **Münzregal** erwähnt, fließen allein aus der Münzprägung dem Bundesfinanzminister jährlich Beträge in dreistelliger Millionenhöhe zu, und auch die Bundesdruckereien produzieren laufend neue Scheine. Dies liegt einmal an der Notwendigkeit, bei wachsendem Sozialprodukt auch die Geldmenge entsprechend zu erhöhen; Gleichung (1) weiter oben wird dies deutlich machen. Außerdem müssen ständig Münzen ersetzt werden, weil sie abgegriffen oder beschädigt sind und u. a. nicht mehr in Automaten zu verwenden sind. Banknoten haben in der Regel eine sehr kurze Lebensdauer: 10-DM-Scheine werden nach rund 15 Monaten aus dem Verkehr gezogen und durch neue ersetzt, 1000-DM-Scheine bleiben bis zu fünf Jahren in Umlauf. Die Landeszentralbanken mit ihren insgesamt über 200 Haupt- und Zweigstellen sind die Kontrollpunkte, an denen Scheine aus dem Verkehr gezogen werden. Und was geschieht mit den wertvollen Geldscheinen? Sie werden bei der Bundesbank zunächst sofort gelocht und damit unverwendbar gemacht und dann in alten Jutesäcken verbrannt (Sofern es nicht einem Findigen gelingt, sie unbemerkt dem Vernichtungsprozeß zu entziehen, so wie es 1979 in großem Stil geschehen war.

Es bedarf wohl auch einer gewissen Abhärtung, legale Geldscheine einfach ins Feuer zu werfen ...).

Die Konsequenzen einer *schrumpfenden* Geldmenge lassen sich ebenfalls aus Beziehung (1) ableiten (vgl. Abb. 3/13, c). Zunächst bedeutet dies, daß die monetäre Nachfrage sinkt, d. h. es mögen zwar Kaufwünsche bestehen, doch steht kein Geld (Bargeld oder Giralgeld, also auch Kredite!) zur Verfügung, um diese zu realisieren, so daß die produzierte Gütermenge nicht verkauft werden kann. Eine sinkende monetäre Nachfrage kann also zu Umsatzrückgängen und Lagerbildungen und damit zu sinkendem Preisniveau (P ↓) führen. Eine solche Situation ist aus Unternehmersicht sicher kein Anreiz, neue Arbeitskräfte für die Produktion einzustellen. Wenn das Produkt M · U dauerhaft sinkt, wird das Produkt X · P entsprechend dem Rückgang der monetären Nachfrage ebenfalls kleiner werden, wobei das Preisniveau (P) und/oder die reale Güterproduktion (X) sinken können. X · P ist aber – wie erwähnt – im Prinzip nichts anderes als das Sozialprodukt, so daß man vereinfachend sagen kann, daß bei *sinkender* (monetärer) *Nachfrage* ein Sinken bzw. *verlangsamtes Wachstum* des Sozialprodukts und damit auch *Beschäftigungseinbußen* auf dem Arbeitsmarkt zu befürchten sind.

Es dürfte deutlich geworden sein, daß der Wirtschaftskreislauf nur dann reibungslos funktionieren kann, wenn *Gleichgewicht zwischen monetären und realen Strömen* herrscht, und wir wollen es zunächst mit dieser Erkenntnis bewenden lassen.

3.3 Kapitalbildung

Wenn Robinson bisher seine Fische mit der Hand gefangen hat, so kann er seine Fang-Ergebnisse verbessern, indem er sich ein Netz knüpft. Dies bedeutet, daß er Zeit, die er bisher anders verwendet hat, zum Netzbau einsetzt: Entweder muß er auf Freizeit verzichten oder einen Teil der Zeit aufwenden, in der er sonst Fische fing. Mit anderen Worten leistet er *Konsumverzicht*. Dies ist Voraussetzung für die **Kapitalbildung** in Form eines Fischernetzes. Dies läßt sich auch in unserem leicht erweiterten Kreislaufmodell darstellen (Abb. 3/14).

Der Unternehmenssektor erzeugt bisher mithilfe der eingesetzten Arbeit *Konsumgüter* im Werte von 900 Geldeinheiten (GE), die an die Haushalte verkauft werden. Die Haushalte bezahlen mit dem erhaltenen Lohn von 900 GE (siehe auch Abb. 3/11). Wenn die Unternehmen

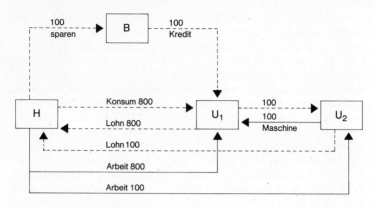

Abb.: 3/14 Kapitalbildung

auch *Investitionsgüter* erstellen möchten, um mehr produzieren zu können, muß ein Teil der verfügbaren Arbeitsleistung, die mit 900 GE entlohnt wird, abgezweigt werden. Beispielsweise werden nun Konsumgüter im Werte von nur 800 GE erzeugt und verkauft und die übrige Arbeit im Wert von 100 GE dazu verwendet, Maschinen im Wert von 100 GE zu erstellen (**Realkapitalbildung** oder **Investition**). Wenn Konsumgüter im Werte von nur 800 GE verkauft werden, die Unternehmer aber insgesamt 900 GE Lohn zahlen müssen, woher kommen dann diese 100 GE? Wenn nur 800 GE Konsumgüter angeboten werden, die Haushalte aber 900 GE Lohn erhalten, können sie 100 GE nicht ausgeben. Diese werden sie bei den Banken sparen (Sektor ›B‹ in Abb. 3/14). Die Banken aber können die 100 GE an den Unternehmenssektor ausleihen (vgl. *Giralgeldschöpfung*!), wobei hier aus Vereinfachungsgründen von den erforderlichen Zinszahlungen abgesehen wird. In jedem Fall aber kann die Investition in die Maschine nur finanziert werden, wenn seitens der Haushalte (direkt oder indirekt über den Bankensektor) dem Unternehmenssektor Geld zur Verfügung gestellt wird, d. h. wenn die Haushalte Konsumverzicht leisten. *Realkapitalbildung setzt also Sparen bzw. Konsumverzicht voraus.*

Die Kreislaufdarstellung kann nun nochmals erweitert werden (vgl. Abb. 3/15); dieses Schaubild ist bereits oben in Abschnitt 2.6 eingeführt worden, so daß hier einige kurze wiederholende Bemerkungen genügen sollen. Zu den Sektoren **Haushalte**, **Unternehmen** und **Banken** kommt noch der Sektor **Staat** hinzu. Zwischen dem Staat und den anderen Sektoren fließen gleichfalls reale und monetäre Ströme. So zahlen die übrigen Sektoren Steuern an den Staat, dieser aber kauft Güter bei

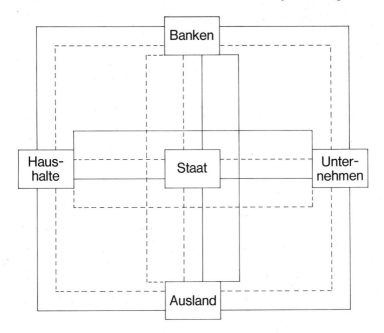

Abb.: 3/15 Volkswirtschaftliche Sektoren

Unternehmen, ferner liefert er Dienstleistungen, fragt Arbeitskräfte nach, etc. Es wäre sehr unübersichtlich, alle möglichen Beziehungen insgesamt in einem Schaubild darzustellen. Es wird jedoch ohne Schwierigkeiten möglich sein, sich weitere Beispiele vorzustellen.

Sofern nur diese vier Sektoren betrachtet werden, spricht man – wie erwähnt – von einer **geschlossenen** Volkswirtschaft. Für eine vollständige Kreislaufbetrachtung einer **offenen Volkswirtschaft** fehlt noch die Einbeziehung des **Auslandes**, da alle Sektoren nicht nur im Inland miteinander in Beziehung treten, sondern auch mit den analogen Sektoren im Ausland. Es ist üblich, diese nicht differenziert zu erfassen, sondern pauschal in einem fünften Sektor ›Ausland‹ zusammenzufassen.

Wenn man die Gesamtheit dieser realen bzw. monetären Beziehungen zusammenfaßt, ergibt sich eine Größe, die man als **Sozialprodukt** bezeichnet. Hierauf wird in Abschnitt 4 ausführlich eingegangen. Anhand von Kreislaufbeziehungen wie in Abb. 3/15 lassen sich außer dem

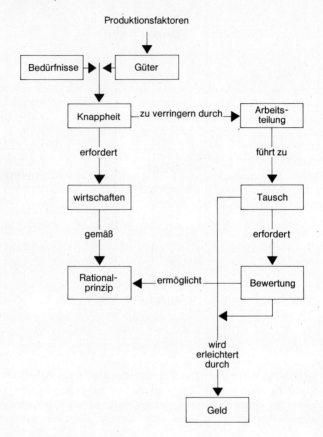

Abb.: 3/16 Zusammenfassung

Sozialprodukt eine Vielzahl von Erkenntnissen ableiten, so z. B. – wie gezeigt – der Einfluß der Geldmenge auf das volkswirtschaftliche Preisniveau, oder die *Zahlungsbilanz* als Summe der Beziehungen zum Ausland. Kompliziertere Kreislaufkonzepte liegen auch den ökonometrischen Modellen zugrunde, mit deren Hilfe u. a. *Konjunkturprognosen* erstellt werden. Am Ende des Kapitels 4 wird dies nochmals aufgegriffen werden. Zunächst gibt Abb. 3/16 noch eine zusammenfassende Übersicht über einige der in diesem Kapitel behandelten Zusammenhänge.

4. Sozialproduktskonzepte

Mit dem Sozialprodukt als Gesamtergebnis aller Vorgänge innerhalb des volkswirtschaftlichen Kreislaufs verbindet sich eine Vielzahl von Begriffen, die alle miteinander in Beziehung stehen, aber auf den ersten Blick sehr verwirrend erscheinen können. So ist beispielsweise einmal vom Brutto-, dann vom Nettosozialprodukt die Rede, dann vom Volkseinkommen, von Wertschöpfung, von Marktpreisen und von realer oder nominaler Bewertung. All diese Begriffe sollen im folgenden in einen Zusammenhang gebracht werden.

Das Sozialprodukt wird gerne mit einem volkswirtschaftlichen Kuchen verglichen. Dies ist zwar naiv, aber einprägsam. Immerhin läßt sich daran deutlich machen, nach welchen verschiedenen Ansätzen sich das Sozialprodukt betrachten (und berechnen) läßt. So kann man einmal untersuchen, wie die Rezeptur dieses ›Kuchens‹ aussieht, d. h. wie das Sozialprodukt entsteht (**Enstehungsrechnung**). Dann kann man betrachten, wie es verwendet wird. Beim Kuchen würde man fragen, ob er aufgegessen (konsumiert) oder aufbewahrt (gespart bzw. investiert) wird (**Verwendungsrechnung**), und schließlich, wie das Sozialprodukt verteilt wird (**Verteilungsrechnung**), d. h. wer bekommt die großen Kuchenstücke und wer die Krümel? Wir werden dieser Dreiteilung der Fragestellung im Prinzip folgen, jedoch noch einige weitere Aspekte berücksichtigen. Zunächst zur Entstehung des Sozialprodukts.

4.1 Entstehung des Sozialprodukts

4.1.1 Erfassung des Sozialprodukts

4.1.1.1 Bruttowertschöpfung

Als Sozialprodukt kann man vereinfachend den *Wert* aller Güter bezeichnen, der in einer bestimmten Betrachtungsperiode – üblicherweise ein Jahr – in einer Volkswirtschaft produziert wird. Hieraus leitet sich auch der Begriff **Wertschöpfung** ab. Dabei sei nochmals an den in Abschnitt 2.2 behandelten Güterbegriff erinnert, der Sachgüter, Dienstleistungen und Rechte umfaßt. Hierzu zunächst ein kleines Beispiel.

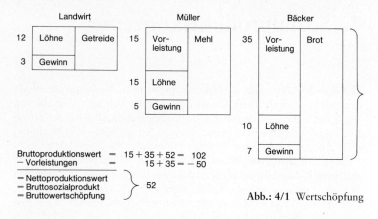

Abb.: 4/1 Wertschöpfung

Ein Landwirt produziert Korn und verkauft dieses an einen Müller, der daraus Mehl herstellt. Das Mehl kauft ein Bäcker, der daraus Brot backt (vgl. Abb. 4/1). Für die volkswirtschaftliche Gesamtrechnung stellt sich nun die Frage, mit welchen Werten diese Güter in die Berechnung des Sozialprodukts eingehen sollen. Wer ein Gut verkaufen will, wird grundsätzlich seine Preiskalkulation nach der Faustregel anstellen: »Entstandene Kosten plus Gewinnzuschlag = Preis«. Der Landwirt wird somit alle ihm entstandenen **Kosten** für den Einsatz von Material (»**Vorleistungen**«) und Produktionsfaktoren (Lohn für den Faktor Arbeit, Miete für den Faktor Boden, Zins für den Faktor Kapital) addieren und einen ihm angemessen erscheinenden **Gewinnzuschlag** ansetzen. Dieser Gewinn stellt im Grunde genommen Zahlungen »an sich selbst« dar: Ein Landwirt oder ein sonstiger Unternehmer, der in seinem eigenen Betrieb arbeitet, wird sich selber einen Lohn bezahlen; in der kaufmännischen Buchführung bzw. Kostenrechnung spricht man dabei von *kalkulatorischem Unternehmerlohn*, und analog wird ein Unternehmer für die Nutzung eigener Grundstücke oder Gebäude *kalkulatorische Miete* bzw. für den Einsatz eigenen Kapitals *kalkulatorische Zinsen* veranschlagen. Der Gewinnzuschlag stellt somit nichts anderes dar als das Entgelt für Produktionsfaktoren, die sich im eigenen Besitz befinden. Über die Höhe dieses Zuschlags läßt sich natürlich streiten, nicht aber über die prinzipielle Berechtigung. Daneben wird ein Anbieter noch weitere Größen wie z. B. Abschreibungen und Steuern berücksichtigen. Abb. 4/2 veranschaulicht dies.

Um das Beispiel handlich und übersichtlich zu halten, wird von verschiedenen realitätsnäheren Feinheiten wie z. B. Steuern und Produk-

So viel verdient die Industrie

Von je 1000 DM Einnahmen*...

...gehen wieder hinaus 697 DM

...bleiben im Unternehmen 303 DM

davon für:

sonstiges 97 DM

fremde Dienstleistungen 19

Mieten und Zinsen 22

Steuern (ohne MwSt) 30

Energie 33

Material und eingesetzte 496 Handelsware

davon für:

23 DM Überschuß
(noch zu versteuern)

246 DM Arbeitnehmerverdienste (brutto)

34 Abschreibungen

Quelle: Ifo

*ohne Mehrwertsteuer / Kostenstruktur 1984 © Globus 6437

Abb.: 4/2 Marktpreiskalkulation

tion auf Lager abgesehen und in Abb. 4/1 unterstellt, daß der Bauer (für fremde Produktionsfaktoren) Kosten in Höhe von 12 Geldeinheiten (GE) zu berücksichtigen hat, so daß ihm einschließlich seines eigenen Verdienstes (Gewinn) ein Verkaufspreis von 15 Geldeinheiten (GE) angemessen erscheint. Dieser Preis entspricht den sog. **Faktorkosten**, d. h. den Kosten (inclusive Gewinn!), die durch den Einsatz eigener und fremder Produktionsfaktoren (Arbeit, Natur (Boden) und Kapital) bei der Produktion des Gutes Getreide entstanden sind.

Der Müller unseres Beispiels verarbeitet das eingekaufte Korn im Werte von 15 GE zu Mehl, wobei auch ihm Kosten in Höhe von 15 GE durch den Einsatz von Produktionsfaktoren entstehen. Beispielsweise muß er einen Kredit verzinsen, mit dem er seine Maschinen finanziert hat (Kapitalkosten), oder er hat seine Mühle gemietet, und natürlich entstehen auch Lohnkosten, etc. Diese Faktorkosten mögen 15 GE betragen, so daß er einschließlich seines Gewinnzuschlags das Mehl für 35 GE verkauft. Schließlich verarbeitet der Bäcker das eingekaufte Mehl zu Brot, wobei ihm Faktorkosten (inclusive Gewinn) von 17 GE entstehen. Das Brot wird also zu 52 GE an den Verbraucher abgegeben.

Welcher Wert bzw. welche Werte – das Stichwort zu Beginn dieses Abschnitts hieß *Wertschöpfung* – sind bei diesem Produktionsprozeß nun entstanden und welche sollen in die Berechnung des Sozialprodukts eingehen? Soll man die Summe aller entstandenen Güter ansetzen (sog. **Bruttoproduktionswert**)? Dies wären in unserem Beispiel 102 GE, so daß das Brot, für das der Verbraucher 52 GE bezahlt, in der volkswirtschaftlichen Gesamtrechnung mit 102 GE vertreten wäre. Sicherlich wäre dies nicht der richtige Weg, denn wenn man den Mehlpreis des Müllers betrachtet (35 GE), dann sind in dieser Summe ja bereits die Leistungen des Bauern bei der Produktion von Getreide mit 15 GE enthalten.

Durch Summierung aller Umsätze würden die Produktionsleistungen der ersten Stufe (Kornproduktion) auf jeder weiteren Produktionsstufe nochmals mitgezählt, so daß sich durch derartige Mehrfachzählungen eine Aufblähung ergibt, die die Wert*schöpfung* nicht richtig widerspiegelt. Wenn man diese also ermitteln will, dürfen nur die jeweils *zusätzlich* entstehenden Werte erfaßt werden. Dies bedeutet, daß man – auf das Beispiel bezogen – auf jeder Produktionsstufe den Umsatz auf der Basis des Verkaufspreises als Grundlage nehmen kann, jedoch die **Vorleistungen** abziehen muß. Als Vorleistungen bezeichnet man den Wert der Güter, die eine vorangehende Produktionsstufe geschaffen hat. Die Differenz zwischen Verkaufspreis und Vorleistungen entspricht dann der Wertschöpfung, die der jeweils betrachteten Produktionsstufe zuzurechnen ist. In unserem Beispiel wird aus Vereinfachungsgründen unterstellt, daß der Bauer keine Vorleistungen bezieht, so daß der gesamte Wert des Korns Wertschöpfung der 1. Produktionsstufe ist (15 GE). Die Wertschöpfung der 2. Stufe (Müller) berechnet sich dann als Produktionswert (35 GE) minus Vorleistungen (15 GE) = 20 GE, und die der 3. Stufe (Bäcker) analog als 17 GE. Die Wertschöpfung entspricht also der Summe der bei der Produktion entstandenen Faktorkosten.

Als kleiner Einschub sei darauf hingewiesen, daß unsere **Mehrwertsteuer** genau hier ansetzt. Besteuert wird jeweils nur der **Mehrwert**, der auf einer Produktionsstufe entsteht. Der Müller beispielsweise muß zwar für seinen Umsatz von 35 GE Mehrwertsteuer an das Finanzamt abführen, doch kann er im Wege des sog. **Vorsteuerabzugs** sich vom Finanzamt den Steueranteil gutschreiben lassen, der auf die Vorleistungen von 15 GE entfällt, denn beim Einkauf des Korns hat er ja Mehrwertsteuer auf diesen Betrag bezahlt. Gelegentlich wird man beim Einkaufen gefragt, ob man eine Rechnung benötige, auf der die bezahlte Mehrwertsteuer ausgewiesen wird. Dies dient dem Geltenmachen des Vorsteuerabzugs gegenüber dem Finanzamt. In unserem Beispiel würde der Müller letztlich also nur die Mehrwertsteuer für seine eigene Wertschöpfung von 20 GE zu tragen haben. Die Mehrwertsteuer ist zwar im Prinzip eine Umsatzsteuer, doch ist sie differenzierter als die vor vielen Jahren in der Bundesrepublik erhobene Umsatzsteuer. Dies kann hier jedoch nicht vertieft werden.

Eine Ergänzung ist nachzutragen. In den **Bruttoproduktionswert** (BPW) gehen in unserem Beispiel nur die **Umsätze**, d. h. die *verkaufte* Güterproduktion ein. Dies ist jedoch eine realitätsferne Vereinfachung. Tatsächlich erfaßt der Bruttoproduktionswert neben den Umsätzen auch die *nichtverkaufte* Güterproduktion, die sich in – geplanten oder unvorhergesehenen – Lagerbestandserhöhungen ausdrückt, ferner den **Eigenverbrauch** und **selbsterstellte Anlagen**. Bereinigt man den BPW um die Vorleistungen (d. h. zieht man diese ab), ergibt sich der **Netto-produktionswert** (NPW) als Summe aller Wertschöpfungen auf den einzelnen Produktionsstufen. Die Begriffe »Brutto/Netto« beziehen sich hier also darauf, ob die Vorleistungen mitgezählt (BPW) oder ›herausgerechnet‹ werden (NPW). Je mehr der Produktionsprozeß in verschiedene Stufen unterteilt ist, desto höher muß der BPW im Vergleich zum NPW sein.

Eine Volkswirtschaft besteht aus einer Vielzahl verschiedener Branchen (Sektoren), für die sich jeweils Brutto- bzw. Nettoproduktionswerte berechnen lassen. Die Summe aller einzelnen (sektoralen) Nettopro-duktionswerte kann man (vereinfachend*) als **Bruttosozialprodukt** (BSP) oder als **Bruttowertschöpfung** bezeichnen. Den NPW eines Sektor bezeichnet man als *Beitrag* des Sektors zum Bruttosozialprodukt bzw. zur Bruttowertschöpfung. Abb. 4/3 gibt diese begrifflichen Zu-sammenhänge wieder.

Es mag verwirren, daß eine Größe, die man nun gerade durch Heraus-rechnen von Vorleistungen von einem *Brutto*-Produktionswert zu ei-nem *Netto*-Produktionswert gemacht hat, nun wieder identisch ist mit einer Bruttogröße (*Brutto*-Sozialprodukt). Die Erklärung liegt darin, daß »Brutto/Netto« lediglich bedeutet, daß bei »*Brutto*« eine be-stimmte Größe mitgezählt wird und bei »*Netto*« nicht. So werden beim Bruttogehalt Steuern und Sozialabgaben mitgerechnet und beim Netto-gehalt abgezogen; beim Bruttogewicht einer Ware wird die Verpackung *(Tara)* mitgewogen, beim Nettogewicht abgezogen, und bei den be-trachteten Produktionswerten ist die entscheidende Größe also die

---

* Dies ist insofern vereinfacht, als die Summe der Nettoproduktionswerte das Bruttoinlandsprodukt ergibt, während das Bruttosozialprodukt dem Brutto-Inländer-Produkt entspricht. Unsere Darstellung (Summe der NPW's = BSP) ist streng genommen falsch. Im Abschnitt 4.4.1 werden wir eine präzise Unterscheidung nachreichen, die aber für das allgemeine Verständnis hier entbehrlich ist.

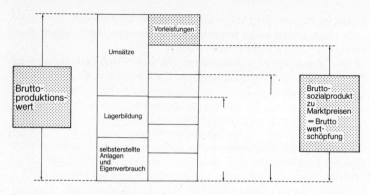

Abb.: 4/3 Sozialproduktsbegriffe I

Summe der Vorleistungen. Die Summe der Nettoproduktionswerte enthält aber eine andere Größe, die man zur Berechnung der eigentlichen Wertschöpfung noch herausrechnen muß. Hierzu der folgende Abschnitt.

4.1.1.2 Brutto- und Nettosozialprodukt

Die *Wertschöpfung* soll ausdrücken, in welchem Umfang in einer Volkswirtschaft Werte (Güter) entstanden sind. Wenn z. B. eine neue Maschine gebaut wird, so ist dies eine Wertschöpfung. Kapitalgüter unterliegen einem Verschleißprozeß, der sich vorhersehen läßt. Wenn ein Fuhrunternehmer einen Lastwagen im Werte von 80 000,– DM kauft, dann kann er davon ausgehen, daß er in beispielsweise fünf Jahren einen neuen Lastwagen kaufen muß, weil der alte dann ausgedient haben wird. Mit anderen Worten: Bereits beim Kauf eines Kapitalgutes ist an den Ersatz zu denken. Dies geschieht betriebswirtschaftlich, indem im Hinblick auf den zukünftigen Ersatzkauf eines Lastwagens ›gespart‹ wird. Im rechnerisch einfachsten Fall wird man den Kaufpreis des Lastwagens gleichmäßig auf die Nutzungsdauer in Jahren verteilen und unterstellen, daß der Lastwagen jedes Jahr in etwa den gleichen Wertanteil verlieren wird. Bei einem Neupreis von 80 000,– DM verliert der Wagen jedes Jahr 16 000,– DM an Wert, so daß er nach fünf Jahren den Wert ›Null‹ erreicht.

Diese Wertminderung schlägt sich in zweierlei Weise in der kaufmännischen Buchführung nieder: Einmal, indem der Wertansatz, mit dem der

Lastwagen u. a. in der *Bilanz* des Unternehmens als Vermögensobjekt aufgeführt wird, jedes Jahr um diese 16 000,– DM verringert wird: Der Lastwagen wird ›abgeschrieben‹. Und zweitens wird aus den Erlösen ein der Wertminderung entsprechender Betrag (steuerfrei) auf einem »Abschreibungskonto« angesammelt. Bei Ablauf der Nutzungsdauer des Lastwagens steht dann der gesamte Kaufpreis des Lastwagens wieder zur Verfügung. Aus diesen Abschreibungsgegenwerten kann dann ein neuer Lastwagen finanziert werden, der den alten ersetzt. Auf Einzelheiten von Abschreibungsverfahren und ihrer handels- und steuerrechtlichen Berücksichtigung muß hier verzichtet werden, insbesondere auf das Problem, daß ein neuer Lastwagen wohl mehr kosten wird als der alte vor fünf Jahren.

Ein neuer Lastwagen, der einen alten ersetzt, ist daher offensichtlich etwas anderes als ein zusätzlicher Lastwagen, und dies ist bei der Berechnung der volkswirtschaftlichen Wertschöpfung zu berücksichtigen.

Die *Summe der (sektoralen) Nettoproduktionswerte* haben wir als *Bruttosozialprodukt* bezeichnet, weil im Bruttosozialprodukt *Brutto*-Investitionen erfaßt werden, d. h. jeder produzierte Lastwagen wird mitgezählt, gleichgültig, ob er lediglich einen alten ersetzt oder den Lastwagenbestand vergrößert. Um jedoch bestimmen zu können, ob sich der Kapitalbestand einer Volkswirtschaft erhöht hat oder nicht, werden von den Bruttoinvestitionen die **Ersatzinvestitionen** (Investitionen aus Abschreibungsgegenwerten, kurz **Abschreibungen** oder auch **Reinvestitionen** genannt) abgezogen, so daß die **Netto-Investitionen**

Abb.: 4/4 Investitionsbegriffe

übrig bleiben. Diese werden auch als **Erweiterungsinvestitionen** bezeichnet, weil sie den Kapitalbestand der Volkswirtschaft vergrößern. Die für die volkswirtschaftliche Gesamtrechnung zur Verfügung stehenden Informationen geben jedoch nicht oder nur unzureichend die Ersatzinvestitionen wider, denn dann müßten bei Investitionen jeweils die Investitionsgründe umfassend ermittelt werden. Aus den zur Verfügung stehenden, insbesondere steuerlichen Daten lassen sich jedoch mit hinreichender Genauigkeit die Abschreibungen ermitteln, so daß in der Regel die Gleichsetzung Ersatzinvestitionen = Abschreibungen erfolgt. Nicht jede Abschreibung führt jedoch zur Ersatzinvestition, z. B. wenn ein abgeschriebener Lastwagen nicht nach fünf Jahren ersetzt, sondern noch jahrelang weiterverwendet wird. Diese Unschärfe ist für die volkswirtschaftliche Gesamtrechnung jedoch nicht allzu bedeutsam und somit akzeptabel. Abb. 4/4 macht den Zusammenhang der Investitionsbegriffe deutlich.

Abb.: 4/5 Investitionsziele

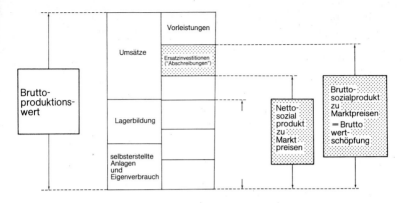

Abb.: 4/6 Sozialproduktsbegriffe II

Ein häufig verwendeter Begriff ist ›**Rationalisierungsinvestitionen**‹. Dieser ist schwer in unsere Darstellung einzubeziehen, denn eine Rationalisierungsinvestition wird in der Regel teils *Ersatz-*, teils *Erweiterungs*investition sein. Eine Lichtsatzmaschine in einer Druckerei ersetzt zum einen eine technisch veraltete Setzmaschine (Ersatzinvestition), kann aber auch gleichzeitig mehr leisten (Erweiterungsinvestition). Eine klare Aufteilung einer Rationalisierungsinvestition in die Komponenten Ersatz- und Erweiterungsinvestition ist nur schwer möglich. Abb. 4/5 zeigt schematisch die Bedeutung dieser Investitionsziele in der Industrie.

Sofern nun in die Berechnung des Sozialprodukts nicht die *Brutto-* sondern nur die *Netto-*Investitionen eingehen, ergibt sich nicht das *Brutto-*, sondern das **Nettosozialprodukt** (NSP). Rechnerisch heißt dies: Bruttosozialprodukt − Ersatzinvestitionen (Abschreibungen) = Nettosozialprodukt (vgl. Abb. 4/6).

4.1.2 Bewertung des Sozialprodukts

4.1.2.1 Marktpreise und Faktorkosten

Bisher wurde die Frage nicht weiter vertieft, welche Wertansätze bei der Berechnung der Wertschöpfung anzusetzen sind. In dem in Abschnitt 4.1.1 verwendeten Beispiel ließ sich die volkswirtschaftliche (Brutto-) Wertschöpfung auf dreierlei Weise berechnen:

(1) Summe der (sektoralen) Bruttoproduktionswerte minus Summe der Vorleistungen = Summe der sektoralen Nettoproduktionswerte bzw. gleichbedeutend damit: Bruttowertschöpfung oder Bruttosozialprodukt (vgl. Abb. 4/3), in den Zahlen des Beispiels:

BPW's		15	+	35	+	52	=	102
− Vorleistungen		0	−	15	−	35	=	50
= NPW's bzw.		15	+	20	+	17	=	52

= Bruttosozialprodukt = Bruttowertschöpfung (52 GE);

(2) Summe der auf den einzelnen Produktionsstufen entstandenen Faktorkosten:

$$15 + 20 + 17 = 52 \text{ GE},$$

d. h. die Bruttowertschöpfung entsprach im Beispiel der Summe der bei der Produktion insgesamt entstandenen Faktorkosten;

(3) Ermittlung des Marktpreises des Endprodukts (52 GE).
Daß alle drei Ansätze hier zum selben Ergebnis (52 GE) führen, liegt daran, daß das Beispiel von vereinfachenden Annahmen ausgeht. Insbesondere die Gleichsetzung von »Summe der Faktorkosten = Marktpreis des Endprodukts« ist in der Realität nicht gegeben:
Bei der Berechnung des Bruttosozialprodukts gehen die produzierten Güter mit den Preisen in die volkswirtschaftliche Gesamtrechnung ein, zu denen sie am Markt gehandelt werden (**Marktpreise**). Für die Berechnung der tatsächlichen Wertschöpfung aber schafft dies Probleme, weil es Preise gibt, die die Wertschöpfung unter- oder übertreiben. In unserem Beispiel in Abschnitt 4.1.1 wurde der Wert des produzierten Brotes mit 52 GE im Bruttosozialprodukt erfaßt. Dies entspricht dem Preis, den der Endverbraucher bezahlt (Marktpreis), und in diesem Beispiel gleichzeitig auch der Summe der Wertschöpfungen der einzelnen Produktionsstufen. Die Wertschöpfung wiederum ist identisch mit dem Wert der bei der Produktion eingesetzten Produktionsfaktoren, oder anders ausgedrückt: mit der Summe der **Faktorkosten**. Sofern sich Marktpreis und Faktorkosten *entsprechen*, beschreiben somit beide korrekt die Wertschöpfung.
In diesem Punkt stimmen übrigens kapitalistische und marxistische Produktionstheorien überein. Nach der Marx'schen Arbeitswertlehre bestimmt sich der volkswirtschaftliche Wert eines Gutes – vereinfachend gesagt – nach der durchschnittlichen gesellschaftlichen Arbeitszeit, die erforderlich ist, um dieses Gut zu produzieren. Der Faktor Kapital läßt sich danach auf ›vorgeleistete‹ Arbeit zurückführen (›ge-

ronnene Arbeit‹); auch Maschinen sind durch Arbeit entstanden, und dies gilt ebenso für enthaltene Vorleistungen, so daß außer Arbeit allein ein bestimmter Anteil des Faktors Natur im Produktionsfaktor Kapital enthalten ist. Die marxistische Produktionstheorie kennt somit nur den Produktionsfaktor Arbeit, während die kapitalistische Produktionstheorie zwischen Arbeit, Boden (Natur) und Kapital unterscheidet. Der Wert eines Gutes bestimmt sich somit nach dem Wert der zur Produktion erforderlichen Produktionsfaktoren (Wertschöpfung).

Nun gibt es aber eine Vielzahl von Gütern, bei denen der Marktpreis einen bestimmten *Steueranteil* enthält, so z. B. beim Benzin, bei Tabakwaren, Spirituosen usw. Diese **Verbrauchsteuern** sind in den Marktpreisen ›versteckt‹, und manchem Käufer ist nicht einmal bewußt, daß bzw. welche Steuern er beim Kauf bezahlt. In den Marktpreisen enthaltene Steuern werden **indirekte Steuern** genannt, weil bei ihnen im

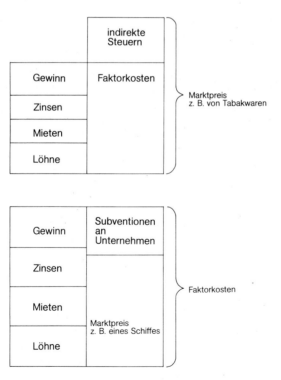

Abb.: 4/7 Marktpreise und Faktorkosten

Gegensatz zu den **direkten Steuern** (z. B. Lohn- oder Einkommensteuer) Steuerpflichtiger (Steuerschuldner) und derjenige, auf dem die Steuer wirtschaftlich letztlich lastet (»Steuerträger«) nicht zusammenfallen: Der Steuerschuldner wälzt seine Steuerlast in der Regel auf den (End-) Verbraucher ab. Die Mehrwertsteuer ist somit ebenfalls eine indirekte Steuer. Marktpreise, die indirekte Steuern enthalten, »übertreiben« also die Wertschöpfung, denn der an den Faktorkosten gemessene volkswirtschaftliche Wert etwa eines Liters Benzin ist nicht 1,10 DM, sondern ca. 0,70 DM. Der Rest sind indirekte Steuern.

Auf der anderen Seite gibt es Güter, deren – in Faktorkosten ausgedrückter volkswirtschaftlicher Wert – durch den Marktpreis zu gering ausgewiesen wird, weil der Marktpreis durch Subventionen künstlich niedrig gehalten wird. Dann wird nur ein Teil der Faktorkosten durch den Käufer finanziert, der Rest durch staatliche Subventionen. Dies gilt beispielsweise beim sozialen Wohnungsbau oder beim Schiffsbau und bei vielen öffentlichen Gütern (vgl. hierzu Abschnitt 2.2). Die Darstellung in Abb. 4/7 gibt den Zusammenhang zwischen Marktpreisen und Faktorkosten schematisch wieder.

Um diese Verzerrung der Wertschöpfung auszuschalten, werden die Marktpreise um die staatlichen Einflüsse *bereinigt*, d. h. es werden vom Brutto- bzw. Nettosozialprodukt zu Marktpreisen (BSP^M bzw. NSP^M) die Summe der indirekten Steuern abgezogen und staatliche Subventionen an Unternehmen hinzugezählt (Subventionen an Haushalte, z. B. Wohn- oder Kindergeld, beeinflussen nicht die Marktpreise und bleiben daher unberücksichtigt!). Das sich ergebende Sozialprodukt ist

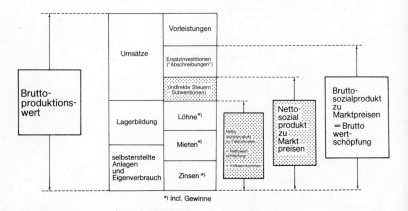

Abb.: 4/8 Sozialproduktsbegriffe III

dann zu *Faktorkosten* bewertet. Die Größe, welche die volkswirtschaftliche Wertschöpfung korrekt beschreibt, ist somit das **Nettosozialprodukt zu Faktorkosten** (NSP^F) (vgl. Abb. 4/8). Diese Größe bezeichnet
man auch als **Nettowertschöpfung**. Die Bewertung zu Marktpreisen
oder zu Faktorkosten wäre damit im Ergebnis identisch, wenn es keine
staatliche Beeinflussung der Marktpreise durch indirekte Steuern bzw.
durch Subventionen gäbe. Dabei können sowohl das Brutto- als auch
das Nettosozialprodukt zu Marktpreisen *oder* zu Faktorkosten bewertet werden: Das Problem ›Brutto/Netto‹ ist eine Erfassungsfrage (Berechnung mit oder ohne Ersatzinvestitionen), das Problem ›Markt-
preise/Faktorkosten‹ hingegen eine Bewertungsfrage. Für internationale Vergleiche wird oft das **Bruttosozialprodukt zu Faktorkosten**
herangezogen, da es bei umfassender Berücksichtigung der ökonomischen Aktivitäten *(Brutto-)* die sehr unterschiedlichen staatlichen Ver-
zerrungen durch Subventionen bzw. indirekte Steuern ausklam-
mert.

4.1.2.2 Volkseinkommen

Abb. 4/8 sagt auch aus, daß das Nettosozialprodukt zu Faktorkosten
dem sog. **Volkseinkommen** (VE) entspricht. Dies kann mithilfe elemen-
tarer Kreislaufbeziehungen wie in Abschnitt 3.2 verdeutlicht werden.
Betrachten wir noch einmal einen Faktormarkt wie den Arbeitsmarkt
(Abb. 4/9). Die Haushalte stellen den Unternehmen Arbeitsleistung zur
Verfügung, wofür 900 GE Lohn gezahlt werden. Für die Haushalte sind

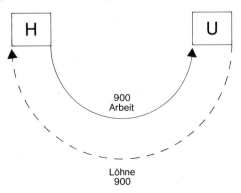

Abb.: 4/9 Faktorkosten/Faktoreinkommen

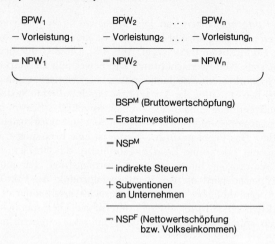

Abb.: 4/10 Sozialproduktsbegriffe IV

diese 900 GE *Einkommen* aus der Vermarktung von Produktionsfaktoren (Faktoreinkommen). Für die Unternehmen stellen die Lohnzahlungen von 900 GE *Kosten* dar (Faktorkosten), so daß Faktor*einkommen* und Faktor*kosten* wertmäßig identisch sind und es lediglich vom Standpunkt der Betrachtung abhängt, ob man von Einkommen oder Kosten spricht.

Die (Netto-)Wertschöpfung läßt sich demnach nicht nur dadurch ermitteln, daß man – ausgehend von der Entstehung des Sozialprodukts – Bruttoproduktionswerte um Vorleistungen, Abschreibungen und indirekte Steuern bereinigt und Unternehmenssubventionen hinzuzählt, sondern ebenso, indem man die den Besitzern von Produktionsfaktoren zufließenden Faktoreinkommen erfaßt, also u. a. Lohn für Arbeit, Zinsen für Kapital, Miete für Boden, »Gewinn« für eigene Faktorleistungen, etc. Die Summe dieser Einkommen wird daher **Volkseinkommen** (VE) genannt und muß logischerweise identisch sein mit der Summe der Faktorkosten, da dies lediglich einen anderen Blickwinkel darstellt. Abb. 4/10 zeigt nochmals eine tabellarische Zusammenfassung der bisher behandelten Sozialproduktsbegriffe.

4.2 Verteilung des Sozialprodukts

Neben der Ermittlung der (Netto-)Wertschöpfung von der *Güter*-Entstehungsseite her, d. h. bei den Brutto- bzw. Nettoproduktionswerten ansetzend, läßt sich die (Netto-)Wertschöpfung auch von der Verteilungsseite, d. h. bei der *Einkommens*-Entstehung ansetzend, ermitteln.

Dabei nimmt man eine recht grobe Unterteilung vor. So werden auf der einen Seite die *Bruttoeinkommen aus unselbständiger Arbeit (»Lohneinkommen«)* erfaßt (*Brutto*einkommen, weil direkte Einkommenbzw. Lohnsteuern und die Sozialabgaben nicht abgezogen werden), auf der anderen Seite *Einkommen aus Unternehmertätigkeit und Vermögensbesitz* (oft kurz als *Gewinneinkommen* bezeichnet). In Symbolen wird dies meist so ausgedrückt:

$$(1) \qquad Y = L + G,$$

wobei Y das Sozialprodukt (vom englischen *»yield«*) darstellt, L die Lohneinkommen und G die Gewinneinkommen; Y ist dabei als NSP^F zu interpretieren.

Es ist gebräuchlich, die beiden Größen Lohn- und Gewinneinkommen als prozentuale *Anteile am Volkseinkommen* auszudrücken, wobei man den Anteil der Einkommen aus unselbständiger Arbeit als **Lohnquote** (L/Y) und den Anteil der Unternehmer- und Vermögenseinkommen als **Profitquote** oder **Gewinnquote** (G/Y) bezeichnet. Da sich beide auf dieselbe Bezugsgröße beziehen, wird einleuchten, daß sie sich zu Eins addieren müssen:

$$(2) \qquad 1 = L/Y + G/Y,$$

Die Zweiteilung in Löhne bzw. Gewinne ist insbesondere deshalb unbefriedigend, weil z. B. ein und derselbe Haushalt sowohl in der Lohnquote (durch sein Erwerbseinkommen) als auch in der Profitquote erfaßt wird, wenn er z. B. Zinseinkommen hat.

Lohn- und Profitquote spielen häufig bei Diskussionen um Einkommenserhöhungen eine Rolle. Offensichtlich kann – wie Gleichung (2) belegt – die Lohnquote nur steigen, wenn gleichzeitig die Gewinnquote sinkt, denn Lohn- und Profitquote addieren sich zusammen zu Eins. Die Lohnquote kann aus zwei Gründen steigen: einmal, wenn bei konstanter Erwerbstätigenstruktur die Löhne stärker steigen als die Gewinneinkommen, zum anderen, wenn die *Zahl* der Lohnempfänger zunimmt.

Daher gibt es auch zwei Versionen der Lohnquote: Die **unbereinigte Lohnquote** erfaßt pauschal den Anteil der Löhne am Volkseinkommen und steigt somit allein aufgrund des **Strukturwandels**, der sich ergibt, wenn Selbständige ihre Tätigkeit aufgeben und eine unselbständige Beschäftigung aufnehmen. Die **bereinigte Lohnquote** berücksichtigt diesen Struktureffekt, indem rechnerisch ein *konstanter* Anteil von Unselbständigen bzw. von Selbständigen an der Zahl der Erwerbspersonen unterstellt wird. Dann kann die Lohnquote nur dann steigen, wenn die Lohneinkommen – bei unterstelltem konstanten Selbständigenanteil – *stärker* steigen als die Gewinneinkommen. Andererseits ist der Aussagewert dieser für die gesamte Volkswirtschaft zu berechnenden Quoten nicht sehr hoch, da beispielsweise die Lohnquote als Ausdruck der *funktionellen Verteilung* des Volkseinkommens auf die Produktionsfaktoren überhaupt nichts aussagt über die tatsächliche *personelle Verteilung* des Volkseinkommens auf die Haushalte.

Das Volkseinkommen als zentrale Größe der Wertschöpfungsberechnung ist für bestimmte Zwecke noch nicht aussagekräftig genug. Die Komponenten ›Bruttoeinkommen aus unselbständiger Arbeit‹ bzw. ›Einkommen aus Unternehmertätigkeit und Vermögen‹ geben keinen unmittelbaren Aufschluß darüber, welche Beträge tatsächlich für Nachfragezwecke zur Verfügung stehen, denn durch staatliche Eingriffe wird das Bruttoeinkommen teils vermindert, teils erhöht.

Die Verteilung des Einkommens auf die Produktionsfaktoren bzw. personell auf Haushalte oder Unternehmen bezeichnet man als **Primärverteilung**. Durch staatliche Umverteilungsmaßnahmen kann diese zur **Sekundärverteilung** verändert werden:

Auf der einen Seite vermindert sich das Bruttoeinkommen durch Abgaben wie direkte Steuern und Sozialabgaben, auf der anderen Seite fließen Haushalten wie Unternehmen Subventionen (allgemeiner: **Transfereinkommen**) zu (Kindergeld, Wohngeld, Pensionen, Investitionsprämien etc.). Das Einkommen, über das tatsächlich verfügt werden kann, berechnet sich demnach als

$$(3) \qquad Y_{verf} = Y^{br} - T_{dir} + Z,$$

wobei Y_{verf} das verfügbare Einkommen bedeutet, Y^{br} das Bruttoeinkommen, T_{dir} direkte Steuern (z. B. Lohn-, Einkommen- und Körperschaftsteuer) und Z Subventionen. Das Symbol ›T‹ leitet sich aus dem englischen ›*tax*‹ = Steuer ab, Z für Subventionen aus ›Zuwendungen‹, Y aus dem englischen ›*yield*‹ = Ertrag oder Ergebnis. Während sich z. B. das Bruttolohneinkommen aus autonomen Verhandlungen der Tarifpartner bestimmt, kann die Höhe des verfügbaren Einkommens somit durch staatliche Maßnahmen beeinflußt werden. So kann also u. a. mit der Steuerpolitik durch Veränderung des verfügbaren Einkommens Einfluß genommen werden auf die Nachfrage.

4.3 Verwendung des Sozialprodukts

Die dritte Methode zur Erfassung des Sozialprodukts neben der Entstehungs- und der Verteilungsrechnung setzt an der Verwendung des Sozialprodukts an.

Die in einer Volkswirtschaft produzierten Güter können grundsätzlich drei Verwendungszwecken zugeführt werden: Erstens können sie von Inländern *konsumiert* werden, zweitens können sie *investiert*, d. h. produktiv verwendet werden, und drittens können sie ins Ausland *exportiert* werden. Auf der anderen Seite stehen den Wirtschaftssubjekten nicht nur die in der eigenen Volkswirtschaft produzierten Güter zur Verfügung, sondern auch aus dem Ausland importierte Güter. Dies läßt sich in − oft dem englischen Sprachgebrauch entlehnten − Symbolen formal folgendermaßen darstellen:

$$(1) \qquad Y + Im = C + I + Ex.$$

Auf der linken Seite dieser Beziehung steht dabei die *Herkunft* der zur Verfügung stehenden Güter [Y = inländisches Sozialprodukt (vom englischen ›yield‹ = Ertrag, Ergebnis), Im = Importe, also Teile ausländischer Sozialprodukte] und auf der rechten Seite die *Verwendung* dieser Güter zu Konsum (*C* = *consumption*), Investition (*I*) oder Export (*Ex*). Die Komponenten *C* + *I* + *Ex* werden auch als **volkswirtschaftliche Endnachfrage** bezeichnet.

Da das inländische Sozialprodukt Gegenstand der Untersuchung ist, werden die Importe rechnerisch ›auf die rechte Seite gebracht‹, d. h. die Gleichung wird mit ›-Im‹ erweitert, so daß sich ergibt

$$(2) \qquad Y = C + I + Ex - Im.$$

Wir verwenden hier bewußt den unscharfen Begriff ›Sozialprodukt‹ ohne Zusätze wie Brutto-, Netto-, zu Marktpreisen, etc., da der Zusammenhang grundsätzlich auf alle Sozialproduktskonzepte anzuwenden ist und lediglich entsprechende Erweiterungen wie z. B. I^{br} (Bruttoinvestition) oder Y^f (Bewertung zu Faktorkosten) erforderlich sind. Die beiden Größen [Ex – Im] bezeichnet man zusammen als **Außenbeitrag** zum Sozialprodukt. Der Begriff ›Außenbeitrag‹ leitet sich sprachlich eher aus dem Nettosozialprodukt zu Faktorkosten, also dem Volkseinkommen ab: Ist der Außenbeitrag positiv, fließen der Volkswirtschaft aus der Exporttätigkeit größere Geldmittel (Einkommensteile) zu als für Importzwecke ausgegeben werden, so daß sich ein positiver Beitrag zum Volkseinkommen durch den Außenhandel ergibt. Der Außenbeitrag wird uns bei der Behandlung der **Zahlungsbilanz** wiederbegegnen, denn er ist Bestandteil der **Leistungsbilanz** einer Volkswirtschaft.

Durch Erfassung der Verwendungskomponenten des Sozialprodukts, also durch Addition der Konsum-, Investitions- und Außenhandelsnachfrage ergibt sich also dieselbe Größe – das Bruttosozialprodukt zu Marktpreisen – wie mithilfe der Entstehungs- oder Verteilungsrechnung. Alle drei Berechnungsmethoden dienen verschiedenen Zwecken, wie abschließend zu zeigen ist.

4.4   Zusammenfassende Übersicht

Die vorangehenden Betrachtungen haben deutlich gemacht, daß man das Sozialprodukt auf dreierlei Weise berechnen kann und dabei jeweils zum selben Ergebnis kommt: Einmal die *Entstehungsrechnung*, beginnend bei der Bruttoproduktion, die durch laufende Verfeinerungen zum Nettosozialprodukt zu Faktorkosten bereinigt werden kann, und andererseits die umgekehrte Vorgehensweise, die bei der Verteilung des Volkseinkommens auf die Produktionsfaktoren ansetzt *(Verteilungsrechnung)*, also Einkommen aus unselbständiger Arbeit sowie aus Unternehmertätigkeit und Vermögen summiert und durch Hinzurechnen von indirekten Steuern (abzüglich Subventionen) und Abschreibungen zum Bruttosozialprodukt zu Marktpreisen gelangt. Die dritte Methode ist die *Verwendungsrechnung*, die bei der sog. *volkswirtschaftlichen Endnachfrage* ansetzt und das Sozialprodukt aus Konsum-, Investions- und Außenhandelsdaten ermittelt.

Jede der drei Erfassungs- bzw. Berechnungsmethoden hat unterschiedliche wirtschaftspolitische Zielsetzungen. Die *Entstehungsrechnung* ist mit der Betrachtung von Produktionswerten u. a. Grundlage der **Strukturpolitik**. Dies geschieht einmal *sektoral*, indem für einzelne Branchen die Veränderung des Beitrags zum Bruttosozialprodukt im Zeitablauf – also des Nettoproduktionswertes – Aufschluß gibt über die wirtschaftliche Entwicklung des betreffenden Sektors. Sinkende Beiträge zum

Sozialprodukt mögen staatliche Maßnahmen wie Subventionen oder Investitionen nahelegen. Zum anderen lassen sich auch *regionale* Produktionswerte bestimmen, die Aufschluß geben über die Wirtschaftskraft eines Landes oder Kreises. Strukturschwache Gebiete können dann gezielt gefördert werden. Analoge Betrachtungen im Zusammenhang mit den öffentlichen Haushalten der Länder sind übrigens Grundlage des **Länderfinanzausgleichs** (vgl. hierzu den entsprechenden Abschnitt im wirtschaftspolitischen Teil).

Die *Verteilungsrechnung* liefert Erkenntnisse über die Einkommens- und Vermögensverteilung und ist somit Grundlage von **einkommens- und vermögenspolitischen Überlegungen** (Steuersystem, Subventionen, Vermögensbildung, Tarifpolitik, etc.).

Die *Verwendungsrechnung* ist Grundlage der **Konjunkturpolitik.** Veränderungen der volkswirtschaftlichen Endnachfrage führen zu Veränderungen (Schwankungen) des Sozialprodukts, denen durch gezielte Maßnahmen entgegengewirkt werden soll. Beispielsweise ist der private Konsum durch Steueränderungen beeinflußbar, Exporte können durch Wechselkursänderungen beeinflußt werden, Importe außerdem auch durch Zölle, etc. In jedem Fall sind ausführliche Daten aus der Verwendungsrechnung erforderlich, um konjunkturpolitische Maßnahmen gezielt ansetzen zu können. In Abschnitt 4.1.1.2 wurde bereits auf die Bedeutung der Investitionen – sowohl privater als auch staatlicher Investoren – hingewiesen. Abb. 4/11 zeigt ergänzend einige Pressemeldungen, die vor dem Hintergrund der Verwendungsrechnung des Sozialprodukts zu verstehen sind.

Alle drei Ansätze sind nochmals in Abb. 4/12 tabellarisch zusammengefaßt, wobei die Vorzeichen in diesem Fall nur »von oben nach unten« gelten.

Konjunktur wird stärker vom Konsum getragen
Außenhandel meldet aber auch Exportbelebung

Bonn: Konjunktur hat wieder Tritt gefaßt
Sozialprodukt im ersten Halbjahr um 1,5 Prozent gestiegen

Abb.: 4/11 Sozialprodukt und Konjunktur

Abb.: 4/12 Sozialproduktsbegriffe V

4.5 Erfassungs- und Bewertungsprobleme

4.5.1 Inlands- und Inländerprodukte

Bereits zu Beginn dieses Kapitels wurde darauf hingewiesen, daß in der Darstellung bewußt eine Inkorrektheit in Kauf genommen wird, indem die Summe der Nettoproduktionswerte mit dem Bruttosozialprodukt zu Marktpreisen gleichgesetzt wurde. Bei der Sozialproduktionsberechnung gibt es zwei grundsätzliche Prinzipien:

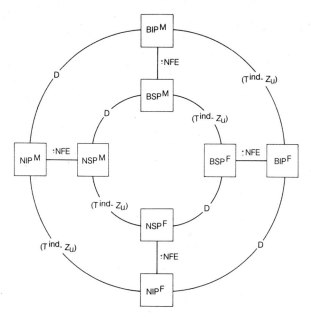

Abb.: 4/13 Inlands- und Inländerprodukt

Einmal kann das Sozialprodukt ermittelt werden, das sich bei Erfassung aller innerhalb der politischen Grenzen einer Volkswirtschaft Tätigen ergibt, so daß auch Produktionsfaktoren im Eigentum von Ausländern in der Bundesrepublik eingerechnet werden. Diese Vorgehensweise bezeichnet man als **Inlandskonzept**. Zum anderen kann man alle Produktionsfaktoren im Eigentum von Einwohnern mit festem Wohnsitz in Deutschland erfassen, gleichgültig, ob sie im Inland oder Ausland tätig sind; dies bezeichnet man als **Inländerkonzept**.

Offensichtlich wird die Sozialproduktsberechnung unterschiedliche Ergebnisse liefern, je nachdem, ob man nach dem Inlands- oder dem Inländerkonzept vorgeht. Die Addition von Nettoproduktionswerten ergibt das Brutto-Inlandsprodukt, während das Bruttosozialprodukt – genau genommen – nach dem Inländerkonzept berechnet wird. Die Summe der Nettoproduktionswerte (Bruttoinlandsprodukt) muß daher um den sog. **Saldo der Erwerbs- und Vermögenseinkommen** oder auch **Netto-Faktoreinkommen gegenüber dem Ausland (NFE)** bereinigt werden, d. h. daß z. B. Lohn- und Zinseinkommen von Inländern, die im Ausland erworben werden, hinzuzuzählen sind, während analoge Einkommen von Ausländern in Deutschland abzuziehen sind. Dadurch werden nur Größen erfaßt, die Inländern zuzurechnen sind, und dies bezeichnet man dann als **Bruttoinländerprodukt** oder **Bruttosozialprodukt**. Der Unterschiedsbetrag zwischen Inlands- und Inländerprodukt ist nicht sehr erheblich, so daß wir diese Erläuterungen nur zur Klarstellung anfügen. Abb. 4/13 erfaßt nochmals diese Zusammenhänge im Überblick. Dabei ist zu beachten, daß man von jeder beliebigen Sozialproduktsgröße ausgehend durch entsprechende Rechenoperationen jede beliebige andere Sozialproduktsgröße berechnen kann, wobei für die entsprechenden Rechenschritte je nach Rechenweg die jeweiligen *Vorzeichen* zu ergänzen sind. So läßt sich beispielsweise das *Nettoinlandsprodukt zu Faktorkosten* (NIP^F) aus dem *Bruttosozialprodukt zu Marktpreisen* (BSP^M) (= *Bruttoinländerprodukt*) ableiten, indem man rechnet $BSP^M - D$ (für *Ersatzinvestition*; das D leitet sich aus dem englischen Wort *depreciation* für *Abschreibung* ab) = $NSP^M - [T^{ind} - Z_U] = NSP^F +/- NFE = NIP^F$.

4.5.2 Methodische Probleme

Das Sozialprodukt einer Volkswirtschaft wird gern als Maßstab für die wirtschaftliche Entwicklung und für internationale Vergleiche zwischen verschiedenen Volkswirtschaften herangezogen. Daher ist es angebracht, auf einige methodische Erfassungs- und Bewertungsprobleme hinzuweisen, die bei der Sozialproduktsberechnung zu beachten sind.

4.5.2.1 Nichterfassen produktiver Tätigkeiten

Die Standardgröße *Bruttosozialprodukt* wird üblicherweise *zu Marktpreisen* berechnet. Dies bedeutet, daß nur solche Güter erfaßt werden, die am Markt gehandelt werden. Viele wirtschaftliche Vorgänge bleiben daher unberücksichtigt, weil sie informell ablaufen und nicht statistisch erfaßt werden. Beispiele hierfür sind die Tätigkeit von Hausfrauen im Haushalt, Do-it-yourself-Arbeiten, aber auch *Schwarzarbeit*, so daß beträchtliche Teile der produktiven Tätigkeiten einer Volkswirtschaft aus der statistischen Erfassung ausgeklammert werden. Für die Bundesrepublik kursierten 1987 Schätzungen, die die Zahl der Schwarzarbeiter mit fast einer halben Million Personen beziffferten.

Pakistans Schattenwirtschaft gedeiht am besten
Große Umsätze mit Waffen und Rauschgift

Schattenwirtschaft wächst in der Welt

Erlaß gegen Schwarzarbeit

In Italien ist Schwarzarbeit Alltag
Ein Drittel der Wirtschaft des Landes geht am Fiskus vorbei

Abb.: 4/14 Schattenwirtschaft

Diesen Teil der Wirtschaft, der – obgleich er teilweise außerordentlich bedeutsam ist – nicht statistisch erfaßt wird, bezeichnet man auch als **Schattenwirtschaft.** Besonders ausgeprägt ist dies in vielen Entwicklungsländern, wo die **Subsistenzwirtschaft,** d. h. die Eigenversorgung innerhalb von Großfamilien, Dörfern oder Stämmen, nicht über behördlich erfaßbare Märkte abgewickelt wird und auch nicht in die Sozialproduktsberechnung eingeht. Man kann daher sagen, daß die Sozialproduktsangaben vieler Entwicklungsländer im Prinzip zu niedrig sind. Abgesehen von diesem eher statistischen Problem liegt darin natürlich auch ein handfestes fiskalisches Problem, denn nichterfaßbare Aktivitäten können auch nur schwer besteuert werden. Der *Internationale Währungsfonds* schätzt die Schattenwirtschaft der Bundesrepublik auf rund 10% des offiziell ermittelten Sozialprodukts, für Italien und Kanada auf rund 20% und für die USA sogar auf 25%; andere Länder wie z. B. Indien werden mit fast 50% des erfaßten Sozialprodukts angegeben. Abb. 4/14 gibt einige einschlägige Pressenotizen wieder.

4.5.2.2 Reales und nominales Sozialprodukt

Angenommen, das Sozialprodukt einer Volkswirtschaft wächst zwischen den Jahren 1 und 2 von 1000 Mrd. auf 1200 Mrd. Geht es dieser Volkswirtschaft nun – statistisch gesehen – insgesamt besser, d. h. verfügt sie über mehr Güter als im Vorjahr? Wir haben bereits früher dargelegt (vgl. Abschnitt 3.2), daß das Sozialprodukt sich aus Mengen- und Preiskomponenten zusammensetzt, wobei wir die Gütermengen mit X und die Preise mit P symbolisiert haben. $X \cdot P$ wäre somit das Sozialprodukt als Summe von $x_1 \cdot p_1 + x_2 \cdot p_2 + \ldots + x_n \cdot p_n$. Die

Steigerung des Sozialprodukts von 1000 auf 1200 Mrd. kann u. a. durch folgende Möglichkeiten erklärt werden:

Jahr 1		Jahr 2
$x \cdot p = 100$	$<$	$x \cdot p = 120$
$100 \cdot 10$		a) $120 \cdot 10$ b) $100 \cdot 12$ c) $150 \cdot 8$ d) $110 \cdot 10{,}9$ e) $80 \cdot 15$ etc.

Dies sind grundverschiedene Situationen: a) bedeutet, daß mehr Güter bei konstantem Preisniveau produziert wurden, b) daß genausoviel Güter wie vorher, aber mit steigenden Preisen verfügbar waren, c) daß erheblich mehr Güter bei sinkenden Preisen, d) daß mehr Güter bei steigenden Preisen und e) daß weniger Güter bei stark steigenden Preisen produziert wurden, wobei das Sozialprodukt X · P jeweils 1200 GE beträgt. Wenn man also wissen will, ob die Verfügbarkeit von Gütern zugenommen hat, ist es daher erforderlich, den Einfluß der Preiskomponente auszuschalten. Dies geschieht, indem man in beiden betrachteten Jahren jeweils dieselben Preise zugrunde legt, also die Gütermenge von Jahr 1 mit den Preisen von Jahr 1 multipliziert, aber auch die Gütermenge von Jahr 2 mit den Preisen von Jahr 1 bewertet. Man unterstellt also, daß es keine inflationäre Entwicklung gegeben habe. Wenn sich dann die Beziehung

$$(4) \qquad x_{(\text{Jahr } 1)} \cdot p_{(\text{Jahr } 1)} < x_{(\text{Jahr } 2)} \cdot p_{(\text{Jahr } 1)}$$

ergibt, dann ist das Sozialprodukt von Jahr 2 nicht deshalb höher als im Jahr 1, weil die Preise, nicht aber die Gütermenge gestiegen sind, sondern weil die Steigerung eindeutig auf eine Zunahme der Gütermenge (x) zurückzuführen ist. Unter Verwendung der Symbole aus Abschnitt 3.2 kann man Beziehung (4) auch darstellen als

$$(5) \qquad X_1 \cdot \bar{P} < X_2 \cdot \bar{P}.$$

Eine Sozialproduktsberechnung auf der Basis von Preisen vergangener Perioden bezeichnet man als **reales Sozialprodukt**, während die Bewertung zu den Preisen des laufenden Jahres zum **nominalen Sozialprodukt**

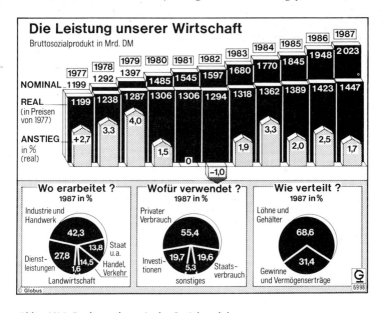

Abb.: 4/15 Reales und nominales Sozialprodukt

führt. Letzteres kann also erheblich durch inflationäre Entwicklungen aufgebläht sein, ohne daß eine reale Vermehrung von Gütern vorliegt. Insbesondere bei internationalen Vergleichen, aber auch bei Vergleichen derselben Volkswirtschaft im Zeitablauf sind nominale Werte in der Regel nutzlos. Offensichtlich hängt es aber auch von der Wahl des Bezugsjahres ab, dessen Preise man zur Bewertung heranzieht, welche Unterschiede zwischen realem und nominalem Sozialprodukt sich ergeben. Je weiter das Bezugsjahr zurückliegt, desto größer werden die Unterschiede sein. Abb. 4/15 verdeutlicht die Diskrepanz zwischen realem und nominalem Bruttosozialprodukt auf der Basis des Jahres 1976.

Die Wachstumsrate des realen Bruttosozialprodukts dient als zentrale Größe bei der Beschreibung des Konjunkturverlaufs: Wenn beispielsweise von Konjunkturabschwung die Rede ist, meint man damit, daß die Wachstumsrate des realen Bruttosozialprodukts kleiner ist als im Vorjahr. Formal ergibt sich die Wachstumsrate also sog. **Laspeyres-Index** aus Beziehung (4):

(6) $\qquad \dfrac{X_2 \times P_1}{X_1 \times P_1} \cdot 100 =$ Wachstumsrate des realen Bruttosozialprodukts zwischen Jahr 1 und Jahr 2.

4.5.2.3 Sozialprodukt pro Kopf und tatsächliche Verteilung

Gehen wir zunächst weiter davon aus, daß das Sozialprodukt – bei allen Einschränkungen – als Maßstab für den Lebensstandard einer Volkswirtschaft mitverwendet werden kann. Wenn man nun hört, das Sozialprodukt von Aland sei 700 Mrd, das von Benesien aber 1200 Mrd (bei realer Berechnung, so daß das Inflationsproblem gelöst ist) – kann man sagen, daß es Benesien wohl besser geht als Aland?
Benesien hat eine Bevölkerung von 200 Mio Einwohnern, Aland von 50 Mio. Im Durchschnitt entfallen somit auf einen Benesier 6000, auf einen Aländer 14 000 Sozialproduktsteile. Absolute Sozialproduktsangaben werden daher erst durch die Beziehung auf z. B. die Bevölkerungszahl aussagekräftiger (**Sozialprodukt-** bzw. **Volkseinkommen pro**

Abb.: 4/16 Sozialprodukt pro Kopf I

Kopf). Daneben sind auch andere Bezugsgrößen üblich, z. B. die geleisteten Arbeitsstunden (so daß sich eine Art Arbeitsproduktivität errechnet) oder die erwerbstätige Bevölkerung. Abb. 4/16 zeigt ein oft gebrauchtes Beispiel für eine solche Gegenüberstellung.

Pro-Kopf-Zahlen sind aber nur *statistische Durchschnittszahlen*. Wenn ein Mensch ein gebratenes Hähnchen verzehrt und ein Hungriger schaut zu, verzehren sie statistisch pro Kopf ein halbes Hähnchen. Auch Pro-Kopf-Angaben können die Wirklichkeit stark verzerrt wiedergeben, und dies gilt insbesondere für Länder, in denen die Einkommens- und Vermögensverhältnisse sehr ungleich sind, in denen z. B. eine reiche Oberschicht der Masse der armen Bevölkerung gegenübersteht. Um den Lebensstandard der Bevölkerung korrekt beschreiben zu können, sind Angaben über die konkrete Verteilung erforderlich. In diesem Sinne sind auch die Angaben in Abb. 4/17 verzerrt, da über die Verteilung des Sozialprodukts bzw. Volkseinkommens *innerhalb* einer Volkswirtschafts nichts ausgesagt wird. Ungeachtet dieses Problems und dem in Abschnitt 4.4.2.1 behandelten Problem der Nichterfassung produktiver Tätigkeiten macht die Abbildung aber sehr deutlich, welche gravie-

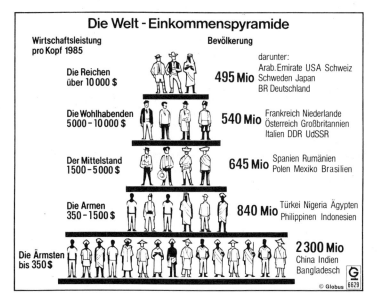

Die Welt - Einkommenspyramide

Wirtschaftsleistung pro Kopf 1985   Bevölkerung

Die Reichen über 10 000 $ **495 Mio**   darunter: Arab. Emirate USA Schweiz Schweden Japan BR Deutschland

Die Wohlhabenden 5 000 – 10 000 $ **540 Mio**   Frankreich Niederlande Österreich Großbritannien Italien DDR UdSSR

Der Mittelstand 1 500 – 5 000 $ **645 Mio**   Spanien Rumänien Polen Mexiko Brasilien

Die Armen 350 – 1 500 $ **840 Mio**   Türkei Nigeria Ägypten Philippinen Indonesien

Die Ärmsten bis 350 $ **2 300 Mio**   China Indien Bangladesch

© Globus 6629

Abb.: 4/17 Sozialprodukt pro Kopf II

renden Unterschiede in der Welt zwischen ›*Nord*‹ und ›*Süd*‹ bestehen.

4.5.2.4 »Kanonen statt Butter«

Das Sozialprodukt erfaßt alle in einer Volkswirtschaft produzierten Güter. Gleichzeitig gilt es als Anhalt für Aussagen über den *Lebensstandard* einer Volkswirtschaft. Dieser wird aber letztlich in hohem Maße von der *Konsumgüterstruktur* bestimmt, und über den Anteil der Konsumgüterproduktion am Sozialprodukt (**Konsumquote**; C/Y) kann nur die *Verwendungsrechnung* Aufschluß geben, wie wir es gesehen haben. Sofern also lediglich die aggregierten (zusammengefaßten) Sozialproduktsgrößen betrachtet werden, kann Aland dasselbe Sozialprodukt ausweisen wie Benesien (auch pro-Kopf), aber in Benesien ist der Konsumgüteranteil deutlich kleiner als in Aland, weil der Anteil der Kapitalgüterproduktion (**Investitionsquote**; I/Y) höher ist. Die Produktion von Maschinen (Kanonen) erhöht zwar das Sozialprodukt, doch kann man sie nicht essen.

In manchen Ländern ist auch zu beobachten, daß bestimmte Güter nur für Exportzwecke produziert werden. Sie gehen somit in die Sozialproduktsberechnung ein, stehen jedoch nicht der eigenen Volkswirtschaft zur Verfügung. Bei hoher **Exportquote** (Ex/Y) behauptet das Sozialprodukt dann einen Lebensstandard aufgrund des angeblichen Güterangebots, der tatsächlich gar nicht gegeben ist, sofern die ins Ausland abfließenden Exportgüter nicht durch entsprechend hohe Importe (**Importquote** Im/Y) ausgeglichen wird. Will man also mit Hilfe des Sozialprodukts Aussagen über den Lebensstandard einer Volkswirtschaft machen, so sind auch Angaben über die Verwendungsstruktur erforderlich.

Ein letzter Einwand gegen die Verwendung des Sozialprodukts als Wohlstandsindikator: Bei der Ermittlung des Sozialprodukts wird *jede* produktive Tätigkeit als positiver Beitrag zum Sozialprodukt gewertet. Im Investitionsbereich wird dabei allerdings unterschieden, ob es sich um eine Ersatz- oder um eine Erweiterungsinvestition handelt, jedoch nicht im Konsumgüterbereich. Die Reparatur eines defekten Autos wirkt daher ebenso sozialproduktsteigernd wie Dienstleistungen im Rahmen der medizinischen Versorgung. Um es kraß zu sagen: Je reparaturanfälliger und kranker eine Volkswirtschaft ist, desto höher ist das Sozialprodukt. Analoges gilt für Aufwendungen im Rahmen des Umweltschutzes, denn diese sind eigentlich ein Anzeichen dafür, daß die verminderte oder zumindest bedrohte Lebensqualität durch entsprechende Maßnahmen ›gerettet‹ werden muß. Natürlich muß dabei berücksichtigt werden, daß nicht alle Güter z. B. aus dem Bereich medizinische Versorgung oder Umweltschutz pauschal als Indiz für prinzipiell wohlstandsmindernde Tatbestände eingeordnet werden dürfen. Ein hohes Niveau an medizinischer Versorgung ist zweifellos ebenso ein Bestandteil eines hohen Lebensstandars wie ein dichtes Netz von Reparatur-Dienstleistungsbetrieben, doch sollte andererseits deutlich werden, daß die undifferenzierte statistische Erfassung aller Ersatzinvestitionen insofern bedenklich ist, als nicht jede Ersatzinvestitionen prinzipiell mit einer *Erhöhung* des Lebensstandards gleichzusetzen ist; hier kommt es auf den Einzelfall an.

Es gibt daher eine Reihe von Ansätzen, die darauf abstellen, die einseitige ökonomische Betrachtungsweise des Sozialprodukts durch sog. **soziale Indikatoren** zu ergänzen. Dadurch soll es möglich werden, auch nicht-ökonomische Größen mitzuerfassen und Komponenten, die im Grunde genommen wohlfahrts*mindernd* sind (wie z. B. Krankheiten, Reparaturen oder die Bekämpfung von Umweltschäden) auch als *negativ* zu erfassen und nicht wohlfahrtsteigernd in die Berechnung eingehen zu lassen. Dabei ist u. a. zu denken an Angaben über das Verhältnis von Arbeits- zu Freizeit, über das Ausbildungs- und Sozialversicherungssystem, über Arbeitslosigkeit, den industriellen Verflechtungsgrad, die Umweltbelastung u. v. m. Es liegt auf der Hand, daß die Konstruktion solcher **sozialer Indikatoren** mit Problemen behaftet ist, u. a. im Hinblick auf die Auswahl der zu erfassenden Größen, auf ihre Messung, Quantifizierung und Gewichtung. Die pauschale Betrachtung des Sozialprodukts ohne weitere, vertiefende Informationen läßt den Unterschied zwischen der Versorgung der Bevölkerung mit Kanonen oder Butter nicht deutlich werden, und dies ist auch wörtlich zu verstehen, da z. B. Verteidigungsausgaben als Staats*konsum* und nicht als Investition gelten. Die Abgrenzung der einzelnen Komponenten des Sozialprodukts untereinander ist also ein weiterer Ansatzpunkt für Kritik, doch wollen wir es bei unseren bisherigen Hinweisen belassen.

Es mag sich die Frage stellen, weshalb man sich soviel Mühe macht, Sozialprodukte zu berechnen, wenn die Vorgehensweise unzulänglich ist. Der Grund liegt darin, daß es zwar relativ leicht ist, ein bestehendes Konzept zu kritisieren, jedoch außerordentlich schwer, ein operationales (anwendbares) neues Konzept zu entwickeln. Die meisten diesbezüglichen Vorschläge haben ihren theoretischen Reiz, sind jedoch nicht praktikabel. Ungeachtet der beschriebenen Schwächen ist das Sozialprodukt zwar keine optimale, aber eine recht brauchbare Größe, um wirtschaftliche Entwicklungen zu beschreiben, insbesondere, wenn man sich ihrer Schwächen bewußt ist. Wie bereits eingangs ausgeführt, dient das Sozialprodukt in vielen wirtschaftspolitischen Bereichen als Meßgröße, so z. B. bei der Konjunkturanalyse oder bei der Beschreibung des ökonomischen Wachstums, und die Daten und Zahlen, aus denen sich letztlich das Sozialprodukt rechnerisch als Summe ergibt, sind die Basis für die verschiedenen wirtschaftspolitischen Aktionsfelder, beispielsweise für Strukturpolitik, Beschäftigungspolitik, Finanzpolitik oder Verteilungspolitik.

5. Wirtschaftssysteme und Wirtschaftsordnungen

Nach den Begriffsbestimmungen in den Kapiteln 1 und 2 wurden im Kapitel 3 einige volkswirtschaftliche Kreislaufbeziehungen dargestellt. Das Sozialprodukt als Ergebnis aller Kreislaufbeziehungen wurde im vorangehenden Kapitel 4 betrachtet. Im den nun folgenden Abschnitten sollen einige Überlegungen hinsichtlich des gesamtwirtschaftlichen Ordnungsrahmens dargestellt werden, in dem sich die Vielzahl der ökonomischen Beziehungen vollzieht. Die Gestaltung dieses Rahmens kann – wie die Vielzahl der auf der Welt existierenden, unterschiedlichen Wirtschaftsordnungen belegt – offensichtlich auf sehr unterschiedliche Weise erfolgen und hängt von dem jeweiligen Gesellschaftssystem und der vorherrschenden Ideologie ab. In diesem Kapitel kann keine Untersuchung konkreter Wirtschaftsordnungen einzelner Länder erfolgen; dies würde nicht nur den Rahmen sprengen, sondern wäre auch nicht im Sinne der beabsichtigten grundsätzlichen *Einführung* in volkswirtschaftliche Zusammenhänge. Die folgenden Abschnitte skizzieren lediglich einige grundsätzliche Überlegungen. Der an den Einzelheiten bestimmter Wirtschaftsordnungen interessierte Leser muß daher auf die Literaturhinweise zu diesem Kapitel verwiesen werden.

5.1 Allgemeines

In Anlehnung an *Walter Eucken* (1891–1950) ist es üblich, zwischen zwei gegensätzlichen **Wirtschaftssystemen** zu unterscheiden: Zwischen privatwirtschaftlich (kapitalistisch) organisierten **Marktwirtschaften** auf der einen Seite und staatswirtschaftlich (sozialistisch) organisierten **Zentralverwaltungswirtschaften** auf der anderen. Diese beiden gegensätzlichen Modelle sind *Idealtypen*, denen die konkreten **Wirtschaftsordnungen** der einzelnen Volkswirtschaften in der Realität mehr oder weniger entsprechen. Wirtschaftsordnungen enthalten Elemente beider Idealtypen von Wirtschaftssystemen, so daß letztlich das Übergewicht der Merkmale des einen oder des anderen Wirtschaftssystems über die Zuordnung einer Wirtschaftsordnung zum marktwirtschaftlichen oder zum zentralverwaltungswirtschaftlichen Lager entscheidet. (Auf eine Diskussion anderer Abgrenzungen zwischen Wirtschaftssystem und -ordnung muß hier verzichtet werden.)

Unabhängig von ihrer konkreten Wirtschaftsordnung muß *jede* Volkswirtschaft drei grundsätzliche Fragen lösen:

(1)   »Was soll produziert werden?« Dies beinhaltet Entscheidungen über Art, Menge und Qualität der zu produzierenden Güter.

(2)   »Wie soll produziert werden und durch wen?« Dies umfaßt Entscheidungen über die anzuwendenden Technologien, über den Standort der Produktionsstätten und über den Zeitpunkt der Produktion.

(3)   »Für wen soll produziert wrden?« Dies bedeutet Entscheidungen über die Verteilung der Produktion (des Sozialprodukts).

Neben diesen ›Entscheidungsproblemen‹ sind noch viele andere Fragen zu lösen, die sich u. a. auf das Motivationsproblem sowie auf das Informations- und Kontrollproblem beziehen.
Zur Lösung dieser Grundprobleme gibt es zwei – wiederum gegensätzliche – Möglichkeiten. Im *zentralen Modell* der Zentralverwaltungswirtschaft trifft eine zentrale Instanz Entscheidungen, die für die gesamte Volkswirtschaft Gültigkeit haben. Grundlage dieser Entscheidungen sind **verbindliche Wirtschaftspläne** für alle Bereiche der Wirtschaft (**imperative Planung**). Im *dezentralen Modell* der Marktwirtschaft gibt es keine zentrale Entscheidungsinstanz, sondern alle Beteiligten treffen jeweils für sich ihre Entscheidungen und müssen sie aufeinander abstimmen. Das **Koordinierungsintrument** ist in diesem Modell kein zentraler Plan, sondern der **Markt** mit den sich aus Angebot und Nachfrage ergebenden Preisen. Eventuell bestehende (staatliche) Wirtschaftspläne haben für die privaten Wirtschaftssubjekte keinen Zwangscharakter, sondern allenfalls Anreiz- und Orientierungsfunktion (**indikative Planung**); die staatlichen Wirtschaftssubjekte (z. B. Behörden) sind hingegen an die Planvorgaben gebunden, beispielsweise im Hinblick auf die (maximalen) Staatsausgaben.
Aus dem Gegensatz zwischen zentraler und dezentraler Wirtschaftsordnung leiten sich auch unterschiedliche Kriterien hinsichtlich der Verteilung des Sozialprodukts ab, die hier nur in sehr komprimierter Form skizziert werden können.
Die dezentrale Lösung (Marktwirtschaft) macht den dem einzelnen zufallenden Anteil am Sozialprodukt von der individuellen *Leistung*

abhängig. In der Praxis wird dieses Prinzip aber u. a. durchbrochen durch die Möglichkeit der Vererbung von Vermögen, die somit leistungsunabhängige Verteilung zuläßt. Möglich ist außerdem, daß Leistung vom Markt nicht honoriert wird, so daß sich das Problem der sozialen Absicherung stellt.

Die zentrale Lösung sozialistischer Prägung geht von der Vision aus, daß in der Endstufe einer kommunistischen Gesellschaftsordnung jedes Individuum seinen Bedürfnissen entsprechend mit Gütern versorgt wird. Der Staat wird dabei als Lenkungsinstrument entbehrlich. Die Verteilung des Sozialprodukts gemäß den Bedürfnissen würde zunächst die Lösung des Problems der Bedürfnis*messung* erfordern, das nach heutigem Erkenntnisstand nicht operational zu lösen ist. Ein weiteres Problem besteht aufgrund möglicherweise unzureichender Leistungsanreize hinsichtlich des individuellen Beitrags zum Sozialprodukt. Dieses Argument wird üblicherweise entkräftet mit dem Hinweis auf ein geändertes Anspruchsbewußtsein der Wirtschaftssubjekte, das sich beim Übergang vom Sozialismus zum Kommunismus eingestellt haben wird und mit der Formel »Jeder nach seinen Bedürfnissen« charakterisiert wird, d. h. es wird unterstellt, daß jeder tatsächlich nicht größere Ansprüche stellen wird, als für ihn zur Reproduktion (= Erhaltung) seiner Arbeitskraft erforderlich ist.

Die hier nur angerissenen Problemkreise sollen – wie erwähnt – hier nicht weiter diskutiert werden. Im folgenden werden wir uns daher auf eine Kurzbeschreibung der beiden gegensätzlichen, idealtypischen Wirtschaftssysteme Marktwirtschaft und Zentralverwaltungswirtschaft beschränken.

5.2 Marktwirtschaft

5.2.1 Merkmale

Herausragendes Merkmal einer (idealtypischen) Marktwirtschaft ist, daß die *Einzelpläne* der Wirtschaftssubjekte durch den *Preismechanismus von Märkten* abgestimmt werden, wobei Geld als Tauschmittel, Recheneinheit und Wertaufbewahrungsmittel verwendet wird (vgl. Abschnitt 3.1.2). Dabei herrschen **Wettbewerbs-** und **Vertragsfreiheit**, d. h. jedes Wirtschaftssubjekt ist autonom hinsichtlich seiner Entscheidungen, mit anderen in wirtschaftliche Beziehungen zu treten. Es besteht die Möglichkeit, **Privateigentum** an Produktionsmitteln zu erwerben und zu halten und die Produktionsmittel nach eigenem

Ermessen zur Erzielung von Einkommensüberschüssen einzusetzen. Das Marktgeschehen auf den Güter- und Faktormärkten ist grundsätzlich *frei* von staatlicher Beeinflussung.

5.2.2 Formen

(1) Im **klassischen Liberalismus** (auch als ›*Nachtwächterstaat*‹ (Ferdinand Lasalle) bezeichnet) übernimmt der Staat nur ordnende Funktionen, um eine regelnde Rahmenordnung zu garantieren, und bietet bestimmte öffentliche Güter an (Rechtsschutz, Sicherheit, etc.), die privat nicht angeboten werden, z. B. weil sie nicht kostendeckend vermarktet werden können bzw. weil bei ihnen das **Ausschlußprinzip** nicht funktioniert (vgl. Abschnitt 2.2). Der klassische (Wirtschafts-) Liberalismus ist in Reinform in keinem Land verwirklicht worden.

(2) Vor dem Hintergrund der sozialen Probleme des 19. Jahrhunderts hat sich als Fortentwicklung der Ideen des klassischen Liberalismus die **Soziale Marktwirtschaft (im engeren Sinne)** herausgebildet. In dieser übernimmt der Staat neben der Regelung der **Rahmenordnung** (Wettbewerbsordnung, Geldwertsicherung, etc.) Funktionen im Hinblick auf die **soziale Absicherung** (z. B. Krankenkassen, Arbeitslosenversicherung) und **Umverteilungsfunktionen** (z. B. gestaffelte Steuersysteme, Subventionen, z. B. Kindergeld).

(3) Diese begrenzte Staatstätigkeit löst jedoch noch nicht das Problem der wirtschaftlichen **Instabilitäten**, das durch die Weltwirtschaftskrise ab 1929 verdeutlicht wurde. Insbesondere durch *John Maynard Keynes* wurden Wirtschaftstheorien entwickelt, nach denen auf der Ebene der individuellen Wirtschaftssubjekte das Prinzip der freien, ungelenkten Selbstregulierung beibehalten wird (**individuelle Mikrosteuerung**), aber dem Staat gesamtwirtschaftliche Beeinflussung zukommt (**Globalsteuerung** auf der Makro-Ebene). Insbesondere soll der Staat wettbewerbsfördernde Maßnahmen ergreifen, Wachstumsimpulse geben und konjunkturstabilisierend wirken. Diese Form wird auch als **Neo-Liberalismus** bezeichnet.

(4) Die Handlungen des Staates gehen in der Praxis über eine globale, allgemein wirkende Beeinflussung des Wirtschaftsablaufs hinaus. Vielmehr finden in vielen Sektoren gezielte, begrenzt wirkende Eingriffe (**Interventionen**) des Staates statt, die teils ordnungspolitisch konform, also mit marktwirtschaftlichen Prinzipien vereinbar sind (z. B. An-

reize), teils ordnungspolitisch inkonformen Zwangscharakter haben. Zu denken ist dabei an die verbindlichen Regelungen im Rahmen der Agrar-Marktordnungen der EG, an die Regelungen des (sozialen) Wohnungsbaus, an die staatliche Neuordnung des Energiesektors, insbesondere des Bergbaus, an Subventionssysteme in der Landwirtschaft, im Schiffbau usw. Diese Stufe kann man als **interventionistischen Liberalismus** bezeichnen.

Die Wirtschaftsordnung in der Bundesrepublik wird als **Soziale Marktwirtschaft** bezeichnet. Dies ist zweifellos korrekt, denn die Kriterien des Abschnitts (2) sind erfüllt, allerdings auch die darüber hinausgehenden Aspekte der Abschnitte (3) und (4), so daß man von einer »Sozialen Marktwirtschaft mit Globalsteuerung und interventionistischen Eingriffen des Staates« sprechen sollte. Im Abschnitt 5.3 werden die wesentlichen Kriterien der sozialen Marktwirtschaft besonders herausgestellt.

5.2.3 Probleme

Aufgrund der individuellen Vertragsfreiheit besteht auch die Möglichkeit, sich mit anderen Wirtschaftssubjekten abzustimmen bzw. zusammenzuschließen (**Konzentration von Marktmacht**). Die individuellen Chancen können ungleich verteilt sein, z. B. wegen ungleicher Startbedingungen (Vererbung von Eigentum). Dies begünstigt seine (leistungsunabhängige) **ungleiche Einkommens- und Vermögensverteilung**, wobei diese und die Machtverteilung tendenziell sich gegenseitig bedingen*.

Wegen des Fehlens zentraler Koordination aufgrund individuellen Egoismus ist es möglich, der Gesellschaft negative Folgen des eigenen Handelns aufzubürden (**externe Kosten**) bzw. aus der Gesellschaft Nutzen zu ziehen, ohne dafür zu bezahlen (**externe Nutzen**); Beispiele wären Umweltverschmutzung, Übernahme fremder Ideen oder »Trittbrettfahren« bei der Nutzung öffentlicher Güter wie der Straßenbeleuchtung, ohne dafür zu bezahlen. In diesem Zusammenhang wird in der Gegenwart zunehmend diskutiert, bei der Kostenverteilung stärker das Verursacherprinzip zu berücksichtigen (u. a. beschäftigt sich hiermit die in der jüngeren Vergangenheit entwickelte *Theorie der Eigentums- und Verfügungsrechte; ›property rights‹*).

---

* Der Frage, ob und in welchem Ausmaß eine gleiche(re) Verteilung überhaupt sinnvoll wäre, kann hier nicht nachgegangen werden.

Die Praxis marktwirtschaftlicher Ordnungen hat zudem gezeigt, daß – entgegen den *Theorien der Neo-Klassik* – die Märkte bei Störungen *nicht* zu einem *Gleichgewichtszustand* tendieren. Vielmehr kommt es zu permanenten Ungleichgewichten (**Instabilitäten**), die sich nicht von selbst beheben und teilweise sogar zunehmen; als Beispiel wäre an Arbeitslosigkeit zu denken. Bei anhaltenden Problemen wächst die *Tendenz zunehmender Staatseingriffe* (die der marktwirtschaftlichen Philosophie grundsätzlich widersprechen), wie sich auch an den verschiedenen Formen ablesen läßt, welche marktwirtschaftliche Wirtschaftsordnungen im Zeitablauf angenommen haben. Durchaus umstritten ist dabei allerdings die Frage, ob Staatsinterventionen *Folge* oder gerade *Ursache* dieser Instabilitäten sind.

5.3 Soziale Marktwirtschaft

Die soziale Marktwirtschaft, so wie sie als Wirtschaftsordnung der Bundesrepublik zu verstehen ist, wird von zwei zentralen Prinzipien gekennzeichnet: dem *freiheitlichen Prinzip* (**Liberalismus**) und dem *sozialen Prinzip*, welches das Freiheitsprinzip in gewisser Weise einschränkt. Nach dem Liberalismusprinzip besteht grundsätzlich Freiheit des Individuums hinsichtlich seiner Entscheidungen und Handlungen, insbesondere im Hinblick auf Berufswahl und Gewerbefreiheit, Bildung von Privateigentum, Vertragsfreiheit, Wahl von Wohnort und Arbeitsplatz. Diese individuellen Freiheitsrechte finden dort ihre Grenzen, wo analoge Rechte anderer beeinträchtigt würden. Die Überwachung der Einhaltung dieser Grenzen ist Aufgabe des Staates.

Das soziale Prinzip leitet sich daraus ab, daß einzelne Individuen in der Marktwirtschaft auch scheitern können. Um sie »aufzufangen«, sind Maßnahmen des Staates erforderlich, insbesondere im Bereich von Sozialversicherung, Arbeitsschutz, Einkommens- und Vermögensbildung und -umverteilung, Verbraucherschutz, Wettbewerbssicherung und -kontrolle, Tätigkeit öffentlicher Unternehmen etc.

Bei der Sozialen Marktwirtschaft (im weiteren Sinn), so wie sie von vielen Ordnungstheoretikern in der Bundesrepublik verstanden wird, sind die Handlungen des Staates, die über eine Regelung der Wirtschafts*ordnung (Ordnungspolitik)* hinaus den Wirtschafts*ablauf* beeinflussen *(Ablaufpolitik)*, kein Verstoß gegen die Grundprinzipien einer freien Marktwirtschaft. Sie sind vielmehr ordnungskonforme Maßnahmen, da eine Beeinflussung und Stabilisierung des Wirtschaftsablaufs die Verfolgung liberaler und sozialer Prinzipien fördert und erleichtert.

5.4 Zentralverwaltungswirtschaft

5.4.1 Merkmale

Herausragendes Merkmal einer Zentralverwaltungswirtschaft ist die Existenz eines zentralen, für alle verbindlichen Wirtschaftsplans (**imperative Planung**), durch den Produktion und Verteilung des Sozialprodukts gelenkt werden. Im Gegensatz zu individualistisch angelegten marktwirtschaftlichen Ordnungen orientiert sich der zentrale Plan am **kollektiven Interesse**, das dem individuellen vorgeht. Die Entscheidung über die kollektiven Bedürfnisse liegt beim Staat bzw. der Partei, wodurch Wirtschaft und Politik auf das engste verknüpft sind. Aufgrund hochgradiger Arbeitsteilung sind auch Zentralverwaltungswirtschaften Geldwirtschaften, doch spiegeln Preise und Löhne nicht die Güterknappheit wider, sondern sind staatlich reglementiert (**Verrechnungspreise**).

5.4.2 Formen

Der Begriff ›*Planwirtschaft*‹, der für Zentralverwaltungswirtschaften häufig synonym verwendet wird, ist mißverständlich, denn geplant wird in jeder Wirtschaftsordnung. Die entscheidende Frage ist vielmehr, *wer* diese Planung durchführt und *wie* (individuelle/kollektive Planung; indikative/imperative Planung; etc.).

(1) Die umfassendste Form der Zentralverwaltungswirtschaft (ZVW) ist die **totale ZVW**, in der die gesamte Produktion, aber auch die Verteilung auf den Verbraucher vom Staat geplant und kontrolliert wird. Tausch ist dabei nicht möglich.

(2) Die nächstschwächere Form ist die **ZVW mit freiem Konsumtausch**, wie sie in *Kriegswirtschaften* anzutreffen ist. Dabei wird die Produktion zwar auf die Verbraucher aufgeteilt (etwa durch Bezugsscheine), doch ist Tausch der zugeteilten Güter möglich.

(3) In der Gegenwart sind in der Regel **ZVW's mit freier Konsumwahl** anzutreffen, in denen der Staat die Produktion plant und lenkt, aber die Bevölkerung nicht durch Bezugsscheine versorgt, sondern mit Geld entlohnt wird, das den individuellen Bedürfnissen entsprechend eingesetzt werden kann. Die Freiheit der Konsumwahl wird allerdings in der Realität eingeschränkt durch ein unzureichend strukturiertes bzw. fehlendes Güterangebot.

In Abb. 5/1 sind einige wesentliche Gesichtspunkte schlagwortartig zusammengefaßt, in denen sich Marktwirtschaften und Zentralverwaltungswirtschaften unterscheiden. Das Grundgesetz der Bundesrepublik Deutschland enthält übrigens *keine* explizite Festschreibung einer marktwirtschaftlichen Wirtschaftsordnung, sondern es ist in dieser Hinsicht ordnungspolitisch neutral formuliert. Allerdings ist der ›Geist‹ des Grundgesetzes durchaus marktwirtschaftlich im Sinne einer Sozialen Marktwirtschaft orientiert. Die DDR-Verfassung hingegen enthält in ihrem Artikel 9 in den Absätzen 1 und 3 die eindeutigen Aussagen:

»Die Volkswirtschaft der Deutschen Demokratischen Republik beruht auf dem sozialistischen Eigentum an den Produktionsmitteln (…)« und »(…) Die Volkswirtschaft der Deutschen Demokratischen Republik ist sozialistische Planwirtschaft (…)«

(soziale) Marktwirtschaft		Zentralwirtschaftsverwaltung
individuell, Staat bei Krisen	Wirtschaftsplanung	zentral, verbindlich
überwiegend privat	Eigentum	gesellschaftlich (kollektiv)
Bedürfniserfüllung	Produktionsziel	Planerfüllung
durch Markt	Preisfestsetzung	durch Staat
Tarifpartner (Markt)	Lohnfestsetzung	Staat
überwiegend materiell	Leistungsanreize	materiell und immateriell

Abb.: 5/1 Wirtschaftssysteme

5.4.3 Probleme

Die individuellen Verbraucherwünsche *(Mikroziele)* und die gesamtwirtschaftlichen Produktionsziele *(Makroziele)* können auseinander-
klaffen. Insbesondere ist dies auf *Informationsprobleme* (fehlende
Rückkopplung bei der Planerstellung) zurückzuführen. Je umfassender
und präziser das Plansystem sein soll, desto *schwerfälliger* und *starrer*
wird es. Erkannte Mängel können – wenn überhaupt – nur mit erheblicher Verzögerung und großem Aufwand aus den Plänen beseitigt
werden. Nichterkannte Fehler werden in den Plänen weitergewälzt und
können sich *kumulieren*. Fehlende Koordination bei der Planerstellung
kann zu *ineffizienten* Doppelplanungen führen. Die Wirtschaftsplanung wird – bei aller Detaillierung – immer eine *Teilplanung* bleiben,
da nicht jeder Aspekt im Plan berücksichtigt werden kann. Durch die
staatliche Reglementierung von Produktionsverteilung und Entlohnung *fehlen* in der Regel materielle *Leistungsanreize*, was sich in
unzureichender Quantität und Qualität der produzierten Güter äußern
kann. Ein schematisches Beispiel eines sozialistischen Planungsprozes-
ses gibt Abb. 5/2.
Um Mißverständnissen vorzubeugen, ist nochmals darauf hinzuweisen,
daß – wie oben bereits angesprochen – offensichtlich auch in einer

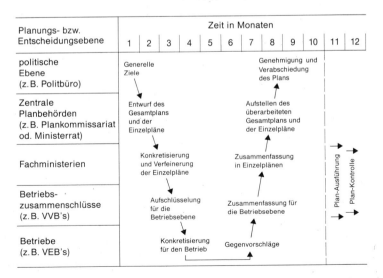

Abb.: 5/2 Zentralverwaltungswirtschaftlicher Planungsprozeß

Marktwirtschaft wie der Bundesrepublik geplant wird, und zwar sowohl zentral als auch dezentral. Auch ist der zentralverwaltungswirtschaftliche Planungsprozeß im Vergleich zum marktwirtschaftlichen nicht einmal ungewöhnlich lang, denn auch in der Bundesrepublik liegt beispielsweise zwischen dem Planungsbeginn für den Bundeshaushalt und dem Inkrafttreten des Haushalts in der Regel deutlich mehr als ein Jahr. Der Unterschied liegt insbesondere darin, daß dieser Haushaltsplan in der Marktwirtschaft nur für die Staatsorgane verbindliche Grenzen aufzeigt, während er für die Industrie und die privaten Haushalte allenfalls indikativen Charakter hat.

5.5 Konvergenz der Wirtschaftsordnungen?

Aufgrund der Erfahrungen und Ausprägungen konkreter Wirtschaftsordnungen stellt die sog. **Konvergenztheorie** die These auf, daß sich die an Marktwirtschaft bzw. Zentralverwaltungswirtschaft orientierten Wirtschaftsordnungen mehr und mehr annähern und möglicherweise sogar ineinander übergehen (konvergieren). Abb. 5/3 verdeutlicht verschiedene Abstufungen, die sich tatsächlich immer mehr angleichen, je mehr sie der ›Mitte‹ zuzuordnen sind. Im Rahmen marktwirtschaftli-

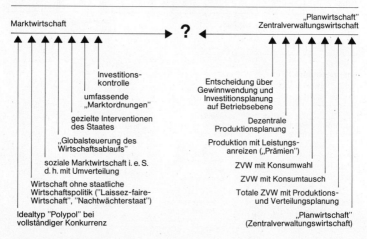

Abb.: 5/3 Konvergenztheorie

cher Ordnungen finden sich u. a. folgende zentralverwaltungswirtschaftliche Elemente: zunehmender staatlicher Einfluß, u. a. gemessen am Staatsanteil am Sozialprodukt (**Staatsquote**); staatliche Interventionen und Regulierungen in vielen Bereichen; direkte Eingriffe in die Preis- und Lohnbildung; zunehmend umfassendere, nicht nur indikative staatliche Planung.

Umgekehrt finden sich in zentralverwaltungswirtschaftlichen Ordnungen marktwirtschaftliche Elemente wie leistungsorientierte Lohnsysteme, zunehmende Bedeutung des Konsumbereichs in der staatlichen Planung, Anerkennung des Zinses als Kostenfaktor, Planung in Geld- statt Mengengrößen. Ob es tatsächlich zu einer Angleichung der Wirtschaftsordnungen kommen wird, ist höchst fraglich, weil neben eher wirtschaftlich-pragmatischen Überlegungen politische und ideologische Aspekte von ausschlaggebender Bedeutung sind. Immerhin sind Annäherungstendenzen im ökonomischen Bereich erkennbar, wobei zu unterstellen ist, daß jeweils versucht wird, bei Problemen, die mit ›eigenen‹ Mitteln nicht lösbar sind, Anleihen beim ›anderen‹ Wirtschaftssystem zu machen, um so die positiven Aspekte beider Wirtschaftssysteme (in unterschiedlicher Weise) miteinander zu kombinieren. Solche Wirtschaftsordnungen, die nicht mehr eindeutig dem einen oder anderen ›reinen‹ Idealtyp zuzuordnen sind, bezeichnet man als **gemischte Wirtschaftsordnungen** (›*mixed economies*‹). Beispiele finden sich in vielen Entwicklungsländern, aber auch in einigen Industrieländern.

Häufig findet man die *Gleichsetzung* von *Marktwirtschaft* und *Demokratie* auf der einen Seite und von *Zentralverwaltungswirtschaft* und *Diktatur* auf der anderen. Zwar kann man sagen, daß es günstig ist, wenn sich die Grundprinzipien von Wirtschafts- und Gesellschaftsordnung entsprechen, doch ist dies nicht in jedem Fall zwingend. So gibt es Beispiele diktatorisch geführter Staaten, die marktwirtschaftlich orientiert sind (so Chile unter Pinochet, zeitweise auch Argentinien), und andererseits kann die Entscheidung über einen zentralen Plan demokratisch legitimiert werden. Dieses Problem liegt aber außerhalb des Rahmens unserer einführenden Betrachtungen.

6. Marktformen und Verhaltensweisen

Die Wirtschaftsordnung *Soziale Marktwirtschaft* läßt einigen Gestaltungsspielraum. In diesem Kapitel werden zunächst die wichtigsten **Marktformen** dargestellt, die im Rahmen einer marktwirtschaftlichen Ordnung möglich sind (Abschnitt 6.1). Daran schließt sich eine Betrachtung von Verhaltensweisen an, die diesen Marktformen typischerweise zuzuordnen sind (Abschnitt 6.2). Danach werden Probleme angesprochen, die sich aus der Konzentration von Marktmacht ergeben können (Abschnitt 6.3).

6.1 Marktformen

Von einem *Markt* spricht man immer dann, wenn man *Angebot und Nachfrage* eines bestimmten Gutes *zusammen* betrachtet. Von einer Vielzahl an Möglichkeiten, Märkte zu klassifizieren soll hier nur eine betrachtet werden: Märkte unterscheiden sich u. a. in der *Struktur* der Angebots- bzw. Nachfrageseiten, da unterschiedlich viele und unter-

Anbieter / Nachfrager	viele (kleine)	wenige (mittlere)	ein (großer)
viele (kleine)	Polypol	Angebots-oligopol	Angebots-monopol
wenige (mittlere)	Nachfrage-oligopol	Zweiseitiges Oligopol	Beschränktes Angebots-monopol
ein (großer)	Nachfrage-monopol	Beschränktes Nachfrage-monopol	Zweiseitiges Monopol

Abb.: 6/1 Markttypologie

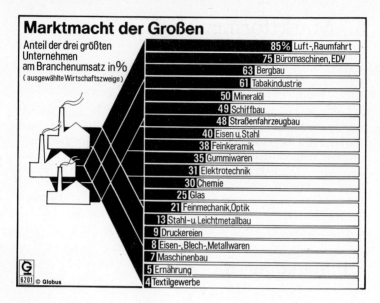

Abb.: 6/2 Machtkonzentration

schiedlich starke Marktteilnehmer auftreten. Wenn man dabei unterstellt, daß die *Anzahl* der Marktteilnehmer in umgekehrtem Verhältnis zu ihrer *Macht*, d. h. zu ihrem Einfluß auf das Marktgeschehen steht, ergibt sich die Gleichsetzung von ›vielen‹ mit (sehr) *kleinem Markteinfluß* sowie von ›wenigen‹ (oder ›einigen‹) mit *mittlerer Marktmacht* und schließlich von ›einem‹ mit *großer Marktmacht* (Abb. 6/1). Die Unterstellung einer gleichmäßigen Machtverteilung ist natürlich hochgradig unrealistisch, denn auf einem Gütermarkt mit z. B. 20 Anbietern müßte dann jeder Anbieter etwa 5% Marktanteil haben. In der Realität wird es vielmehr »Große« und »Kleine« mit entsprechend unterschiedlicher Marktmacht geben. Abb. 6/2 enthält einige Beispiele, aus denen hervorgeht, daß in einigen Branchen sich die Marktmacht auf wenige Anbieter konzentriert. Auf solchen Märkten kann es der Fall sein, daß die Branchenführer den Ton angeben, während sich die übrigen Anbieter mehr oder weniger anpassen müssen.

Die Unterteilung in ›wenige‹ (›einige‹) und ›viele‹ ist nicht sehr überzeugend, denn wo liegt die Grenze zwischen diesen beiden Kategorien? Etwa »20 Anbieter« – sind das ›wenige‹ oder ›viele‹? Diese Einteilung sollte daher auch mehr als Bezugsrahmen verstanden werden, damit

Anbieter / Nachfrager	viele (kleine)	wenige (mittlere)	ein (großer)
viele (kleine)	Devisenmarkt	Benzin, Autos, Waschpulver etc.	Post, Briefe, Telefon
wenige (mittlere)	Molkerei-genossen-schaften	Spezial-maschinen	Erfinder (Patent)
ein (großer)	staatliches Branntwein-monopol	Bundeswehr	Tarif-verhandlungen

Abb.: 6/3 Marktformen (Beispiele)

man konkrete Fälle besser einordnen und mit kennzeichnenden Begriffen bezeichnen kann. Diese – in Abb. 6/1 enthaltenen – Begriffe sind dem Griechischen entlehnt: *polein* = kaufen oder verkaufen, *monos* = einer, *oligos* = mehrere, *polis* = viele.

Abb. 6/3 enthält einige Beispiele zu den entsprechenden Marktformen, um zu verdeutlichen, was man z. B. mit einem beschränkten Angebotsmonopol in Abb. 6/1 meint. Die *Beschränkung* erklärt sich bei den entsprechenden Monopolformen daraus, daß die Marktmacht des Monopolisten ausgeprägter ist, wenn er sich ›vielen‹ gegenübersieht, während bei ›wenigen‹ eher die Möglichkeit besteht, daß sich die Marktgegenseite gegen den Monopolisten »verbündet« und damit seine Position schwächt.

Für einige Marktformen lassen sich nur mit Mühe einleuchtende Beispiele finden, für andere hingegen relativ leicht, so z. B. für das Angebotsoligopol, das wohl die am weitesten verbreitete Marktform darstellen dürfte. Am schwersten fällt die Beispielssuche wohl beim Polypol. Diese Marktform, bei der viele (jeweils für sich einflußlose) Anbieter vielen (ebenfalls einzeln einflußlosen) Nachfragern gegenüberstehen, wird in der Wirtschaftstheorie unterstellt, wenn von **vollständiger** oder **vollkommener Konkurrenz** die Rede ist (gleichbedeutend wird auch von **atomistischer Konkurrenz** oder von **vollständigem** bzw. **vollkommenem Wettbewerb** gesprochen; die Terminologie wird dabei in der Literatur nicht einheitlich verwendet). Um einen Markt mit einem dieser Begriffe zu bezeichnen, müssen jedoch neben der *polypolistischen Marktstruktur* einige weitere Bedingungen erfüllt sein, von denen hier nur einige angedeutet werden sollen. U. a. muß es sich um ein *homogenes Gut* handeln, das auf diesem Markt gehandelt wird (bei heterogenen Gütern spricht man von **unvollkommenen Märkten**); ferner dürfen Anbieter und Nachfrager keine *persönlichen Präferenzen* haben, d. h. es muß ihnen egal sein, wo und bei wem sie kaufen bzw. an wen sie verkaufen; es muß *vollständige Markttransparenz* herrschen, d. h. alle Marktteilnehmer müssen den gesamten Markt – Angebotsmenge, Preise, Qualitäten, Marktteilnehmer etc. – vollständig überschauen, und schließlich müssen alle Marktteilnehmer mit (unendlich) *großer Reaktionsgeschwindigkeit* auf Veränderungen von Marktdaten reagieren.

Es dürfte deutlich werden, daß diese Bedingungen insgesamt nur einen *fiktiven Markt* beschreiben, für den es in der Praxis allenfalls seltene Beispiele wie den Devisenmarkt (oder andere Börsen) gibt, der der Summe der Bedingungen nahekommen, sie jedoch nicht vollständig erfüllen. Dennoch gilt ein Polypol unter den Bedingungen vollständigen Wettbewerbs im Rahmen einer marktwirtschaftlichen Wirtschaftsordnung als Idealzustand, dessen Gesetzmäßigkeiten es zu ergründen lohnt, um die *Abweichungen* in der Realität erfassen und ggf. korrigieren zu können.

Im folgenden werden wir einige typische Verhaltensweisen skizzieren, die den Grundtypen Polypol, Oligopol und Monopol zuzuordnen sind.

6.2 Typische Verhaltensweisen

6.2.1 Polypol

Ein Polypol ist dadurch gekennzeichnet, daß sich auf beiden Marktseiten relativ viele Marktteilnehmer gegenüberstehen (weiter oben wurde daher auch von **atomistischer Konkurrenz** gesprochen), von denen kein einzelner Einfluß nehmen kann auf das Marktgeschehen, insbesondere auf die Preisbildung. Der **Marktpreis** bildet sich durch einen aus der Sicht des einzelnen unbeeinflußbaren Prozeß, so wie er in Abschnitt 7.3 beschrieben wird, und jeder Anbieter und Nachfrager muß den sich bildenden Marktpreis hinnehmen wie das Wetter. Er hat lediglich die Möglichkeit zu entscheiden, ob er zu diesem Marktpreis am Markt teilnehmen will oder nicht, und wenn ja, mit welchen Angebots- bzw. Nachfrage*mengen*. Daher bezeichnet man die Verhaltensweisen von Polypolisten als (**Mengen-)Anpassung.**

6.2.2 Monopol

Das Polypol stellt mit dem praktisch machtlosen Mengenanpasser das eine Extrem des Marktverhaltens dar. Am anderen Ende der Machtskala steht das Monopol. Im Polypol ist die Marktmacht zersplittert und auf viele verteilt, im Monopol konzentriert sie sich auf einen einzigen Anbieter bzw. Nachfrager. Dies bedeutet, daß der Monopolist nicht nur seine Angebots- bzw. Nachfrage*menge* bestimmen kann, sondern auch – unter Berücksichtigung der entsprechenden Struktur, d. h. der *Marktmacht* der ›Gegenseite‹ – den *Preis* festsetzen oder zumindest in seinem Sinne beeinflussen kann (**Preis-** bzw. **Mengenfixierer**). Bei monopolitischer Preisbildung ist beispielsweise bei einem Angebotsmonopol die Wahrscheinlichkeit groß, daß der Preis eines Gutes – und damit wohl auch die Gewinnspanne des Anbieters – höher ist, als er bei polypolitischer Preisbildung gewesen wäre, denn die Nachfrager können nicht auf andere Anbieter ausweichen, wenn ihnen der Preis des Monopolisten nicht gefällt. Nachfrager, die sich einem Angebotsmonopolisten gegenübersehen, werden sich daher in der Regel *preisunelastisch* verhalten (vgl. hierzu Abschnitt 7.1.4), d. h. sie können und werden sich nur in geringem Maße von Preissteigerungen abschrecken lassen, da sie auf den Monopolisten angewiesen sind.

Dies macht verständlich, daß auch nicht-monopolistische Anbieter z. B. durch gezielte *Markenartikelwerbung* bestrebt sind, ihre Kunden an sich zu binden, denn wenn ein Konsument auf eine bestimmte Marke eingeschworen ist, hat der Anbieter eine Quasi-Monopolstellung. Je mehr es gelingt, den Markt aufzuspalten und durch Produktdifferenzierung auf Teilmärkten (fast) konkurrenzlos zu erscheinen, desto größer sind die Möglichkeiten des Anbieters, Preis, aber auch Qualität und Menge des angebotenen Gutes festzusetzen. Seine Verhaltensweise ist dementsprechend nicht durch (passive) Anpassung, sondern durch (aktive) Gestaltung des Marktgeschehens gekennzeichnet.

Abgesehen von patentgeschützten Erfindungen (›Pioniermonopole‹), die eine innovative Funktion für den Wettbewerb haben, passen Monopole grundsätzlich nicht in eine wettbewerbsorientierte Wirtschaftsordnung. In den meisten in der Realität existierenden Fällen handelt es sich daher um staatliche oder staatlich genehmigte bzw. geregelte (und beaufsichtigte) Monopole, siehe Bundespost (Telefon) oder das staatliche Branntwein-Monopol (bis 1983 gab es auch ein staatliches Zündholzmonopol). In zentralverwaltungswirtschaftlichen Wirtschaftsordnungen hingegen ist das Monopol ordnungspolitisch konform.

6.2.3 Oligopol

Eine oligopolistische Struktur ist im Prinzip relativ gut überschaubar, da es sich nur um (einige) wenige Marktteilnehmer handelt, die – im Idealfall – alle in etwa über die gleiche Marktmacht verfügen; in der Praxis läßt sich diese Unterstellung allerdings nur schwer belegen, da in der Regel bei *wenigen* Anbietern *große, mittlere* und *kleine* Anbieter auftreten; dies gilt analog für Nachfrageoligopole.

Für das Oligopol gibt es zwei grundsätzlich mögliche Verhaltensweisen. Einmal verleitet die geringe Zahl von Konkurrenten zu dem Versuch, den eigenen Marktanteil durch **Verdrängung** von Konkurrenten zu vergrößern. Dies geschieht meist in Form sog. **Preiskriege**, bei denen durch Unterbieten der Konkurrenz (vorübergehend durchaus auch mit nicht-kostendeckenden Preisen) versucht wird, einige – möglichst alle – Konkurrenten aus dem Markt zu drängen (**Verdrängungs-** oder **Vernichtungswettbewerb**). Sofern dies gelingt, nähert sich das Oligopol einem Monopol an, und der oder die »Überlebenden« können sich aufgrund der dann gewachsenen Marktmacht für die vorangegangenen Mühen und Kosten entschädigen.

Andererseits kann ein Markt so strukturiert sein, daß eine völlige Verdrängung von Konkurrenten oder auch nur ein wesentliches Ausweiten des eigenen Marktanteils für alle Beteiligten sehr risikoreich, kostspielig, sogar ruinös oder aus anderen Gründen unmöglich wäre. Dann bietet es sich an, auf Preiskriege und Verdrängungsfeldzüge zu verzichten, da sie insgesamt nur Nachteile mit sich bringen. Stattdessen würde man eher versuchen, sich über ein gemeinsames Verhalten **abzusprechen**. Beispielsweise könnte man bei öffentlichen Ausschreibungen die verschiedenen Angebote so abstimmen, daß ein vorher festgelegter Anbieter als der günstigste erscheint oder daß alle anderen Anbieter »mitziehen«, wenn einer mit Preiserhöhungen vorangeht. Obgleich solche wettbewerbsbeschränkenden Absprachen unseren Wettbewerbsgesetzen nach (grundsätzlich) *unzulässig* sind, gibt es Beispiele für Absprachen in großer Zahl. *Weil* sie verboten sind, erfolgen sie wohl meist in einer Form, die schlecht nachzuweisen ist, beispielsweise im informellen Gespräch (»**Frühstückskartell**«).

Das wettbewerbsrechtliche Problem ist der *Nachweis* eines abgestimmten Verhaltens; wir werden darauf zurückkommen. Die konsequente Fortführung abgestimmten Verhaltens, die für die Marktgegenseite durch faktische Konzentration von Marktmacht die Schaffung eines Quasi-Monopols bedeutet, besteht im formalen *Zusammenschluß* mehrerer Marktteilnehmer. Hierzu der folgende Abschnitt.

6.3 Konzentration von Marktmacht

6.3.1 Formen

6.3.1.1 Kartell

Es gibt verschiedene Formen wirtschaftlicher Konzentration, die hier zunächst nur beschrieben werden sollen. Die schwächste Form bezeichnet man als **Kartell**; dies ist im wesentlichen identisch mit dem bereits angesprochenen abgestimmten Verhalten der Teilnehmer einer Marktseite. Dies bedeutet, daß es sowohl **Angebots-** als auch **Nachfragekartelle** gibt. Bei einem Kartell behalten die beteiligten Unternehmen ihre juristische Selbständigkeit, geben jedoch einen Teil ihrer wirtschaftlichen Selbständigkeit im Hinblick auf ein bestimmtes Tun oder Unterlassen auf (Abb. 6/4). Kartelle sind als *wettbewerbsbeschränkende Maßnahmen* nach dem **Gesetz gegen Wettbewerbsbeschränkungen (GWB)** (kurz: **Kartellgesetz** genannt) grundsätzlich *verboten*, doch sind einige (*genehmigungs-* oder *anmeldepflichtige*) Ausnahmen zulässig (vgl. hierzu weiter unten). Sofern Kartelle organisatorisch institutionalisiert sind, z. B. den Kartellzweck in einer besonderen Gesellschaft (meist GmbH) organisiert haben, spricht man auch von **Syndikaten**; häufig erstrecken sich die Absprachen dabei auch auf Quotenregelungen hinsichtlich der Produktions- bzw. Angebotsmengen. Die *OPEC* ist (oder war?) in diesem Sinne ein Syndikat. Sie werden in der Praxis nur äußerst selten von den Kartellbehörden genehmigt.

	Abhängigkeiten	
	wirtschaftlich	juristisch
Kartell	(X)	—
Konzern - horizontal - vertikal	X	—
Fusion	X	X

Abb.: 6/4 Konzentrationsformen

6.3.1.2 Konzern

Nach dem Kartell ist die nächsthöhere Konzentrationsstufe der **Konzern**, bei dem mehrere rechtlich selbständige Unternehmen unter einheitlicher Leitung zusammengeschlossen werden. Die einzelnen Unternehmen verlieren dabei ihre *wirtschaftliche*, nicht aber ihre *juristische* Unabhängigkeit (*»Tochter-Gesellschaften«*), d. h. sie sind zwar in ihren ökonomischen Entscheidungen von der Konzernleitung (*»Mutter-Gesellschaft«*) abhängig, behalten in der Regel jedoch ihre ursprünglichen Firmennamen bei. Als **vertikalen Konzern** bezeichnet man den Zusammenschluß von Unternehmen *verschiedener* Produktionsstufen, also z. B. Roh-, Zwischen- und Fertigproduktion, oder konkreter: wenn ein Automobilhersteller Zulieferer wie einen Blechhersteller, eine Reifenfirma oder eine Autopolsterfabrik aufkauft.

Ein **horizontaler Konzern** umfaßt hingegen Unternehmen *derselben* Produktionsstufe, die also prinzipiell Konkurrenten sind, beispielsweise wenn zwei Verlagsunternehmen oder zwei Autofirmen »zusammengehen«. Für den Außenstehenden ist dabei oft nicht ersichtlich, daß zwei angebliche Konkurrenzprodukte demselben Konzern entstammen; nicht nur im Waschmittel- und Zigarettenbereich gibt es hierfür gute (schlechte) Beispiele.

Schließlich spricht man etwas umgangssprachlich von einem **Mischkonzern** (auch als *»Gemischtwaren«-Konzern* oder *diagonale* bzw. *konglomerate* Konzernbildung bezeichnet), wenn ein Unternehmen »artfremde« andere Unternehmen aufkauft, beispielsweise wenn sich ein Kaufhauskonzern einen Reiseveranstalter oder ein Seifenfabrikant einen Margarinehersteller einverleibt. Dies geschieht u. a. aus Gründen der Risikostreuung, indem ein Konzern »auf mehrere Beine gestellt wird«.

Die Beteiligung an anderen Unternehmen muß dabei nicht zwangsläufig hundertprozentig erfolgen. Aus aktienrechtlicher Sicht sind insbesondere zwei Schwellen interessant: der Erwerb einer **Sperrminorität** und der Erwerb einer **Mehrheitsbeteiligung** von (mindestens) **51% der Anteile** an einem Unternehmen. Eine Sperrminorität – mit laut Aktiengesetz 25% der Anteile – bedeutet, daß *gegen* den Inhaber dieses 25%igen Anteils nichts entschieden werden kann; er verfügt somit über eine Art *Veto-Recht*. Der Inhaber von 51% der Anteile an einem Unternehmen wird bei Abstimmungen grundsätzlich die Oberhand behalten – sofern niemand anders über eine Sperrminorität verfügt. Bei vielen Konzernen ist für den Außenstehenden – trotz veröffentlichter Bilanzen und Geschäftsberichte – kaum noch nachzuvollziehen, wer welche Unternehmen zu welchen Anteilen besitzt und wer somit wo

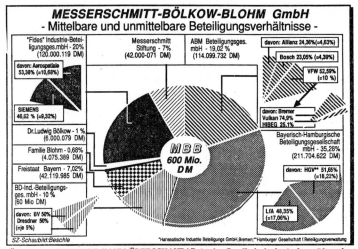

FÜR AUSSENSTEHENDE KAUM ÜBERSCHAUBAR *ist der Gesellschafterkreis des größten deutschen Luft- und Raumfahrtunternehmens Messerschmitt-Bölkow-Blohm. Kein Wunder, daß angesichts dieser Zersplitterung der Wunsch nach industrieller Führerschaft durch Daimler wächst. Bemerkenswert sind die Anteilsverschiebungen durch den Eintritt von Bremer Vulkan, an den sich Spekulationen über eine indirekte Einflußnahme von Daimler knüpfen.* (SZ)

Abb.: 6/5 Schachtelkonzern

überall das Sagen hat. Um Konzern-intern den Überblick zu behalten (aber auch aus steuerlichen und sonstigen Gründen), wird häufig bei verschachtelten Konzernen eine sog. **Holding-Gesellschaft** als organisatorische Dachgesellschaft gegründet, die u. a. alle Konzernbeteiligungen formal besitzt, koordiniert und verwaltet. Abb. 6/5 soll keine Schleichwerbung sein, sondern nur ein Beispiel für einen solchen Schachtelkonzern.

6.3.1.3 Fusion

Die höchste Konzentrationsstufe ist schließlich die **Fusion,** bei der die beteiligten Unternehmen zu einem einheitlichen Unternehmen verschmelzen, d. h. die aufgekauften Unternehmen verlieren neben der wirtschaftlichen auch die rechtliche Selbständigkeit. Dabei sind im wesentlichen zwei Varianten möglich: Zum einen die **Fusion durch Aufnahme** (oder synonym: **aufnehmende Verschmelzung**), bei der ein Unternehmen von einem anderen ›geschluckt‹ wird und als Firma erlischt, das aufnehmende Unternehmen aber bestehen bleibt, und zum anderen die **Fusion durch Neugründung**, bei der alle beteiligten Unternehmen in einem neuen Unternehmen aufgehen. *Umgangssprachlich* wird allerdings häufig, wenn auch unkorrekt, auch beim Erwerb von nicht-hundertprozentigen Beteiligungen von ›Fusion‹ gesprochen, doch ist dies streng genommen offensichtlich falsch, da ›Fusion‹ eine vollständige Verschmelzung der beteiligten Unternehmen bedeutet. Sofern bei der Konzernbildung bzw. der Fusion eine marktbeherrschende Stellung entsteht, wird – dem anglophonen Sprachbereich entlehnt – häufig von einem **Trust** gesprochen. Auf – vor allem steuer-, aktien- und sonstige rechtliche – Einzelheiten der wirtschaftlichen Konzentration muß hier verzichtet werden.

In diesem Zusammenhang ist allerdings noch auf einen weiteren Aspekt hinzuweisen: Neben dem direkten oder indirekten Erwerb einer Beteiligung an Unternehmen gibt auch noch eine unauffälligere, informelle Möglichkeit der Machtkonzentration, indem durch eine entsprechende Besetzung von Aufsichtsratspositionen auf die jeweilige Unternehmenspolitik und dabei insbesondere auf die Besetzung von Vorstandspositionen Einfluß genommen werden kann. Von besonderer Bedeutung sind dabei – auch, aber nicht nur – die Banken, deren Vertreter häufig in einer Vielzahl von Aufsichtsräten sitzen. Hinzu kommt, daß viele Kleinaktionäre auf die unmittelbare Ausübung ihres Stimmrechts in der Hauptversammlung ›ihrer‹ Aktiengesellschaft verzichten, indem sie es im Wege des sogenannten *Depotstimmrechts* ihrer Bank übertragen, die ihre Wertpapiere verwaltet. Die **Monopolkommission** (siehe unten) hat dieser gegenseitigen Verflechtung von Bank- und Industrieunternehmen bereits vor einiger Zeit besondere Aufmerksamkeit gewidmet, doch ist sie mit der gegenwärtigen wettbewerbsrechtlichen Rechtslage vereinbar.

6.3.2 Konzentrationskontrolle

Die Konzentration wirtschaftlicher Macht kann den Wettbewerb beeinträchtigen. Daher wurde auf der Grundlage des **Gesetzes gegen Wettbewerbsbeschränkungen** (**GWB**) von 1957 (*»Kartellgesetz«*) mit dem **Bundeskartellamt** in Berlin eine Institution geschaffen, die Wettbewerbsbeschränkungen durch Kontrolle und ggf. mit Sanktionen entgegenwirken soll. Daneben gibt es seit 1973 eine dem Sachverständigenrat vergleichbare **Monopolkommission**, welche aus fünf unabhängigen Gutachtern besteht und die Bundesregierung in wettbewerbspolitischen Fragen berät. Wir werden uns in der Betrachtung auf das

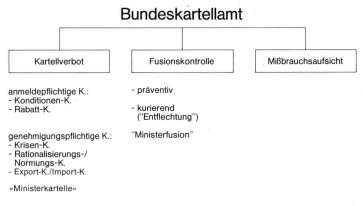

| Kartellverbot | Fusionskontrolle | Mißbrauchsaufsicht |

anmeldepflichtige K.:
- Konditionen-K.
- Rabatt-K.

genehmigungspflichtige K.:
- Krisen-K.
- Rationalisierungs-/
  Normungs-K.
- Export-K./Import-K.

»Ministerkartelle«

- präventiv

- kurierend
  ("Entflechtung")

"Ministerfusion"

Abb.: 6/6 Aufgaben des Kartellamts

Kartellamt beschränken. Das Kartellamt ist eine selbständige Bundes-oberbehörde mit Sitz in Berlin und gehört zum Geschäftsbereich des Bundeswirtschaftsministers, ist jedoch nicht weisungsgebunden. Das Bundeskartellamt hat bei seinen Ermittlungen die Befugnisse einer Staatsanwaltschaft und kann bei festgestellten Verstößen gegen wettbe-werbsrechtliche Bestimmungen Bußgelder verhängen.

Die wettbewerbsrechtlichen Bestimmungen des *Gesetzes gegen Wettbewerbsbeschränkungen (GWB)* – und damit das Aufgabenspektrum des Bundeskartellamts – betreffen im wesentlichen drei Aspekte (Abb. 6/6):

– die Überwachung des Kartellverbots,
– die Fusionskontrolle und
– die Mißbrauchsaufsicht.

6.3.2.1 Kartellverbot

Nach dem GWB sind wettbewerbsbeschränkende Maßnahmen *grundsätzlich untersagt.* Dies betrifft insbesondere und ohne Ausnahme Absprachen über Preise (Preiskartelle). 1973 wurde daher die sog. *Preisbindung der zweiten Hand* verboten, d. h., daß der Hersteller eines Gutes als ›erste Hand‹ dem Handel als ›zweite Hand‹ nicht vorschreiben darf, zu welchen Preisen die betreffenden Güter verkauft werden. Ausnahmen von dieser Regelung bestehen lediglich für Verlagserzeugnisse (Bücher, Zeitschriften, Zeitungen etc.) und für Endpreisregelungen, die sich aus steuerlichen Vorschriften ableiten: Beispielsweise wird von einem Zigarettenhersteller Tabaksteuer in dem Moment entrichtet, in dem die Güter den Herstellungsbetrieb verlassen. Da die Höhe der Tabaksteuer vom vorgesehenen Einzelhandelspreis abhängt, darf dieser somit nicht mehr durch den Einzelhändler verändert werden: Würde ein Kioskbesitzer ein Päckchen Zigaretten zu einem höheren Preis verkaufen, als der Hersteller versteuert hat, würde dies in Höhe des nicht versteuerten Differenzbetrags eine Steuerhinterziehung bedeuten; wäre der Endverkaufspreis niedriger als der versteuerte, entstünde möglicherweise ein Anspruch auf Steuererstattung. In solchen steuerrechtlich geregelten Fällen also kann der Hersteller den Endverbrauchspreis festsetzen, doch ist dies offensichtlich ein völlig anderer Sachverhalt als die damalige ›Preisbindung der zweiten Hand‹.

Die im Zuge der Zweiten Kartellgesetznovelle 1973 abgeschaffte Preisbindung hatte sich in vielen Wirtschaftsbereichen bereits vorher ad absurdum geführt, da sich sehr häufig *graue Märkte* bildeten (vgl. hierzu auch Abschnitt 7.5). Die heute üblichen *Unverbindlichen Preisempfehlungen* sind *keine* Variante der verbotenen Preisbindung, denn der Endverkäufer darf auch nicht indirekt zur Einhaltung dieser Empfehlung gezwungen werden. Preisempfehlungen sind nur für Markenwaren zulässig, nicht jedoch für gewerbliche Leistungen. Dabei sind auch sog. ›*Mondpreise*‹ unzulässig, die so hoch angesetzt sind, daß sie in der Praxis grundsätzlich im Einzelhandel unterschritten werden.

Bei den zulässigen *Ausnahmen* vom Kartellverbot sind insbesondere zu nennen die nur *anmeldepflichtigen* Wettbewerbsbeschränkungen, zu denen beispielsweise **Konditionenkartelle** zählen. Dies betrifft im wesentlichen das »Kleingedruckte« in den Geschäftsbedingungen, darf sich jedoch *nicht* auf Preise erstrecken. Wenn sich nun Hersteller über ihre Konditionen absprechen, dann ist dies – so die unterstellte Vermutung – zum Nutzen des Verbrauchers, weil er erstens sich nur mit Mühe einen Überblick verschaffen kann über alle Varianten in dieser Hinsicht, die »am Markt« sind, und zweitens häufig überfordert ist, die Bedeutung der juristischen Formulierungen richtig zu interpretieren. Analoge Überlegungen gelten für die nur anmeldepflichtigen **Rabattkartelle**. *Genehmigungspflichtig* hingegen sind u. a. sog. **Krisenkartelle, Spezialisierungskartelle, Rationalisierungskartelle** oder **Export-** und **Importkartelle** bei denen meist argumentiert wird, daß ohne Kartellabsprache die Existenz bestimmter Branchen bzw. Unternehmen – und damit Arbeitsplätze – auf dem Spiel stehen. Beispielsweise sind in der Stahlindustrie u. a. Absprachen über Produktionsmengen *(Quoten)* erfolgt. Legalisierte Kartelle und sonstige Wettbewerbsbeschränkungen unterliegen der *Mißbrauchsaufsicht* des Kartellamts (vgl. weiter

Ski-Hersteller haben jetzt in Berlin ein Kartell angemeldet

BERLIN (vwd) - Zehn führende Ski-Hersteller haben jetzt beim Bundeskartellamt ein Rabatt- und Konditionenkartell angemeldet. Zweck des Kartells ist die Anwendung einheitlicher Liefer- und Zahlungsbedingungen. Gegen den Kartellvertrag bestehen bei den Wettbewerbshütern erhebliche Bedenken.

Zum ersten Male ein Nachfrage-Kartell untersagt

Krisenkartell zugelassen

54 Millionen Mark Bußgeld gegen Baufirmen verhängt

Kartellamt geht gegen 77 Unternehmen vor

Millionen-Geldbußen für Flaschenkartell

Handelskartell nicht genehmigt

Rationalisierungskartell wird eine AG

Abb.: 6/7 Kartellkontrolle

unten). Zulässige wettbewerbsbeschränkende Maßnahmen werden im *Bundesanzeiger* veröffentlicht (vgl. Abb. 6/7).

6.3.2.2 Fusionskontrolle

Das zweite Aufgabenfeld des Kartellamts, das mit der Zweiten Kartellnovelle 1973 geschaffen wurde, betrifft die Überwachung und Kontrolle von Unternehmenszusammenschlüssen. Diese sind *anzeigenpflichtig* bzw. – wenn sie eine bestimmte Größenordnung überschreiten – *genehmigungspflichtig* (**Fusionskontrolle**), und hin und wieder liest man in der Zeitung, daß das Kartellamt von seinem Recht Gebrauch gemacht hat, Zusammenschlüsse zu untersagen (vgl. oben die verschiedenen Fusions- bzw. Konzernformen). Ein Zusammenschluß gilt dann als bedenklich, wenn sich daraus eine marktbeherrschende Stellung ergibt. Bei der Beurteilung dieser Frage werden u. a. Kriterien wie der Marktanteil herangezogen (dabei gelten 20% Marktanteil als kritische Grenze) sowie die Umsatzsumme und die Beschäftigungszahl der beteiligten Unternehmen; Pressefusionen sind dabei bereits bei recht niedrigen Schwellenwerten anzeigepflichtig. Ein wichtiges Problem ist dabei

Konzernholding **Branchenholding**

Asko will mehr als 25 Prozent an Massa

Springer übernimmt Textilzeitschriften

Krupp Widia übernimmt Sitzmann und Heinlein voll

Ford steigt bei Autoverleiher ein

co op will Werhahn-Filialen nur pachten

Formeller Antrag beim Bundeskartellamt

Metro und Kaufhof dürfen nicht fusionieren

Im Selbstbedienungs-Großhandel hat Metro eine überragende Marktstellung / Gerichtsurteil

Daimler-Benz darf die AEG übernehmen

Bundeskartellamt erteilt die Genehmigung / Aber Auflagen

Testfälle für das Kartellgesetz

Die Chancen schwinden, den Konzentrationsprozeß im Handel zu stoppen

Kartellamt prüft Springer-Beteiligung

Einstieg bei „Kieler Nachrichten" stößt auf Kritik

Kartellamt stoppt Übernahme der Agefko durch Linde AG

Bundeskartellamt verbietet Fusion Texaco und Zerssen

Fusionsplan angemeldet

Konzentration im Gerüst- und Schalungsbau

Kartellamt erlaubt den BfG-Verkauf

Fusionswelle steuert 1987 neuer Rekordhöhe entgegen

Kartellamt billigt Fusion zwischen Schaper und Asko

Fusionskontrolle in der EG weiter umstritten

Abb.: 6/8 Fusionskontrolle

beispielsweise bei Oligopolen die Frage, ob zwischen den Oligopolunternehmen (noch) Wettbewerb besteht oder nicht.

Dabei sind zwei Varianten zu unterscheiden: Im Zuge der **präventiven Fusionskontrolle** prüft das Kartellamt *vor* einem geplanten Unternehmenszusammenschluß die Zulässigkeit, während es im Rahmen der **kurierenden Fusionskontrolle** *nach* erfolgten Zusammenschlüssen die Vereinbarkeit mit den Bestimmungen und Zielen der Fusionskontrolle überprüft. Im negativen Fall kann das Kartellamt auferlegen, bereits vollzogene Zusammenschlüsse rückgängig zu machen (**Entflechtung**).

In jüngerer Zeit ist zunehmend zu beobachten, daß statt eines Kaufs von Gesellschaftsanteilen Unternehmen gepachtet werden. Da dies gleichfalls eine Konzentration wirtschaftlicher Entscheidungsmacht bedeutet, unterliegen solche Vorhaben ebenfalls der Fusionskontrolle (vgl. Abb. 6/8).

6.3.2.3 Mißbrauchsaufsicht

Als dritten Aufgabenbereich überwacht die Kartellbehörde das Marktverhalten bestimmter Unternehmen, um sicherzustellen, daß bereits entstandene, nicht nachträglich zu beseitigende und rechtlich zulässige marktbeherrschende Positionen (z. B. legalisierte Kartelle oder Großunternehmen mit nur wenigen (kleinen) Konkurrenten) nicht mißbräuchlich genutzt werden (**Mißbrauchsaufsicht**). Dabei ist in zunehmendem Maße auch an die mißbräuchliche Ausnutzung von *Nachfragemacht* zu denken, insbesondere in der jüngeren Vergangenheit im Bereich der großen Kaufhäuser, Lebensmittel- und Verbrauchermarktketten, aber auch im Hinblick auf das Nachfrageverhalten der öffentlichen Hand, wenn Anbieter angesichts der in Aussicht stehenden Großaufträge hinsichtlich ihrer Angebotskonditionen unter Druck gesetzt werden. Einzelne Firmen scheuen dabei häufig davor zurück, gegen solche Praktiken wettbewerbsrechtliche Schritte einzuleiten, weil sie fürchten, bei zukünftigen Aufträgen auf eine ›schwarze Liste‹ gesetzt zu werden. Mißbräuchliches Verhalten kann vom Kartellamt untersagt werden (vgl. Abb. 6/9).
Obgleich sie im Rahmen ihres Aufgabenbereichs praktisch eine Monopolstellung haben, sind Verträge der Deutschen Bundesbahn und der

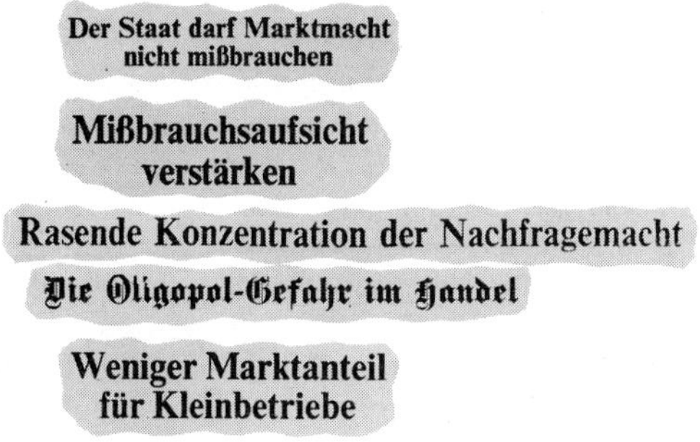

Der Staat darf Marktmacht
nicht mißbrauchen

Mißbrauchsaufsicht
verstärken

Rasende Konzentration der Nachfragemacht

Die Oligopol-Gefahr im Handel

Weniger Marktanteil
für Kleinbetriebe

Abb.: 6/9 Mißbrauchsaufsicht

Deutschen Bundespost durch § 99 des GWB *ausdrücklich* vom Geltungsbereich des GWB ausgenommen, da es andere gesetzliche Regelungen gibt, mit denen diese Staatsunternehmen kontrolliert werden. Es ist hier nicht der Ort, um die Effizienz dieser Regelung zu diskutieren, doch nimmt offensichtlich die Kritik an der öffentlichen Hand sowohl in ihrem Anbieter- als auch Nachfrageverhalten seit einiger Zeit zu.

6.3.3　Grenzen der Wettbewerbskontrolle

Die *Wirksamkeit* des Kartellamts wird allerdings in der Praxis durch einige Faktoren *beeinträchtigt*. Zunächst ist dabei an eine *unzureichende Personalausstattung* zu denken – wobei hier keineswegs einer Parkinson'schen Behördenmultiplikation das Wort geredet werden soll. Die Analyse kartellrechtlich relevanter Fälle setzt ein profundes betriebswirtschaftliches, (nicht nur kartellrechtliches) juristisches sowie volkswirtschaftliches Wissen voraus. Die hierfür erforderlichen Spezialisten sind jedoch – hier wie in anderen Bereichen – nicht immer in ausreichendem Maße mit den Besoldungsstrukturen des öffentlichen Dienstes zu gewinnen. Angesichts der Vielzahl, der Komplexität und der volkswirtschaftlichen *Bedeutung* der kartellrechtlich relevanten Vorgänge kann vom Kartellamt letztlich nur die Spitze des Eisbergs untersucht werden, wobei daran zu denken ist, daß (verbotene!) Kartellabsprachen in der Regel wohl kaum dem Kartellamt freiwillig unterbreitet werden. Das Kartellamt hat zwar der Staatsanwaltschaft vergleichbare Befugnisse, doch fliegen illegale Kartellabsprachen eben oft nur durch Zufall bzw. Unvorsichtigkeit (sprich auch: Dummheit) der Kartellbrüder auf, z. B. durch ein verlorengegangenes Notizbuch, in dem die Kartellvereinbarung – wohl als Gedächtnisstütze – ausführlich aufgezeichnet war. Dies ist als verbotenes **Frühstückskartell** aus der Sicht der betroffenen »Kartellbrüder« kaum zu entschuldigen. Der Nachweis des verbotenen *abgestimmten Verhaltens* ist daher meist nur schwer zu führen, auch wenn – wie beispielsweise auf dem Benzinmarkt (vgl. Abb. 6/10) ein entsprechender Verdacht nicht leicht von der Hand zu weisen ist; das Kartellamt hat bereits 1974 – nach den Benzinpreiserhöhungen im Gefolge der Ersten Ölkrise – versucht, diesen Nachweis zu führen, allerdings vergeblich.

Hinzu kommt, daß die Möglichkeiten des Kartellamts, *festgestellte* Wettbewerbsbeeinträchtigungen auch zu *ahnden*, gering sind: Die zu verhängenden Geldbußen haben angesichts der Summen, die viele Unternehmen quasi »aus der Portokasse« zahlen können, häufig weniger ökonomisches Gewicht als – wenn überhaupt – eine imageschädi-

Diesmal macht Aral den Anfang

Diesmal erhöht Esso die Preise

Nach Aral und BP erhöht nun auch Esso die Benzinpreise

Nach Esso gehen auch die anderen mit Preisen hoch

Benzinpreise: Andere ziehen nach

Auch Esso und BP verteuern Benzin

Ölfirmen heben Benzinpreise an

Benzinpreise steigen erneut – BP erhöht um fünf Pfennig

Abb.: 6/10 Abgestimmtes Verhalten?

gende werbepsychologische Bedeutung. Kartellrechtliche Verstöße können (bislang) lediglich als Ordnungswidrigkeiten mit Geldbußen, *nicht* jedoch – wie z. B. ein kleiner Ladendiebstahl – mit *strafrechtlicher* Verfolgung geahndet werden. Dies ist angesichts der teilweise immensen volkswirtschaftlichen Schäden, die z. B. durch verbotene Preisabsprachen bei der Auftragsvergabe der öffentlichen Hand entstehen, nur sehr schwer verständlich. Und wenn nun schon seitens des Kartellamts eine Geldbuße verhängt worden ist, so bleibt den Betroffenen der – häufig beschrittene – Weg der Klage vor dem Kartellsenat des Berliner Kammergerichts gegen diesen Bußgeldbescheid, und nur zu oft wird dieser aufgehoben oder zumindest abgemildert. Zudem ist es möglich, daß sich Unternehmen für beabsichtigte Kartelle oder Unternehmenszusammenschlüsse – trotz ablehnender Haltung des Kartellamts – die Genehmigung beim hierfür zuständigen Bundeswirtschaftsminister für ein sog. »**Ministerkartell**« bzw. eine »**Ministerfusion**« holen, »… wenn die Wettbewerbsbeschränkung von gesamtwirtschaftlichen Vorteilen … aufgewogen wird … oder durch ein überragendes Interesse der Allgemeinheit gerechtfertigt ist« (§ 24(3) GWB) (vgl. Abb. 6/11).

Es ist angesichts der Fülle dieser Schwierigkeiten, dem »Kartellrecht« Gültigkeit zu verschaffen, eigentlich verwunderlich, daß das Bundeskartellamt noch nicht resigniert hat, aber wahrscheinlich gibt es doch mehr Erfolgserlebnisse, als an die Öffentlichkeit gelangen.

Das »Kartellgesetz« von 1957 wurde bislang viermal ergänzt bzw. geändert: 1966, 1973 (Fusionskontrolle, Abschaffung der Preisbindung der Zweiten Hand), 1976 und 1980; eine erneute *Novellierung*

Nahezu alles, was in der Baubranche Rang und Namen hat, fand Gefallen an den unzulässigen Preisabsprachen

Gemeinsam legten die Kartellbrüder ihre Angebote fest

Kartellbrüder vor mildem Richter

Trotz nachgewiesener Wettbewerbsverstöße kommen große Kartellsünder glimpflich davon

Bußgelder gegen Baufirmen teils aufgehoben, teils herabgesetzt

Am Ende kommen die großen Baukartellsünder nun beinahe mit dem Nulltarif davon

Das Kartellamt darf die Aral AG nicht zerschlagen

Selex + Tania unterliegt vor Kammergericht

Bertelsmann und Bucerius kommen nicht zusammen

Kammergericht untersagt Fusion der größten Wochenzeitschriften - Revision ist zugelassen

Keine Ministererlaubnis für VEW

Das Kartellamt zog im Streit mit co op den kürzeren

Abb.: 6/11 Gerichtsurteile

insbesondere im Hinblick auf eine verschärfte Konzentrationskontrolle im Handel in absehbarer Zeit ist wahrscheinlich.

Es ist jedoch festzustellen, daß ungeachtet der Tätigkeit der Kartellbehörden und der Existenz von wettbewerbssichernden Gesetzen eine *zunehmende Unternehmenskonzentration* stattfindet. Als Hauptargument, das man auch nicht leichtfertig vom Tisch wischen darf, ist die Notwendigkeit von Rationalisierungsinvestitionen anzunehmen (vgl. den in Abschnitt 7.2 behandelten kostensenkenden Effekt der Massenproduktion), um sich gegen die zunehmende ausländische Konkurrenz insbesondere aus Billiglohnländern zu behaupten. Das Kartellamt steht dabei oft vor der schwierigen Frage, ob eine wettbewerbsbeschränkende Maßnahme schwerer wiegt als der Verlust von Arbeitsplätzen, sofern diese Maßnahme untersagt wird. Seit einigen Jahren muß sich das Kartellamt in zunehmendem Maße auch der Konzentration von Marktmacht auf der *Nachfrageseite* widmen, insbesondere – wie erwähnt – im Verbrauchermarktbereich, wo einige große Unternehmen kleinere Konkurrenten verdrängen und somit für die (vielen) Anbieter von supermarktgängigen Artikeln eine Ballung von Marktmacht darstellen, der zunehmend schwerer zu begegnen ist.

Ein großes Problem ist auch die notwendige *Marktabgrenzung*. So kann ein Unternehmen möglicherweise in einer kleinen Stadt faktisch eine Monopolstellung haben, sei es als Anbieter bestimmter Güter, sei es als Nachfrager nach Arbeitskräften, obgleich im regionalen Rahmen durchaus Konkurrenzunternehmen existieren. Und wie soll man schließlich bewerten, wenn es in einem Land zwar nur ein einziges Unternehmen gibt, das aber mit ausländischen Konkurrenten im – harten – Wettbewerb steht? Dies berührt den Problemkreis der sog. **Transnationalen Unternehmen** (›Multis‹), die in der Regel jenseits des Einflußbereichs nationaler Wettbewerbsgesetze stehen. Zwar haben Regierungen u. a. im Rahmen der *Organisation für wirtschaftliche Zusammenarbeit und Entwicklung (OECD)* eine Zusammenarbeit bei der Verfolgung grenzüberschreitender Wettbewerbsbeschränkungen vereinbart. Ein *Europäisches Kartellamt* – geschweige denn ein internationales – gibt es jedoch (noch) nicht, und oft wird ein Interessenkonflikt zwischen nationalen und übergeordneten supranationalen, z. B. europäischen Interessen bestehen. Die gegenwärtig existierenden Institutionen sind für diese Problemstellung weder geschaffen, noch mit den erforderlichen Verhaltensvorschriften (Zielen) bzw. entsprechenden gesetzlichen Instrumenten ausgestattet.

7. Marktpreisbildung

Im vorangehenden Kapitel 6 wurde dargelegt, daß in der Realität Marktformen vorherrschen, die nicht mit dem Idealbild der vollständigen Konkurrenz übereinstimmen. Trotzdem – oder vielleicht eher: gerade deswegen – wird im folgenden Kapitel – ausgehend vom Idealtyp einer reinen Marktwirtschaft – dargestellt, welche grundsätzlichen Erkenntnisse und Gesetzmäßigkeiten sich für Märkte ableiten lassen, die den Prinzipien von Liberalismus und Wettbewerb entsprechend strukturiert sind und den in Kapitel 6 beschriebenen Bedingungen **polypolistischer Konkurrenz** entsprechen. Dabei werden die Marktseiten *Nachfrage* und *Angebot* zunächst jeweils für sich untersucht (Abschnitte 7.1 und 7.2) und erst im Abschnitt 7.3 über *Marktpreisbildung* zusammen betrachtet. Abschnitt 7.4 geht auf *Störungen des Marktgleichgewichts* ein, während in Abschnitt 7.5 *staatliche Beeinflussungen der Marktpreisbildung* behandelt werden.

7.1 Bestimmungsfaktoren der Nachfrage

Ob jemand als Nachfrager auf einem Güter- oder Faktormarkt auftritt, hängt von einer Reihe verschiedener Einflußfaktoren ab. Wir werden uns in der Darstellung auf Gütermärkte beschränken. Viele Ergebnisse sind grundsätzlich auch auf Faktormärkte übertragbar, doch gibt es dabei eine Reihe von Besonderheiten, so daß es für das allgemeine Verständnis angebrachter ist, sich auf die Güterpreisbildung zu konzentrieren.

Da verschiedene Einflußgrößen gleichzeitig auf die Nachfrage wirken, ist es erforderlich, die Einflüsse der anderen Faktoren in der Betrachtung »künstlich« auszuschalten, wenn man sich für die Wirkung eines einzelnen Faktors interessiert. Beispielsweise sei zu beobachten, daß die Nachfrage nach Birnen auf einem Wochenmarkt im Vergleich zur Vorwoche gestiegen ist. Sind die Birnen vielleicht besser geworden? Oder billiger? Oder war gerade Zahltag gewesen? Oder ist das übrige Obst teurer geworden? Oder hat man gerade eine Werbeaktion für Birnen gestartet? Oder treffen mehrere Faktoren zusammen? Eine präzise Aussage über die Wirkung einer bestimmten, nachfragebeeinflussenden Größe kann man nur dann treffen, wenn sich die übrigen Einflußfaktoren im Betrachtungszeitraum nicht verändert haben. Bei unserer Darstellung werden wir dies jeweils *unterstellen*, d. h. wir untersuchen beispielsweise den Einfluß sich verändernder Birnenpreise auf die Birnennachfrage ›**unter sonst gleichen Voraussetzungen**‹, d. h. als ob sich die übrigen Preise, die Einkommen etc. nicht verändert haben (vgl. die Ausführungen zu dieser ›*ceteris paribus*‹-Bedingung in Kapitel 1).

Üblicherweise werden die folgenden Einflußfaktoren auf die Nachfrage unterschieden (die jeweils ›unter sonst gleichen Voraussetzungen‹ betrachtet werden): Der Preis des betrachteten Gutes, der Preis anderer Güter, das Einkommen sowie die Bedürfnisstruktur der Nachfrager. Zeit-logisch steht dabei die Bedürfnisstruktur an erster Stelle: Wer als Nichtraucher kein Bedürfnis nach Zigaretten verspürt, wird sich kaum Gedanken über den Zigarettenpreis machen. Wegen der formalen Schwierigkeit der Darstellung wird der Einfluß der Bedürfnisintensität auf die Nachfrage jedoch erst an letzter Stelle behandelt werden.

7.1.1 Der Preis des betrachteten Gutes

Im Normalfall ist zum einen davon auszugehen, daß ein Haushalt mehr Bedürfnisse hat, als mit seinem verfügbaren Einkommen befriedigt werden können, und zum anderen, daß entsprechend der individuellen Bedürfnishierarchie den verschiedenen Bedürfnissen je nach ihrer Intensität bestimmte Geldbeträge zugeordnet werden.

Bei gegebenem Einkommen wird etwa ein Haushalt eine bestimmte Summe für seinen Fleischkonsum ansetzen. Wenn man nun unterstellt, daß dieser Haushalt mit der gegebenen Geldsumme nicht soviel Filet kaufen kann, wie er im Prinzip gerne möchte, dann wird seine Nachfrage auf Veränderungen des Filetpreises reagieren: Bei sinkenden Preisen wird er mehr, bei steigenden Preisen weniger Fleischfilet kaufen, denn die *ceteris-paribus*-Bedingung legt ja fest, daß für das Bedürfnis ›Filetessen‹ – unter sonst gleichen Bedingungen, also inclusive der Dringlichkeit des Bedürfnisses – nur eine bestimmte Geldsumme bereitgestellt werden kann.

Natürlich sind *Umschichtungen* und *Veränderungen* in der Bedürfnisstruktur möglich – z. B. daß man das Rauchen aufgibt und als Ersatz Gummibärchen kaut –, aber dies verletzt die *ceteris-paribus*-Bedingung und schafft eine neue Ausgangssituation, die von da an dann wiederum ›unter sonst gleichen Bedingungen‹ zu betrachten wäre. Diese so beschriebene Reaktion der Nachfrage – zunehmende Nachfrage bei sin-

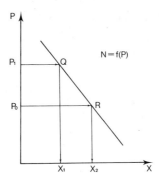

Abb.: 7/1 (normale) Nachfragefunktion

kenden Preisen, abnehmende Nachfrage bei steigenden Preisen – bezeichnet man als ›*Normalfall*‹, womit allerdings nur die statistische Normalität gemeint ist und sich anders Verhaltende sich nicht angegriffen zu fühlen brauchen. Die große Mehrzahl der Haushalte wird sich bei den meisten Gütern eben so verhalten. Stellt man diese ›normale‹ Beziehung zwischen unterschiedlichen Preisen und den sich daraus ableitenden Nachfragemengen graphisch dar, so ergibt sich wie in Abb. 7/1 eine von links oben nach rechts unten (streng monoton) fallende Kurve. Die Nachfragefunktion

$$(1) \qquad\qquad X = f(P)$$

drückt aus, in welcher Weise die Nachfragemenge (X) auf sich verändernde Güterpreise (P) reagiert. P ist also eine *unabhängige* Variable, X eine abhängige Variable. Ein beliebiger Punkt Q in Abb. 7/1 ist daher – wie die Pfeile andeuten – von links nach rechts und von oben nach unten zu lesen: *Angenommen (!)*, der Güterpreis sei P_1, dann *würden* die Nachfrager aufgrund ihrer subjektiven Vorstellungen und ›unter sonst gleichen Voraussetzungen‹ die Menge X_1 des betrachteten Gutes nachfragen, und angenommen, der Güterpreis *wäre* lediglich P_0, dann würde die gewünschte Nachfragemenge entsprechend der Unterstellung ›normaler‹ Reaktion steigen auf X_2. Die Punkte Q und R bezeichnen daher gedachte Kombinationen von Preis und Menge aus der Sicht des oder der Nachfrager; ob sich diese Nachfrage*wünsche* aufgrund eines entsprechenden Güterangebotes auch tatsächlich verwirklichen lassen, ist dabei völlig offen und in diesem Zusammenhang hier auch unerheblich. Wenn jemand in einem Laden nach dreieckigen Radiergummis fragt, so äußert er **Nachfrage**, völlig unabhängig davon, ob es auch ein entsprechendes Angebot gibt. In diesem Sinne also ist die Nachfrage *unabhängig* von der Existenz eines Angebots. Natürlich ist auch vorstellbar, daß sich ein Bedürfnis erst aufgrund eines Angebots entwickelt (dies ist ja offensichtlich ein Ziel von Schaufenstern, Werbefernsehen, Zeitungsanzeigen, Versandhauskatalogen, etc.), doch würde diese Bedürfnis*entstehung* die ›sonst gleichen Voraussetzungen‹ verändern und zu einer neuen Situation führen, die dann vor dem Hintergrund dieses nun *entstandenen* neuen Bedürfnisses zu betrachten wäre.

Eine Nachfragefunktion wie in Abb. 7/1 kann prinzipiell sowohl *einzel-* als auch *gesamt*wirtschaftlich interpretiert werden: In Abb. 7/2 sind für drei einzelne Haushalte die jeweiligen Nachfragekurven N_1, N_2 und N_3 dargestellt. Angenommen, es wäre eine Befragung durchgeführt worden, wieviel Kilo Fleisch die befragten Haushalte jeweils bei einem (angenommenen) Preis von 9,– DM bzw. 7,– DM nachfragen würden (*unter sonst gleichen Voraussetzungen*, d. h. bei unterstelltem konstanten Einkommen, Preisen anderer Güter und der Dringlichkeit des Wunsches nach Fleisch!), und die Haushalte hätten die zu den jeweiligen gedachten Preisen entsprechenden Mengenangaben gemacht, dann ergibt sich einmal für jeden einzelnen Haushalt der typische fallende Verlauf einer ›normalen‹ Nachfragereaktion, zum anderen aber auch für die *Gesamt*nachfrage aller Haushalte zusammen. Die zu den Punkten B bzw. B' gehörigen Gesamtmengen ergeben sich jeweils durch Addition der Einzelnachfragemengen der drei Haushalte. In jedem Fall aber ist die Nachfragefunktion im Normalfall eine von links oben nach rechts unten fallende Beziehung.

Wichtig ist dabei ein Gesichtspunkt (vgl. Abb. 7/3): Angenommen, der Fleischpreis steige von 7,– auf 9,– DM pro Kilo, dann wird sich die Gesamtnachfrage insgesamt von 15 auf 8 Kilo reduzieren, d. h. der betrachtete Punkt wandert *auf* der Kurve von B zu B' nach links oben; die Nachfragekurve N als solche verändert ihre Lage nicht, da wir von

"Höhere Tabaksteuer lastet auf dem Zigarettenabsatz"

Abb.: 7/2 (Gesamt-) Nachfragefunktion

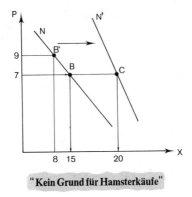

Abb.: 7/3 Änderungen der »sonst gleichen Bedingungen«

der Annahme ›unter sonst gleichen Voraussetzungen‹ ausgehen. Solange sich diese nicht ändern, ist die Lage und Form der Nachfragefunktion fixiert, und die betrachtete Preisänderung bedeutet lediglich eine
Bewegung *auf* der Kurve, nicht eine *Verschiebung* der Kurve selbst.
Würden sich allerdings andere, bislang als konstant unterstellte Einflußgrößen verändern, z. B. steigt das Einkommen, dann würde sich
eine neue Situation ergeben, die durch eine neue Kurve darzustellen
wäre: Die ursprüngliche Kurve *N* würde sich bei einer Einkommens-
steigerung – wiederum im Normalfall (vgl. unten Abschnitt 7.1.3) –
nach rechts verschieben zu *N'* und statt des Nachfragepunkts *B* würde
nun *C* gelten: Bei einem angenommenen Preis von 7,– DM würden statt
bisher 15 Kilo Fleisch nun aufgrund der Einkommenserhöhung 20 Kilo
nachgefragt. Die Nachfragefunktion *N'* kann bei dieser Bewegung

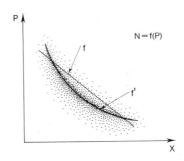

Abb.: 7/4 Punktwolke und Regression

durchaus eine andere Lage oder Form als N annehmen. Auch die *Erwartung* steigender Preise kann zusätzliche Nachfrage auslösen (»Hamsterkäufe«), da sich die Bedürfnisstruktur ändert.

Daß die Nachfragefunktion N = f(P) als *Gerade* dargestellt ist, stellt lediglich eine Vereinfachung dar, denn dies ist keineswegs zwingend: Würde man, so wie im Beispiel angedeutet, tatsächlich eine Befragung durchführen, bei welchen unterschiedlichen Preisen welche Mengen eines Gutes nachgefragt würden, so ergäbe sich aufgrund der verschiedenartigen Voraussetzungen der Befragten mit Sicherheit eine *Punktwolke* wie in Abb. 7/4, die im Normalfall wahrscheinlich in einem sich von links oben nach rechts unten erstreckenden Bereich angeordnet wäre. Die Punktwolke läßt sich durch entsprechende statistische Rechenverfahren zurückführen auf eine ihr zugrunde liegende mathematische Tendenz. Mathematisch relativ einfach, aber wahrscheinlich der Realität nur wenig entsprechend wäre eine **lineare Regression**, d. h. die Zurückführung der Punktwolke auf eine **Gerade** (Funktion *f* in Abb. 7/4); realistischer, aber mathematisch anspruchsvoller wäre eine **nichtlineare Regression** z. B. auf die Funktion *f'*. Aus der zwar unrealistischen, aber formal einfacher zu handhabenden Geraden lassen sich jedoch genauso gut die Erkenntnisse ableiten, die in den hier betrachteten Zusammenhängen von Bedeutung sind.[*]

Außer dem typischen fallenden Verlauf sind noch zwei *Punkte* der Nachfragekurve hervorzuheben (vgl. Abb. 7/5): Der Schnittpunkt mit der Preisachse bezeichnet den Preis, an dem die Nachfragemenge Null wird. Dieser Preis ist also so hoch, daß kein Nachfrager mehr dieses Gut kaufen möchte. Daher bezeichnet man diesen Preis auch als **Prohibitiv-Preis** (wörtlich etwa: Verbots-Preis). Beispielsweise belegen manche Länder Güter, deren Import sie als Luxus betrachten und zu unterbinden wünschen, mit so hohen Zöllen, daß praktisch jede Nachfrage unterbleibt, ohne daß der Import explizit verboten wäre. Auch die bewußte Verteuerung von Gütern durch Steuererhöhungen (»Steuerwaffe«) zielt auf eine möglichst starke Verringerung der Nachfragemenge.

Andererseits bezeichnet der Schnittpunkt der Nachfragefunktion mit der Mengenachse die Nachfragemenge, die bei einem Preis von Null gewünscht würde, d. h. wenn das betrachtete Gut kostenlos (ver-

---

[*] Nebenbei sei noch bemerkt, daß die Darstellung der abhängigen Variablen (Nachfragemenge) auf der waagerechten Achse (X-Achse oder Abszisse) und die der unabhängigen Variablen (Preis) auf der senkrechten Achse (Y-Achse oder Ordinate) zwar als unüblich erscheinen mag, doch wird sich dieses Problem – sofern es für den Leser eines darstellt – in Abschnitt 7.3 lösen.

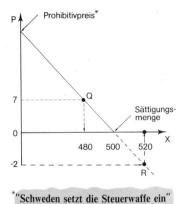

*"Schweden setzt die Steuerwaffe ein"

Abb.: 7/5 Sättigungsmenge

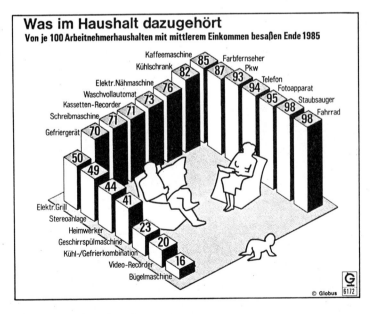

Abb.: 7/6 Marktsättigung?

schenkt) würde. Diese Nachfragemenge beim Preis von Null ist bei manchen staatlich angebotenen Gütern von Bedeutung (Nahverkehr zum Nulltarif), aber auch bei Werbegeschenken durchaus zu definieren. Man bezeichnet diesen Punkt als **Sättigungsmenge**, weil dort alle auf das betrachtete Gut bezogenen Bedürfnisse gesättigt sind. Aus Abb. 7/6 ist die Ausstattung von Haushalten mit bestimmten Gütern zu entnehmen. Wenn sich die Zahl der potentiellen Nachfrager nicht erhöht, z. B. durch Bevölkerungswachstum, können die Anbieter ihre Produkte auf fast gesättigten Märkten (z. B. Staubsauger, Fahrräder) im wesentlichen dann nur absetzen, wenn Güter ersetzt werden müssen, z. B. weil sie irreparabel defekt sind, oder wenn es gelingt, den Nachfrager trotz der Funktionsfähigkeit seines Gerätes von der Überlegenheit eines ›neuen‹ Produkts zu überzeugen. Der Begriff *Sättigungsmenge* läßt sich für die Praxis somit auch auf einen Preis anwenden, der größer ist als Null (Punkt Q in Abb. 7/5), so wie es z. B. bei Staubsaugern der Fall ist. Diese Sättigungsmenge ließe sich dann allerdings durch Preissenkungen erhöhen (Annahme: normale Reaktion der Nachfrage!).

Es ist in einigen Fällen aber auch zu beobachten, daß auch der bei einem Preis von Null zu definierende Sättigungspunkt weiter nach rechts verschoben werden kann. Dies würde bedeuten, daß der Nachfrager das Gut nicht nur *umsonst* erhält, sondern sogar noch Geld dazu bekommt *(negativer Preis)* (Punkt R in Abb. 7/5). Dies ist keineswegs absurd: Vielfach kann man sein altes Auto einem Schrotthändler nur ›schenken‹, wenn man noch ein paar Mark dazulegt, und analoges gilt für alte Autoreifen; beide Güter haben dabei für die »Erwerber« einen Wiederverwendungs-Nutzen.

Dies läßt sich auch analytisch darstellen. Die Beziehung

$$(1) \qquad\qquad X = f(P)$$

könnte beispielsweise präzisiert werden zu

$$(1\,a) \qquad\qquad X = a - b \cdot P$$

bzw. wenn (fiktiv) $a = 500$ und $b = 3$ zu

$$(1\,b) \qquad\qquad X = 500 - 3\,P.$$

Der Prohibitivpreis, bei dem $X = O$ ist, wäre dann $500 : 3 = 166{,}66$; die Sättigungsmenge von 500 wäre für $P = O$ definiert; für den

Punkt Q in Abb. 7/5 ergibt sich aus Beziehung (1 b) (leicht aufgerundet) $480 \approx 500 - 3 \cdot 7$.

Wenn es einen Normalfall gibt (Abb. 7/7 a), ist anzunehmen, daß es auch Ausnahmen von der statistischen Normalität geben wird. In Abb. 7/7 b ist ein solcher *Sonderfall* dargestellt. Die Funktion besagt, daß bei steigenden Preisen die Nachfrage zunimmt, aber bei sinkenden Preisen abnimmt. Dieser Zusammenhang zwischen Preis und Nachfragemenge ist allerdings ausgesprochen selten. Für eine bestimmte, kleine Käufergruppe trifft jedoch der sog. **Snob-Effekt** zu. Dieser besagt, daß bestimmte Güter vor allem deshalb gekauft werden, weil sie teuer sind (und andere sich diese Güter daher nicht leisten können). Fallende Preise würden dann bei den meisten Käufern ›normale‹ Reaktionen bedingen, d. h. sie würden ihre Nachfrage erhöhen, aber die Nachfrage der Snobs würde *abnehmen*, wenn sich das bislang mit einem hohen Wertprestige behaftete Gut ja nun jeder leisten kann.

Obgleich ähnlich gelagert, kann eine *spekulative Nachfrage* nicht ohne weiteres wie in Abb. 7/7 b dargestellt werden. Mit *spekulativer Nachfrage* ist gemeint, daß z. B. die Nachfrage nach Aktien oder Gold oder US-Dollar dann steigt, wenn der Kurs (Preis) eine steigende Tendenz aufweist. Dann wollen viele noch schnell ›auf den Zug aufspringen‹, so daß sich trotz – oder gerade wegen – steigender Kurse die Nachfrage erhöht. Haben andererseits die Kurse eine fallende Tendenz, dann wird die Nachfrage – in Erwartung noch weiter fallender (Preise) Kurse – abnehmen oder sogar ausbleiben. Sofern auf der Senkrechten nicht die Preise, sondern die *Erwartung* über die *Preisentwicklung* dargestellt wird, kann eine spekulative Nachfrage wie in Abb. 7/7 b dargestellt

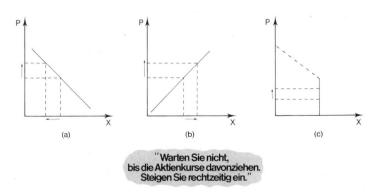

" Warten Sie nicht,
bis die Aktienkurse davonziehen.
Steigen Sie rechtzeitig ein."

Abb.: 7/7 N = f (P)

werden. Dies bedeutet jedoch eine Betrachtung *im Zeitablauf* während die Ableitung von Nachfragefunktionen, so wie sie hier grundsätzlich vorgenommen wurde, die Zeit nicht berücksichtigt.

Ein ähnlich gelagertes spekulatives Verhalten ist zu beobachten wenn Haushalte bei *erwarteten* Preissteigerungen **Hamsterkäufe** tätigen, d. h. mehr als sonst nachfragen. Sofern auf der Senkrechten jedoch nicht die erwartete *Preisentwicklung*, sondern die Preise dargestellt werden, würde die Erwartung von Preisveränderungen eine Verletzung der ceteris-paribus-Bedingungen und damit graphisch eine Rechtsverschiebung der Nachfragekurve wie in Abb. 7/3 bedeuten.

Schließlich ist noch ein dritter funktionaler Zusammenhang möglich. Sofern die Nachfrage eines Gutes *nicht* vom Güterpreis beeinflußt wird, wäre die Nachfragefunktion eine Senkrechte im Sättigungspunkt (Abb. 7/7 c). Als Beispiel kann man den Kochsalzkonsum anführen, der von Preisschwankungen so gut wie unbeeinflußt bleibt, denn man wird seine Suppe nicht deshalb stärker salzen, weil das Salz billiger geworden ist, oder die Nachfrage nach lebenswichtigen Gütern, die in einer ganz bestimmten Menge benötigt werden und für die man praktisch jeden Preis bezahlen würde: Im senkrechten Bereich ist verschiedenen Preisen jeweils dieselbe Nachfragemenge zuzuordnen.

In einem bestimmten (natürlich nicht beliebig breiten) Preisbereich gilt die senkrechte Preis-Nachfrage-Funktion für alle Güter, die der Nachfrager aus subjektiven Gründen in einer bestimmten Menge besitzen oder konsumieren möchte, u. a. für Tabakwaren, Spirituosen, aber auch für *Markenartikel*, auf die der Nachfrager ›schwört‹ und bei denen man bei Preiserhöhungen nicht sofort mit einer Verringerung der Nachfragemenge reagiert. Folglich müßte für Abb. 7/7 c differenziert werden, indem der senkrechte Verlauf nur für Preiserhöhungen gilt, während für Preissenkungen der Normalfall (a) anzunehmen wäre. Auch bei im Verhältnis zum Einkommen relativ billigen Güter (z. B. Wegwerffeuerzeuge) reagiert die Nachfrage kaum auf geringe Preisschwankungen. Wird dabei allerdings eine bestimmte preisliche ›Schmerzschwelle‹ überschritten, wird die senkrechte Funktion nach links abknicken und ›normal‹ verlaufen (gestrichelter Bereich in Abb. 7/7 c).

Somit ergeben sich drei Preis-Nachfrage-Funktionen, die nochmals am Beispiel einer Preissenkung zusammengefaßt werden sollen (vgl. Abb. 7/7): Bei einer Preis*senkung* kann die Nachfrage entweder *zunehmen* (Normalfall: fallende Preis-Nachfrage-Funktion), *zurückgehen* (steigende Preis-Nachfragefunktion: Snob-Effekt) oder *konstant bleiben* (senkrechte Funktion: z. B. lebensnotwendige Güter).

7.1.2 Der Preis anderer Güter

Nachdem die Beziehungen zwischen Preis und Nachfragemenge eines bestimmten Gutes sehr ausführlich betrachtet wurden, kann die weitere Darstellung etwas gestraffter erfolgen. Als zweiter Nachfrage-bestimmender Faktor sind die Preise *anderer* Güter zu betrachten, z. B.: Wie reagiert die Nachfrage nach Fisch auf eine Erhöhung des Preises von Schweinefleisch? Dabei ist in Abb. 7/8 aber zu beachten, daß sich die Variablen auf den Achsen auf zwei *verschiedene* Güter A und B beziehen, denn betrachtet wird die Reaktion der Nachfrage nach Gut A auf Preisveränderungen des Gutes B (wiederum *ceteris paribus*), d. h. formal:

$$(2) \qquad\qquad X_A = f(P_B).$$

Wiederum lassen sich drei Fälle unterscheiden:

(1) Im Fall der Abb. 7/8 a handelt es sich offensichtlich um **komplementäre Güter,** denn die Nachfrage nach dem Gut A nimmt zu, wenn der Preis des Gutes B sinkt, denn dann steigt die Nachfrage nach B (Normalfall gemäß Abb. 7/7 a), aber B ist ohne A nicht zu verwenden. Wenn beispielsweise bei sinkenden Preisen die Nachfrage nach Cassetten-Recordern steigt, steigt auch die Nachfrage nach Cassetten. Diese Beziehung ist nicht in jedem Fall umkehrbar: Sich verändernde Autopreise werden zwar die Nachfrage nach Autos und damit die Nachfrage nach komplementären Gütern (Autoradios) in gleicher Richtung beeinflussen, doch ist nicht anzunehmen, daß steigende Preise bei Autoradios die Nachfrage nach Autos nennenswert beeinflussen werden. Bei kom-

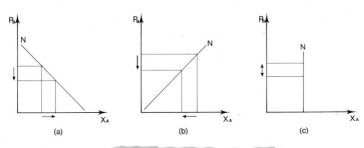

"Kein Rückgang des Imports von Kohle"
Trotz Ölpreis-Senkung bleiben Importeure gelassen / Kohle billiger

Abb.: 7/8 $N_A = f(P_B)$

plementären Gütern gibt es häufig ein ›wichtigeres‹ und ein ›weniger wichtiges‹ Gut, auch wenn man sie beide zusammen benötigt (Briefpapier und Briefporto, Radio und Antenne, Tennisschläger und -bälle, etc.).

(2) Im Fall der Abb. 7/8 b nimmt die Nachfrage nach dem Gut A (Äpfel) ab, wenn der Preis des Gutes B (Birnen) sinkt. Äpfel und Birnen sind dabei **Substitutionsgüter**, so daß bei sinkendem Birnenpreis die Nachfrage nach Birnen steigt (aufgrund der hier nicht dargestellten *normalen* Reaktion wie in Abb. 7/7 a) und stattdessen weniger Äpfel gekauft werden. Wenn natürlich gleichzeitig der Preis des Gutes A auch sinkt, kann der Substitutionseffekt aufgehoben werden; dies wäre aber eine Verletzung der c. p.-Bedingung.

(3) Im dritten Fall (Abb. 7/8 c) ist die Nachfrage nach dem Gut A **unabhängig** vom Preis des Gutes B, d. h. zwischen A und B bestehen weder komplementäre noch substitutive Beziehungen. So dürfte die Butternachfrage unabhängig vom Seifenpreis sein.

Allerdings ist es auch bei Gütern, die weder in einem komplementären, noch in einem substitutionalen Verhältnis zueinander stehen, denkbar, daß sich eine Beziehung wie in Abb. 7/8 a ergibt: Wenn die direkte Preis-Nachfrage-Funktion des Gutes B eine *Senkrechte* ist wie in Abb. 7/7 c, d. h. wenn die Nachfrage nach Gut B *preisunabhängig* ist, weil von Gut B nur eine bestimmte Menge nachgefragt wird, dann könnten die Nachfrager die bei einer Preissenkung von Gut B gesparten Einkommensteile zum Kauf irgend eines anderen Gutes A verwenden, das mit B in keinerlei Zusammenhang steht. Wenn analog B teurer wird, müßten die Nachfrager bei irgend einem anderen Gut A ›einsparen‹; in beiden Fällen ergäbe sich auch bei voneinander prinzipiell unabhängigen Gütern die in Abb. 7/7 a dargestellte fallende Beziehung.

7.1.3 Einkommen

Der dritte Faktor, der die Nachfrage beeinflußt, ist das verfügbare Einkommen (Y), so daß formal gilt:

(3) $\qquad\qquad\qquad X = f(Y).$

Auch dabei sind drei Fälle zu unterscheiden (Abb. 7/9). Im Normalfall (Abb. 7/9 a) nimmt die Nachfrage nach einem Gut mit steigendem

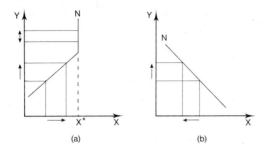

Abb.: 7/9 N = f (Y)

Einkommen zu, wenn man davon ausgeht, daß das Bedürfnis nach diesem Gut größer ist als die bei gegebenem Einkommen erwerbbare Gütermenge. Der Zunahme der Nachfrage bei steigendem Einkommen ist allerdings eine Grenze gesetzt, wenn die Gütermenge die Sättigungsgrenze (x*) erreicht. Dies gilt einzel- wie gesamtwirtschaftlich: Ein Haushalt, der gerne guten (teuren) Wein trinkt, wird vermutlich mit steigendem Einkommen mehr Wein trinken, jedoch nicht 20 Liter am Tag, und dies ist analog auf die Volkswirtschaft zu übertragen. Die im Prinzip von links unten nach rechts oben verlaufende Nachfragefunktion $X_N = f(Y)$ wird bei Erreichen der Sättigungsmenge abknicken und senkrecht nach oben verlaufen, d. h. eine weitere Steigerung des Einkommens hätte keinen Einfluß mehr auf die Nachfragemenge. Dann ist das Einkommen (subjektiv) so hoch, daß der Preis des betrachteten Gutes praktisch keine Rolle mehr spielt. Dann wird man – ohne knausern zu müssen – genau soviel von diesem Gut nachfragen, wie der Sättigungsmenge entspricht. Der Knick in Abb. 7/9 a entspricht daher dem Schnittpunkt der Nachfragefunktion mit der X-Achse in Abb. 7/5. Wie oben in Zusammenhang mit Abb. 7/5 bereits ausgeführt, ist bei manchen Gebrauchsgütern (Kochherd, Kühlschrank, Fernseher) die Sättigungsgrenze schon (fast) erreicht, so daß die Nachfrage im wesentlichen vom Ersatzbedarf bestimmt wird (vgl. Abschnitt 7.1.1).

Auch der zweite Fall ist ein Normalfall (Abb. 7/9 b). Im Gegensatz zum ersten Fall ist hier die Nachfrage mit dem Einkommen allerdings nicht positiv, sondern negativ verknüpft *(korrelliert)*, d. h. bei *steigendem* Einkommen geht die Nachfrage *zurück*. Dies trifft auf Güter zu, die aus der Sicht des Haushaltes **inferiore Güter** sind und bei steigendem Einkommen durch bessere (**superiore**) substituiert werden. So wird bei steigendem Einkommen die Nachfrage nach Textilien minderer Qualität abnehmen und stattdessen – wie in Abb. 7/9 a dargestellt – nach

höherwertigen Produkten zunehmen. Abb. 7/9 b ist also der Normalfall bei inferioren Gütern.
Der dritte Fall wiederum besagt, daß die Nachfrage *unabhängig* ist von der Höhe des Einkommens; dies entspricht gleichfalls dem senkrechten Funktionsverlauf in Abb. 7/9 a. Als Beispiel wäre auch hier an lebensnotwendige Güter wie Medikamente zu denken, deren Nachfrage nicht auf Einkommensschwankungen reagiert.

7.1.4 Bedürfnisstruktur

Wie eingangs erwähnt, wäre die Bedürfnisstruktur als Einflußfaktor der Güternachfrage eigentlich an erster Stelle zu nennen, denn unabhängig von den bereits behandelten Bestimmungsgrößen der Nachfrage ist die entscheidende Frage, ob jemand ein bestimmtes Gut überhaupt haben will oder nicht; in letzterem Fall wären alle Überlegungen hinsichtlich weiterer Bestimmungsgrößen gegenstandslos.
Dennoch ist es sinnvoll, die Bedürfnisstruktur erst jetzt zu behandeln, weil so auf den Erkenntnissen der vorangehenden Abschnitte aufgebaut werden kann. Wir wollen darstellen, wie die Dringlichkeit eines Bedürfnisses die Nachfrage nach dem entsprechenden Gut beeinflußt. Der Leser sei allerdings gewarnt, daß die Darstellung – zunächst – recht formal erfolgt. Die **Bedürfnisintensität** läßt sich nämlich gewissermaßen messen, indem – unter sonst gleichen Voraussetzungen – einer der übrigen Einflußfaktoren variiert wird. Beginnen wir dabei wiederum mit dem Güterpreis.

7.1.4.1 Direkte Preiselastizität der Nachfrage

Betrachten wir ein Beispiel: Der Fußballverein Adorf verlangt aus Anlaß eines Schlagerspiels einen höheren Eintrittspreis (*»Toppspielzuschlag«*). Das Stadion ist zwar – wie sonst auch – nicht voll, aber die Einnahmen sind deutlich höher als bei sonstigen Spielen. Der Fußballverein Bedorf erhöht bei einem Routinespiel ebenfalls seine Eintrittspreise. Erfolg: Die Zuschauer bleiben zu Hause, die Einnahmen sind deutlich geringer als bislang gewohnt.
Offensichtlich liegt es an der Attraktivität des betreffenden Fußballspiels, ob die Zuschauer bereit sind, höhere Preise zu zahlen oder nicht. Anders ausgedrückt: Die Zuschauer reagieren unterschiedlich auf eine Preiserhöhung, je nachdem, ob ihr Bedürfnis, das betreffende Fußballspiel zu sehen, **intensiv** ist oder nicht. Die Intensität eines Bedürfnisses

läßt sich messen, indem man – wie bei der Betrachtung der Produktivität in Abschnitt 2.5 – Ursache und Wirkung gegenüberstellt, präziser: indem man untersucht, um wieviel *Prozent* sich die Nachfrage ändert, wenn sich die Preise um x-Prozent verändern. Die sich ergebenden Zahlenwerte beschreiben die **Preiselastizität der Nachfrage** (μ)*:

$$(4) \qquad \mu = \frac{\text{Nachfrageänderung in \% (= Wirkung)}}{\text{Preisänderung in \% (= Ursache)}}$$

Im Zähler steht dabei die *abhängige Variable* (»Wirkung«) (hier die Nachfragemenge), die auf eine Änderung der *unabhängigen Variablen* (»Ursache«) (hier der Güterpreis) im Nenner reagiert.

Bevor auf die ökonomische Bedeutung der Nachfrageelastizität eingegangen wird, sind einige Betrachtungen voranzuschicken. Zunächst wird Beziehung (4) formal korrekter dargestellt als

$$(5) \qquad \mu = \frac{\dfrac{\Delta X}{X} \cdot 100}{\dfrac{\Delta P}{P} \cdot 100} \, .$$

Das Symbol Δ ist das griechische *D* (Delta) und bezeichnet eine Differenz zwischen zwei Größen. ΔX ist somit die Veränderung der Nachfragemenge, bezogen auf die ursprüngliche Nachfrage in der Ausgangssituation; multipliziert mit 100 ergibt sich somit ein Prozentwert. Der Zähler des Doppelbruchs in (5) entspricht also dem Zähler der Beziehung (4). Analog bedeutet ΔP die Preisveränderung, bezogen auf den Ausgangspreis, gleichfalls multipliziert mit 100, um einen Prozentwert zu erhalten. Der Wert des Doppelbruchs ist somit eine *dimensionslose Zahl*. Die Bedeutung dieser Zahl soll an dem verwendeten Beispiel erläutert werden:

Nehmen wir an, die Nachfrage nach Eintrittskarten der beiden Fußballvereine unseres obigen Beispiels läßt sich wie in Abb. 7/10 darstellen. Fußballverein Adorf (A) erhöht die Eintrittspreise von 15,– auf 20,– DM, wodurch die Zuschauerzahlen von 6000 auf 5000 zurückgehen. Dadurch erhöhen sich die Einnahmen von $15 \cdot 6000 = 90\,000$,– DM auf $20 \cdot 5000 = 100\,000$,– DM. Fußballverein Bedorf (B) macht im Prinzip dasselbe, doch halbieren sich die Zuschauerzahlen

---

* Das Symbol μ (mü, das griechische *M*) wird in Erinnerung an *Alfred Marshall* verwendet, der sich als einer der ersten mit Elastizitätsproblemen beschäftigte.

	A		B		
Preis	Karten	Einnahmen	Karten	Einnahmen	
15,-	6000	90 000	6000	90 000	
20,-	5000	100 000	3000	60 000	

Abb.: 7/10 Preiselastizität

von 6000 auf 3000, wodurch die Einnahmen von $15 \cdot 6000 = 90\,000,-$ DM auf $20 \cdot 3000 = 60\,000,-$ DM sinken. Wenn man diese Werte in Beziehung (5) einsetzt, ergibt sich für Adorf:

$$(5\,a) \qquad \frac{\dfrac{\Delta X}{X}}{\dfrac{\Delta P}{P}} = \frac{\dfrac{-1000}{6000}}{\dfrac{+5}{15}} = \frac{-16,7}{33} = -0,5$$

und für Bedorf:

$$(5\,b) \qquad \frac{\dfrac{\Delta X}{X}}{\dfrac{\Delta P}{P}} = \frac{\dfrac{-3000}{6000}}{\dfrac{+5}{15}} = \frac{-50}{33} = -1,5$$

In beiden Fällen sinkt die Nachfrage bei steigenden Preisen, d. h. die Zuschauer reagieren ›normal‹. Die Preissteigerung beträgt in beiden Fällen 33%, aber im Fall Adorf geht die Nachfrage nur um $-16,7\%$ zurück, um Fall Bedorf um -50%, d. h. – in den Elastizitätsquotienten (5) eingesetzt – die Nachfrageelastizität ist im Fall Adorf $-16,7/33 = -0,5$, im Fall Bedorf $-50/33 = -1,5$. Die Elastizitätszahl von $-0,5$ drückt aus, daß die Nachfrage um das *0,5fache* auf eine Preisänderung reagiert, und eine Elastizität von 1,5 bedeutet eine *1,5fache* Nachfragereaktion.

Bei *normaler* Nachfragereaktion (d. h. einem fallenden Verlauf der Nachfragefunktion wie in Abb. 7/7 a) ist der Elastizitätswert *immer negativ*, denn einer Preis*erhöhung* ($+$ im Nenner) entspricht eine Nachfrage*verminderung* ($-$ im Zähler), und bei einer Preissenkung wäre es umgekehrt. Sofern es sich jedoch *nicht* um den Normalfall handelt, sondern beispielsweise um den *Snob-Effekt* der Abb. 7/7 b, also einer *steigenden* Preis-Nachfrage-Funktion, wird der Elastizitätsquotient *immer* einen *positiven* Wert annehmen. Wenn es aufgrund der Betrachtung eindeutig ist, um welchen Fall es sich handelt, ist es allerdings gängig, auf das Vorzeichen zu verzichten und *absolute Zahlen* zu verwenden. In manchen Lehrbüchern wird auch der Elastizitätsquotient (5) bei der *direkten* Preiselastizität mit -1 multipliziert, so daß sich dann gleichfalls nur positive Werte ergeben. Allgemein gilt: Sofern der Wert des Elastizitäts-Quotienten (μ) größer ist als absolut Eins, spricht man von **elastischer Nachfrage** (d. h. die Nachfrage reagiert stärker, als die ursächlichen Preise sich verändert haben). Ist der Elastizitätswert (μ) kleiner als absolut Eins, spricht man von **unelastischer Nachfrage**. Ein *Grenzfall* liegt vor, wenn die Elastizität gleich Eins ist, d. h. die Nachfrage verändert sich im gleichen Maße wie die Preise; hierbei sind allerdings einige mathematische und ökonomische Überlegungen anzustellen, auf die weiter unten und im *Anhang* eingegangen wird.

Offensichtlich gibt es zwei *Extremwerte*: Der untere Extremwert ergibt sich, wenn die Nachfrage überhaupt nicht auf eine Preisveränderung reagiert. In diesem Fall wäre ΔX und damit der Zähler des Elastizitätsquotienten (5) Null und damit der gesamte Elastizitätswert Null. Dies bezeichnet man synonym als **absolut** oder **völlig unelastische** oder **starre** Nachfrage, d. h. die Nachfrage reagiert überhaupt nicht auf eine Veränderung der unabhängigen Variablen im Nenner. Dieser Fall entspricht graphisch einer *senkrechten Nachfragefunktion*.

Der obere Extremwert sei nur der Vollständigkeit halber erwähnt, denn er entspricht dem mathematisch möglichen, jedoch nur in ganz bestimmten Fällen

$\mu > \|1\|$	elastisch
$\mu < \|1\|$	unelastisch
$\mu = 0$	starr (absolut unelastisch)
$\mu = \|\infty\|$	völlig elastisch (absolut elastisch)
$\mu = \|1\|$	Grenzfall

Abb.: 7/11 Elastizitätsbegriffe

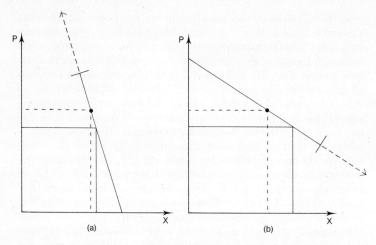

(a)   (b)

Abb.: 7/12 Elastizität und Steigung

ökonomisch sinnvoll zu interpretierenden Fall einer *waagerechten* Nachfragefunktion. Dies würde bedeuten, wie oben in Abschnitt 7.1.1 bereits erläutert, daß bereits eine sehr kleine (mathematisch präziser: unendlich kleine) Preisänderung(ΔP) eine extrem große Nachfragereaktion hervorrief; ΔP wäre dann Null, so daß in diesem Extremfall der Zähler den Wert Unendlich annimmt.

Abb. 7/11 faßt die betrachteten Elastizitätsbetriffe in einer Übersicht zusammen.

Ein beliebter Fehler, der sich leider auch in manchem Lehrbuch wiederfindet, ist die Behauptung, die Elastizität der Nachfrage ließe sich aus der Steigung der Nachfragekurve ablesen, d. h. eine *steile* Funktion bedeute eine *unelastische* und eine *flache* Funktion eine *elastische* Nachfrage. Dies trifft nicht zu, auch wenn Abb. 7/12 dies nahelegen mag. *Jede* Nachfragefunktion (außer einer isoelastischen, gleichseitigen Hyperbel) durchläuft *alle* Elastizitätswerte von Null bis Unendlich; *jede* Funktion hat einen elastischen und einen unelastischen Bereich. Auf den präzisen Beweis wollen wir hier verzichten – er wird im **Anhang** ausgeführt –, doch läßt sich mithilfe der sog. Strahlensätze nachweisen, daß man die Elastizitätsbestimmung für jeden Punkt einer Nachfragefunktion auch dadurch bestimmen kann, indem man die Strecke zwischen dem betrachteten Punkt auf der Nachfragefunktion und der X-Achse teilt durch die Strecke zwischen Punkt und P-Achse. Ist das Verhältnis der Streckenabschnitte kleiner als Eins, handelt es sich um einen unelastischen Nachfragebereich, ist er größer als Eins, um einen elastischen. Im Schnittpunkt mit der X-Achse ist der untere Streckenabschnitt Null, so daß das Verhältnis ›unterer zu oberen Streckenabschnitt‹ auch Null sein muß. Im Schnittpunkt mit der P-Achse ist der obere Streckenabschnitt Null, so daß der Elastizitätsquotient den Wert Unendlich annimmt. Zwischen diesen beiden Extremwerten sind also *alle* anderen Werte möglich, und der Grenzfall einer Elastizität von Eins liegt somit in der Streckenmitte vor.

Abb. 7/12 macht deutlich, daß sich aus der Steigung der Funktion allenfalls eine gewisse *Wahrscheinlichkeit* dafür ablesen läßt, daß die für die Betrachtung infrage kommenden Punkte bei einer flachen Nachfragefunktion eher im elastischen Bereich, also oberhalb der Streckenmitte liegen, bzw. umgekehrt bei einer steilen Funktion eher im unteren, unelastischen Bereich.

Noch ein letzter, formaler Hinweis: Unsere obigen beiden Beispiele sind im Grunde genommen unzulässig, denn sie setzen *Strecken* zueinander in Beziehung, während die Elastizität im Prinzip für unendlich kleine Veränderungen – d. h. einen *Punkt*, nicht eine Strecke – definiert ist. Formal entspricht dies dem Unterschied zwischen einem Differenzen- und einem Differentialquotienten. Obgleich diese ›Feinheiten‹ für unsere Darstellung hier entbehrlich sind, soll aber nicht versäumt werden, auf die ›Ungenauigkeiten‹ im mathematischen Sinne hinzuweisen. Im **Anhang** wird hierauf näher eingegangen.

(Preis-)Elastizitäten lassen sich u. a. durch Marktbeobachtung (Erfahrung) und ›Ausprobieren‹, z. B. auf *Testmärkten*, ermitteln. Das Wissen um die zu erwartenden Nachfragereaktionen ist von großer ökonomischer Bedeutung. Sofern beispielsweise ein Unternehmer mithilfe von Preisänderungen seinen Umsatz erhöhen möchte, so kann er im Falle einer preisunelastischen Nachfrage nach seinem Produkt getrost den Preis erhöhen und wird dennoch seinen Umsatz ausweiten können. Als *preisunelastisch* gelten allgemein Güter des *täglichen Bedarfs*, d. h. die regelmäßig und in relativ konstanten Mengen gekauft werden, auf die man also nicht verzichten möchte, ferner Güter mit im Verhältnis zum Einkommen relativ *niedrigen Preisen*, weil man sich über solche – absolut gesehen – kleinen Preissteigerungen nicht allzu sehr aufregt (oder nur aus Prinzip), ferner Güter mit *geringen Substitutionsmöglichkeiten*, auf die man also in gewissem Maße angewiesen ist (und manche Werbung versucht, dem Verbraucher klar zu machen, daß er außer dem Gut X kein ähnliches gutes auf dem Markt finden wird), und schließlich *komplementäre Güter*, deren Nachfrage von der Nachfrage nach einem anderen (dominanten) Gut bestimmt wird, so wie z. B. Autobatterien vom Autoabsatz abhängen. Als *absolut preisunelastisch* (starre Nachfrage) wird man z. B. *lebensnotwendige Güter* wie Medikamente ansehen können, obgleich die Notwendigkeit auch nur subjektiv begründet sein mag, z. B. bei Rauchern. Bei preisunelastischen Gütern wird also eine Preissteigerung in der Regel ein Umsatz-Plus bringen, während eine Preissenkung nicht die für eine Umsatzerhöhung erforderliche Nachfrageausweitung mit sich bringt.

Diese Überlegungen gelten übrigens analog genauso für das Bestreben des Staates, Steuern zu erheben, um damit Staatsausgaben zu finanzieren. Die meisten **Verbrauchsteuern** lasten auf Gütern, deren Nachfrage relativ *unelastisch* ist. Wäre die Nachfrage elastisch, würden durch Steuererhöhungen so viele Verbraucher abgeschreckt, daß die angestrebte Einnahmeerhöhung nicht eintritt. Dies war bei der Erhöhung der Tabaksteuer im Jahre 1982 – allerdings nur vorübergehend – der Fall, während die Erhöhung der Branntweinsteuer ohne Verzögerung zu einem größeren Steueraufkommen geführt hat.

Umgekehrt bieten sich preiselastische Güter an, um durch Preissenkungen zu einem Absatzplus zu gelangen (Räumungs-, Umbau- und Schlußverkäufe!), wobei ggf. der Verzicht auf einen Teil des alten Stückpreises überkompensiert werden kann durch eine relativ stärkere Nachfragezunahme. Als *preiselastisch* gelten langlebige Gebrauchsgüter, insbesondere *Luxusgüter*, wozu auch Autos und Urlaubsreisen zu zählen sind, ferner Güter mit im Vergleich zum Einkommen relativ *hohen Preisen*, weil sich Preiserhöhungen in diesem Bereich auch beschränkend auf die für andere Güter verbleibenden Einkommensteile auswirken, und schließlich Güter mit *guten Substitutionsmöglichkeiten*. Diese Erfahrung mußten in der Vergangenheit einige (jeweils wechselnde) Mineralölkonzerne machen, die Benzinpreiserhöhungen versuchten, wodurch sich die Nachfrage auf andere Benzinmarken (homogene Güter!) verlagerte. Dies kann auf der Anbieterseite letztlich nur *abgestimmtes Verhalten* verhindern, indem *alle* Anbieter ihre Preise erhöhen (vgl. Abschnitt 6.2.3).

Eine preiselastische Reaktion ist auch wirtschaftspolitisch immer dann erwünscht, wenn durch staatliche Maßnahmen wie Steuersenkungen oder Subventionszahlungen versucht wird, die volkswirtschaftliche Nachfrage zu beleben. Eine hohe Preiselastizität ist auch erforderlich, wenn durch Preissteigerungen (via Steuer- oder Zollerhebungen) die Nachfrage reduziert bzw. zum Nullpunkt gebracht werden soll. So erheben einige skandinavische Länder erhebliche Alkoholsteuern in der erklärten Absicht, den Alkoholkonsum einzudämmen (vgl. Abb. 7/12a, vgl. auch Abb. 7/5). Dies würde eine entsprechend preiselastische Nachfragereaktion voraussetzen. Sofern das Nachfrageverhalten jedoch relativ unelastisch ist, wird zwar der Alkoholkonsum – der negativ geneigten Nachfragefunktion entsprechend – zurückgehen, vor

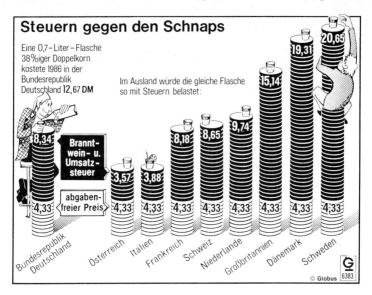

Steuern gegen den Schnaps

Eine 0,7–Liter–Flasche 38%iger Doppelkorn kostete 1986 in der Bundesrepublik Deutschland 12,67 DM

Im Ausland würde die gleiche Flasche so mit Steuern belastet:

Branntwein- u. Umsatzsteuer

abgabenfreier Preis

Bundesrepublik Deutschland · Österreich · Italien · Frankreich · Schweiz · Niederlande · Großbritannien · Dänemark · Schweden

© Globus 6383

Abb.: 7/12a Branntweinsteuern

allem aber das Steueraufkommen aus der Branntweinsteuer steigen. Während ein Gesundheitsminister also auf elastisches Verhalten setzt, würde ein Finanzminister dabei eher vom Gegenteil ausgehen.

In vielen Ländern ist dagegen offensichtlich, daß man anstelle eines **Importverbots** aus optischen Gründen lieber zu so hohen Zollsätzen greift, daß die Nachfrage angesichts der dadurch bewirkten Verteuerung der Importgüter praktisch zum Erliegen kommt (**Prohibitivzoll**).

Es kommt also ganz auf das Ziel einer Maßnahme an, ob eine elastische oder eine unelastische Reaktion der Nachfrage auf Preisveränderungen günstig ist.

7.1.4.2 Die Kreuzpreiselastizität

Die im vorangehenden Abschnitt betrachtete *direkte Preiselastizität der Nachfrage* untersucht Preis-Mengen-Beziehungen für ein und dasselbe Gut. Ebenso kann man auch die übrigen Einflußfaktoren der Nachfrage mit dem Elastizitätsbegriff beschreiben. So kann man untersuchen, um wieviel Prozent die Rindfleischnachfrage sich verändert, wenn der Preis für Schweinefleisch steigt, oder ob die Nachfrage nach Batterien zunimmt, wenn Taschenrechner billiger werden. Während es bei der direkten Preiselastizität im Normalfall prinzipiell gleichgültig ist, ob man mit negativen oder positiven Elastizitätszahlen rechnet (im ersten Fall geht die Skala von Null bis − Unendlich, im zweiten von Null bis + Unendlich, d. h. es kommt nur auf den *Abstand* von Null an, weniger auf die Richtung auf dem Zahlenstrahl), kann man bei Kreuzpreiselastizitäten aus dem Vorzeichen ablesen, ob es sich um substitutive oder komplementäre Güter handelt (positive Werte bei substitutiven Gütern, negative bei komplementären). Als Kreuzpreiselastizitäten bezeichnet man die Beziehung*

$$(6) \qquad \varepsilon = \frac{\text{Nachfrageänderung nach dem Gut A (in \%)}}{\text{Preisänderung des Gutes B (in \%)}},$$

oder als Doppelbruch geschrieben wie in Beziehung (5):

$$(7) \qquad \varepsilon = \frac{\dfrac{\Delta X_A}{X_A}}{\dfrac{\Delta P_B}{P_B}}.$$

Wenn der (Kreuz-Preis-)Elastizitätswert beispielsweise + 1,7 beträgt, dann wird z. B. eine Preiserhöhung des Gutes B (Birnen) um 3 % zu einer Erhöhung der Nachfrage nach dem Substitutionsgut A (Äpfel) um das 1,7fache, d. h. zu einer Nachfragezunahme von 5,1 % führen, weil die Nachfrager nun statt Birnen lieber Äpfel kaufen. Im Abschnitt 7.1.2 wurde dies in Abb. 7/8 graphisch dargestellt.

Je höher die (positive) Kreuzpreiselastizität bei substitutiven Gütern ist, desto eher werden Kunden bei einer Preiserhöhung zur Konkurrenz abwandern; je höher − absolut genommen − die (negative) Kreuzpreiselastizität bei einem komplementären Gut ist, desto mehr wird seine Nachfrage von Preisänderungen des dazugehörenden Komplementärgutes beeinflußt. Voneinander unabhängige Güter haben folglich eine Kreuzpreiselastizität von Null; dies entspricht graphisch einer senkrechten Funktionsbeziehung.

---

* ε (eta, das griechische *E*) steht für ›Elastizität‹.

7.1.4.3 Einkommenselastizität

Schließlich kann auch die Beziehung zwischen Einkommensänderungen und Nachfragereaktionen als Elastizität dargestellt werden (sog. Einkommenselastizität):

$$(8) \qquad \varepsilon = \frac{\text{Nachfrageänderung (in \%)}}{\text{Einkommensänderung (in \%)}},$$

oder als Doppelbruch:

$$(9) \qquad \varepsilon = \frac{\dfrac{\Delta X}{X}}{\dfrac{\Delta Y}{Y}}.$$

Die Bedeutung der Einkommenselastizität liegt u. a. im wirtschaftspolitischen Bereich. Sollen z. B. durch Einkommensteuersenkungen konjunkturanregende Wirkungen erzielt werden, muß die Nachfrage möglichst elastisch reagieren, d. h. möglichst stark aufgrund der Einkommenserhöhung zunehmen. Die Einkommenselastizität ist somit insbesondere im Zusammenhang mit **direkten Steuern** von Bedeutung, Preiselastizitäten dagegen eher bei den **indirekten Steuern**, also den **Verbrauchsteuern**.

Wie bei den bereits betrachteten Elastizitäten lassen sich auch bei der Einkommenselastizität aus dem Vorzeichen gewisse Schlüsse ziehen: Ein *positives* Vorzeichen des Elastizitätswertes weist auf den Normalfall hin (vgl. oben Abb. 7/9), daß bei steigendem Einkommen Güter vermehrt nachgefragt werden. Ein *negatives* Vorzeichen deutet auf den für *inferiore Güter* normalen Fall hin, daß diese bei Einkommenssteigerungen *weniger* nachgefragt werden, da sie durch höherwertige Güter ersetzt werden. Bei einer Elastizität von *Null* reagiert das betrachtete Gut nicht auf Einkommensveränderungen (vgl. auch hierzu die entsprechenden Ausführungen im Abschnitt 7.1.3).

Elastizitäten werden auch in anderem Zusammenhang berechnet. So ermittelt beispielsweise das Bundesfinanzministerium die Elastizität des Steueraufkommens in Abhängigkeit von Einkommensveränderungen, was natürlich vom Steuersystem (also u. a. von der Steuerprogression) abhängt und für die Schätzung des Steueraufkommens folgender Haushaltsjahre und damit für die Haushalts- und Finanzplanung von Bedeutung ist.

Marketing-Fachleute, die sich über die Verkaufschancen eines Produk-

tes Gedanken machen, werden Überlegungen anstellen, die den hier
betrachteten Elastizitätsermittlungen inhaltlich grundsätzlich entsprechen, auch wenn dabei nicht der Begriff *Elastizität* verwendet wird.
Elastizitätsuntersuchungen sind somit keine mathematisch-theoreti-
schen Spielereien, sondern haben vielfach handfeste volks- und betriebswirtschaftliche Bedeutung. Allerdings sei abschließend hinzuge-
fügt, daß es empirisch weder präzise möglich, noch sehr sinnvoll ist,
Elastizitäten mit mehreren Stellen hinter dem Komma zu *schätzen*.
Sofern sich in der Literatur derart genaue Werte finden, handelt es sich
in der Regel um *nachträglich* angestellte Berechnungen, die natürlich in
künftige Überlegungen einbezogen werden können. Vielfach läßt sich
auch nur die Größenordnung grob bestimmen (z. B. elastisch oder
unelastisch), und dies ist gegebenenfalls auch durchaus hinreichend.

7.2 Bestimmungsfaktoren des Angebots

Die Betrachtung von angebotsbestimmenden Faktoren ist eine Aufgabe, die eher in den Bereich der *Betriebswirtschaftslehre* fällt. Daher
werden wir uns auf einige allgemeine Aspekte beschränken und viele
mikroökonomische, betriebswirtschaftlich wichtige Gesichtspunkte
vernachlässigen müssen.

7.2.1 Produktionsfunktionen und Faktoreinsatzverhältnisse

Zur Produktion von Gütern sind Produktionsfaktoren erforderlich.
Dabei sind zwei grundsätzliche Fälle bezüglich des Zusammenwirkens
von Produktionsfaktoren zu unterscheiden:

(a) Limitationalität

Im Falle eines **limitationalen** Faktoreinsatzverhältnisses kann ein Faktor X nur dann sinnvoll verwendet werden, wenn ein anderer Faktor Y
in einem ganz exakt bestimmten Maße zur Verfügung steht. Ein mehr
von X brächte kein zusätzliches Produktionsergebnis, weil das Fehlen
von Y die Wirksamkeit von X limitiert, also begrenzt. Als Beispiel
mögen die Faktoren LKW (Kapital) und Fahrer (Arbeit) dienen. Ökonomisch sinnvoll ist die Kombination 1 LKW/1 Fahrer, und das Ergeb-

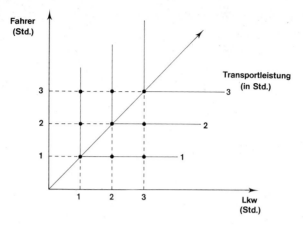

Abb.: 7/13 Limitationales Faktoreinsatzverhältnis

nis wäre ein fahrbereiter LKW. Bei 2 LKW/1 Fahrer könnte nur ein
LKW bewegt werden, der andere müßte stehenbleiben, während bei
1 LKW/2 Fahrer ein Fahrer nicht beschäftigt sein würde. Die Produktionsfaktoren sind also komplementäre Faktoren, d. h. sie ergänzen
sich hinsichtlich ihrer Wirksamkeit, wobei keiner ohne den anderen
sinnvoll verwendet werden kann.
Zur Veranschaulichung werden sog. **Isoquanten** verwendet (vgl. Abb.
7/13). Als **Isoquante** bezeichnet man die graphische Darstellung aller
Kombinationen zweier Produktionsfaktoren, die jeweils den gleichen
Ertrag liefern (*iso* = gleich, *Quant[ität]* = Menge). Das Ergebnis
»1 fahrbereiter LKW« kann u. a. offensichtlich erzielt werden bei der
Kombination 1 LKW/1 Fahrer, 2 LKW/1 Fahrer, 3 LKW/1 Fahrer,
1 LKW/2 Fahrer, etc. Im Falle limitationaler Produktionsfaktoren erge-
ben sich *rechteckige* Isoquanten, bei denen jeweils nur der Eckpunkt
ökonomisch effizient ist. Jede andere Faktorkombination würde zwar
das gleiche Produktionsergebnis liefern, bedeutete aber für den einen
Faktor einen unnötigen höheren Faktoreinsatz und wäre demnach im
Vergleich zum Eckpunkt ineffizient. Eine effiziente Steigerung des
Produktionsergebnisses erfordert demnach einen Mehreinsatz *beider*
Produktionsfaktoren in einem genau feststehenden Verhältnis; die
graphische Verbindung der Eckpunkte in Abb. 7/13 ergibt daher eine
Gerade.

(b) Substitutionalität

Bei **substitutionalen** Faktoreinsatzverhältnissen können sich die eingesetzten Produktionsfaktoren in ihrer Wirksamkeit gegenseitig ersetzen. Ein Mindereinsatz eines Faktors X kann durch einen Mehreinsatz eines anderen Faktors Y kompensiert werden; man kann daher auch von *kompensatorischen* Produktionsfaktoren sprechen. So können Gewebe mit automatischen Maschinen (Kapital) und wenig Arbeit hergestellt werden oder mit relativ wenig Kapital (Webstühle) und viel Arbeitseinsatz. Arbeit kann also durch Kapital ersetzt werden, was man gern als *Rationalisierung* bezeichnet. Dieser in seiner Aussage positiv klingende Begriff kann jedoch betriebs- und volkswirtschaftlich zu durchaus unterschiedlich zu bewertenden Ergebnissen führen: Während betriebswirtschaftlich Rationalisierung meist auch *Kostenersparnis* bedeutet, kann dies volkswirtschaftlich gesehen zu nicht abbaubarer (struktureller) Arbeitslosigkeit führen. Dieser wirtschaftspolitische Aspekt kann hier jedoch nicht vertieft werden.

Substitutionale Produktionsverfahren ergeben Isoquanten, die von links oben nach rechts unten geneigt sind; meist werden sie – wie hier in Abb. 7/14 – gekrümmt dargestellt, doch ist dies nicht zwingend: Eine gekrümmte Isoquante setzt einen *abnehmenden Grenzertrag* voraus (ein Begriff, auf den weiter unten eingegangen wird), doch lassen sich auch konstante oder zunehmende Grenzerträge darstellen.

Wenn bei limitationalem Faktoreinsatzverhältnis die eingesetzte Menge eines Faktors erhöht wird, nicht aber auch die des komplemen-

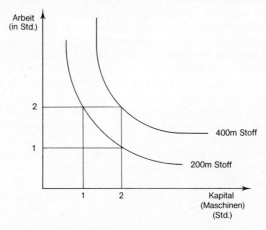

Abb.: 7/14 Substitutionales Faktoreinsatzverhältnis

tären Faktors, verändert sich das erzielbare Ergebnis nicht: Der isolierte Mehreinsatz des einen Faktors ist unnütz. Bei substitutionalem Faktoreinsatzverhältnis hingegen vermehrt sich das Produktionsergebnis auch bei Mehreinsatz nur eines Faktors, wie aus Abb. 7/14 abzulesen ist. Es gibt somit – im Gegensatz zu einer limitationalen Produktionsfunktion – bei substitutionalem Faktoreinsatzverhältnis auf einer Isoquante viele technisch effiziente Punkte. Dies gilt jedoch nicht unbegrenzt: Auch bei vollautomatischen Produktionsverfahren ist der Faktor Mensch nicht völlig entbehrlich, sondern bleibt zur Überwachung und ggf. Reparatur in minimalem Umfang erforderlich. Formal bedeutet dies, daß die (gekrümmten) Isoquanten nicht die Achsen berühren können, sondern von einem bestimmten Punkt an parallel (asymptotisch) zu den Achsen verlaufen.

Eine gekrümmte Substitutionsfunktion beruht auf ›abnehmenden Grenzerträgen‹: Wenn der Produktionsfaktor A (Arbeit) um eine Einheit ›eingespart‹ werden soll, sei beispielsweise stattdessen eine Einheit des Faktors K (Kapital) erforderlich. Um eine weitere Einheit von A einzusparen, ist hingegen oft mehr als eine weitere Einheit K erforderlich, etc. Eine zusätzliche Einheit von K ist also zunehmend weniger in der Lage, Einheiten von A zu ersetzen, oder anders herum formuliert: Um eine weitere Einheit Arbeit zu ersetzen, ist zunehmend mehr Kapitaleinsatz erforderlich. Die ›Treppenstufen‹ in Abb. 7/15 verdeutlichen dies.

Der Begriff »abnehmender Grenzerträge« leitet sich aus dem *»Gesetz über den abnehmenden Ertragszuwachs«*, dem sog. **Ertragsgesetz** ab,

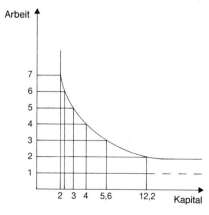

Abb.: 7/15 Faktorsubstitution

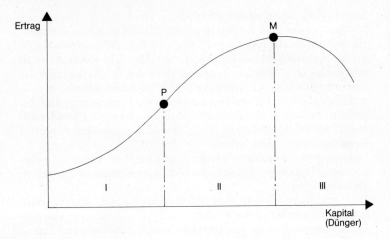

Abb.: 7/16 Ertragsgesetz

welches Aussagen macht über den zusätzlichen Einsatz eines Produktionsfaktors bei konstantem Einsatz der übrigen Faktoren. Traditionellerweise wird dabei ein landwirtschaftliches Beispiel herangezogen (Abb. 7/16):

Wenn auf einer gegebenen Ackerfläche bei *gegebenem* Arbeits- und Kapitaleinsatz zusätzlich Dünger (Kapital) hinzugegeben wird, dann wird der Ernteertrag zunächst *überproportional* zum Düngereinsatz wachsen (progressiv steigender Funktionsverlauf in Phase I in Abb. 7/16). Von einem bestimmten Punkt an (Wendepunkt P) wächst der Ertrag pro weiterer Düngereinheit zwar noch weiter an, aber *unterproportional*: Die Steigung der Kurve nimmt in der Phase II ab (degressive Steigung). Von einem Höchstertrag an (Punkt M) kann der Ernteertrag jedoch bei weiterer Düngerzufuhr sogar sinken, weil beispielsweise der Boden ›totgedüngt‹ wird (Phase III).

Dieser Zusammenhang läßt sich auch auf den **Nutzen** beziehen, den man aus Gütern zieht: Wenn man beispielsweise Durst hat, werden die ersten Schlucke eines Getränks subjektiv den größten Nutzen bringen. Jeder weitere Schluck bringt jedoch zunehmend weniger Lustgewinn, und es kann bei Überschreiten des Sättigungspunktes durchaus zu Unlust, also abnehmendem Nutzenzuwachs kommen (sog. **Erstes Gossen'sches Gesetz**, benannt nach seinem ›Entdecker‹ *Hermann Heinrich Gossen*, 1810–1858).

7.2.2 Produktionskosten

Der Einsatz von Produktionsfaktoren zur Gütererstellung verursacht Kosten. Im Kapitel 4 wurde dargestellt, daß die Faktorkosten zur Bewertung der erstellten Güter herangezogen werden können (die *Netto-Wertschöpfung* entspricht dem *Nettosozialprodukt*, bewertet *zu Faktorkosten*). Im Zusammenhang dieses Abschnittes ist es zunächst erforderlich, einige wichtige Kostenbegriffe zu erläutern, ohne allerdings eine eher betriebswirtschaftliche (Kosten-)Analyse vorzunehmen.

Eine zentrale Unterscheidung ist die zwischen **fixen** und **variablen Kosten.** Jeder Telefonbesitzer zahlt monatlich für seinen Telefonanschluß eine Grundgeführ, die unabhängig davon fällig ist, ob das Telefon überhaupt benutzt wird; auch ein Auto, das nicht bewegt wird, muß versteuert und versichert werden; ein einmal eingestellter Arbeitnehmer erhält für die Dauer seiner Beschäftigung Lohn, auch wenn er gar nicht eingesetzt wird, etc. Solche Kosten, die nicht vom Ausmaß der Gütererstellung abhängen, sondern konstant in einer bestimmten Höhe anfallen, nennt man die *fixen Kosten*.

Neben den Fixkosten zahlt der Telefonbenutzer pro anfallender Einheit eine bestimmte Gebühr (gegenwärtig 0,23 DM). Je mehr telefoniert

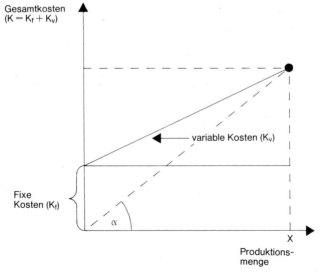

Abb.: 7/17 Produktionskosten

wird, desto höher ist logischerweise die Summe dieser Gebührenein-
heiten. Kosten, deren Höhe vom Ausmaß der Gütererstellung (hier
Telefonate) abhängen, nennt man **variable Kosten**.

Fixe plus *variable Kosten* ergeben die **Gesamtkosten**, also z. B. die
monatliche Telefonrechnung. Dividiert man die Gesamtsumme durch
die Menge der erstellten Güter (Telefoneinheiten), so zeigt sich, daß
diese **Stückkosten** mit zunehmender Stückzahl sich mehr und mehr den
variablen Kosten pro Stück annähern. Die Erklärung ist einfach: In
unserem Beispiel würde sich die Grundgebühr auf mehr und mehr
Telefoneinheiten verteilen, so daß ihr Einfluß auf die Gesamtkosten pro
Stück immer geringer wird. Wer pro Monat nur einmal eine Einheit
telefoniert, für den kostet diese Einheit die gesamten Grundkosten plus
die Kosten für eine Einheit, also derzeit 26,50 DM + 0,23 DM =
26,73 DM. Wer hingegen 1000 Einheiten telefoniert, für den kostet
jede Einheit $0,23 + {}^{26,5}/_{1000} = 0,2565$ DM.

In Abb. 7/17 werden die Stückkosten (Gesamtkosten = Ordinatenwert,
geteilt durch Stückzahl = Abszissenwert) dargestellt durch den Tangens des Winkels α, der – wie leicht zu erkennen ist – mit steigender
Stückzahl zunehmend kleiner wird. Dieser Effekt, daß der Einfluß der
fixen Kosten auf die gesamten Stückkosten mit zunehmender Produktionsmenge abnimmt, wird industriell bei Massenproduktion genutzt,
indem z. B. die Kosten einer Maschine sich bei großen Stückzahlen auf
entsprechend mehr Güter »verteilen«, ein Zusammenhang, der etwas
hochtrabend als »**Gesetz der Massenproduktion**« bezeichnet wird.
Abb. 7/18 verdeutlicht dies graphisch. Eine rückläufige Produktion,

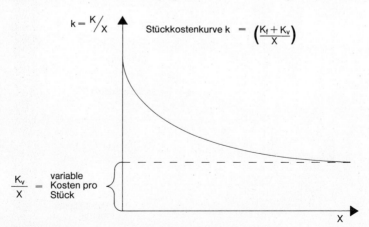

Abb.: 7/18 Gesetz der Massenproduktion

z. B. bei ausbleibenden Aufträgen, führt somit zu steigenden Stückkosten, da dann die Fixkosten pro Stück wiederum stärker zu Buche
schlagen.

Die Darstellung der Kostenverläufe in den Abb. 7/17 und 7/18 geht
davon aus, daß die variablen Kosten pro Stück konstant sind, wie beim
Beispiel der Telefongebühren, die pro Einheit 0,23 DM betragen, egal,
ob man 1 oder 100 000 Einheiten telefoniert. Dies ist in der Praxis – vor
allem in der industriellen Produktion – jedoch häufig nicht der Fall.
Beispielsweise gibt es beim Heizölbezug oder beim Stromverbrauch
meist günstigere Preise (Kosten), wenn größere Mengen abgenommen
werden.

Dies bedeutet, daß bei steigenden Produktionsmengen auch die variablen Stückkosten sinken, so daß die Kostenkurve nicht linear verläuft,
sondern eine *abnehmende* (degressive) Steigung hat. Dies entspricht
dem Abschnitt I der in Abb. 7/19 nochmals dargestellten ertragsgesetzlichen Kurve E = f(X). Wenn man davon ausgeht, daß der Einsatz des
Produktionsfaktors X (konstante) Kosten verursacht, kann man aus
der Ertragskurve E = f(X) durch einfache Multiplikation der Faktor-
einsatzmengen X mit den Faktorkosten pro Faktoreinheit die spiegelbildlich zur Ertragskurve verlaufende Kostenkurve K = f(X) ableiten;
daher die graphische Spiegelung an der 45°-Linie in Abb. 7/19. Die
Stückkosten bei einer beliebigen Produktionsmenge lassen sich dann
graphisch leicht ermitteln, indem man aus dem Ursprung des Koordi-

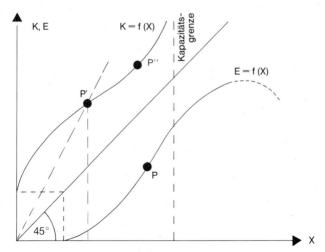

Abb.: 7/19 Kosten- und Ertragsfunktion

natensystems einen sog. *Fahrstrahl* an den betreffenden Punkt legt (z. B. P'), wobei der Tangens des Winkels des Fahrstrahls zur X-Achse offensichtlich dem Wert K/X, also den Stückkosten entspricht. Wie durch Anlegen und Verschieben eines Lineals als Fahrstrahl an die Kurve K = f(X) leicht nachzuvollziehen ist, wird der Winkel dieses Fahrstrahls mit zunehmender Faktoreinsatzmenge (und damit Produktionsmenge) zunächst kleiner, d. h. daß die Stückkosten zunächst sinken (vgl. analog Abb. 7/17 für konstante Ertragszuwächse bzw. Kosten), während der Winkel später wieder ab P'' größer wird, d. h. die Stückkosten steigen progressiv.

Auf die Ertragskurve bezogen bedeutet dies, daß bei sinkenden variablen Stückkosten pro Kosteneinheit (X) wachsende Ertragszuwächse (E) erzielt werden können. Erst von einem bestimmten Punkt ab – P'' – bedingt die Erzeugung einer zusätzlichen Produktionseinheit wachsende Stückkosten, beispielsweise aufgrund von Überstunden oder Zusatzschichten, die teurer sind als normale Arbeitseinheiten. Somit zeigt die Kostenkurve in diesem Bereich einen progressiv steigenden Verlauf, wobei die Steigung umso mehr zunimmt, je mehr sich ein Betrieb seiner *Kapazitätsgrenze* nähert.

Sofern also zunächst sinkende, dann steigende variable Stückkosten angenommen werden, verläuft die Gesamtkostenkurve spiegelbildlich zur ertragsgesetzlichen Produktionskurve (Abb. 7/19). Sicherlich wird es in der industriellen Praxis Produktionsbereiche geben, wo zumindest partiell die Kostenkurve linear verläuft, d. h. wo man von konstanten variablen Stückkosten ausgehen kann. Realistisch ist aber die Annahme, daß sich (z. B. durch Mengenrabatte) sinkende variable Stückkosten erreichen lassen (degressiv steigender Verlauf der Kostenkurve) und daß nach Überschreiten eines kostenoptimalen Punktes eine Produktionssteigerung nur zu Lasten steigender variabler Stückkosten erreicht werden kann (progressiv steigender Verlauf der Kostenkurve in Abb. 7/19). Der ertragsgesetzliche Bereich III aus Abb. 7/16 läßt sich ökonomisch nicht sinnvoll auf die Kostenkurve übertragen.

7.2.3 Angebotsfunktion

Grundsätzlich kann man sagen, daß ein privatwirtschaftlicher Anbieter mit dem Verkaufserlös seines Produkts einmal die ihm entstandenen Kosten, zum anderen einen Betrag abdecken will, den wir als ›Gewinn‹ bezeichnen wollen. (Im Zusammenhang mit der Wertschöpfung war klar geworden, daß ein solcher ›Gewinn‹ im Grunde genommen Unter-

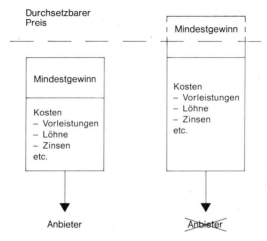

Abb.: 7/20 Marktpreis und Angebot

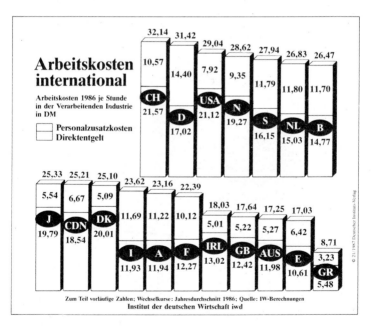

Abb.: 7/21 Arbeitskosten international

nehmerlohn darstellt. Auf betriebswirtschaftliche Abgrenzungen, insbesondere des Gewinn- und Kostenbegriffs, muß hier verzichtet werden.) Abb. 4/2 in Abschnitt 4.1 enthielt bereits eine beispielhafte Übersicht über die für eine Kalkulation zu berücksichtigenden Gesichtspunkte. Sofern der am Markt zu *realisierende* Verkaufspreis gleich oder höher ist als die Summe aus Kosten plus Mindestgewinn, lohnt sich die Produktion bzw. das Anbieten. Andernfalls wird der Anbieter vom Markt ausscheiden, sofern der Marktpreis nicht nur vorübergehend unter dem vom Anbieter kalkulierten Mindestpreis liegt. Kurzfristige Gewinnrückgänge oder Verluste werden einen Anbieter noch nicht zum Aufgeben der Produktion bewegen (vgl. Abb. 7/20). In diesem Zusammenhang sind die Arbeitskosten ein sehr wichtiger Kostenfaktor. Abb. 7/21 zeigt einen internationalen Vergleich, wobei vor allem auf die Bedeutung der **Lohn-Nebenkosten** hinzuweisen ist: Beispielsweise liegt das Direktlohnniveau in den USA deutlich höher als in der Bundesrepublik, doch unter Einschluß der in den USA erheblich geringeren Lohn-Nebenkosten insgesamt niedriger als in Deutschland. Abb. 7/22 schlüsselt die Lohnnebenkosten begrifflich auf.

Wenn somit aufgrund von Kostensteigerungen in einem Land der zu kalkulierende Angebotspreis über das am Weltmarkt durchsetzbare

Lohn und zweiter Lohn
Jährliche Arbeitskosten je Arbeitnehmer in der Industrie in DM (1984)

Lohn/Gehalt für geleistete Arbeitszeit
30 131 DM

Personalnebenkosten insgesamt
23 857 DM

1 433 — Lohnfortzahlung bei Krankheit
1 585 — Bezahlung arbeitsfreier Tage
1 947 — Sonderzahlungen
2 357 — Betriebliche Altersversorgung
2 696 — Gratifikationen
4 229 — Lohnfortzahlung im Urlaub
7 299 — Sozialversicherungsbeiträge der Arbeitgeber
2 311 — Sonstige Personalnebenkosten

6362 © Globus

Abb.: 7/22 Lohnkosten

Niveau steigt, können inländische Anbieter durch die ausländische, dann billigere Konkurrenz verdrängt werden. Beispielsweise für den Konkurrenzkampf mit Anbietern aus sog. *Billiglohnländern* gibt es genug.

Aus diesen Überlegungen läßt sich der *typische Verlauf* einer **Angebotskurve** in Abhängigkeit vom Preis ableiten: Je höher der erzielbare Marktpreis ist, desto mehr Anbieter – auch solche, deren Produktionskosten vergleichsweise hoch sind – werden bereit bzw. in der Lage sein anzubieten. Sinkt dagegen der Marktpreis, werden Anbieter vom Markt ausscheiden, wodurch sich *ceteris paribus* die Angebotsmenge verringert. Abb. 7/23 zeigt den typischen ansteigenden Verlauf einer Angebotsfunktion $A = f(P)$, so wie sie üblicherweise bei der Betrachtung von Marktsituationen unterstellt wird, unter Berücksichtigung einer realistischerweise auch volkswirtschaftlich zu unterstellenden Kapazitätsgrenze. In diesem Zusammenhang sei noch einmal an das in Abschnitt 7.2.2 behandelte ›Gesetz der Massenproduktion‹ erinnert: Bei gegebener Kapitalausstattung sinken die Stückkosten mit zunehmender Produktionsmenge, weil der Einfluß der fixen Kosten immer geringer wird und im Extrem gegen Null geht, so daß (fast) nur noch die variablen Kosten preisbestimmend sind. Sofern ein Anbieter seine Produktionskapazität voll ausnutzt, wird er – in diesem Beispiel – die für ihn minimalen Stückkosten verwirklichen (wir gehen von einem linearen Verlauf der variablen Kosten aus, was eine vereinfachende Unterstellung ist). Wenn nun der Absatz stockt, wird der auf der Basis minimaler Stückkosten kalkulierte Preis nicht mehr ausreichen, die Kosten zu decken, da die Stückkosten bei geringerer Produktion (ge-

$$A = f(P)$$

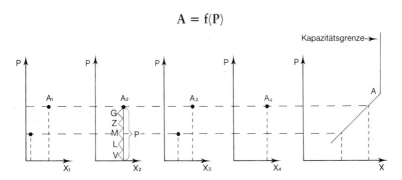

Abb.: 7/23 Angebotsfunktion

ringerem Absatz) höher sind als bei größerer Produktion (vgl. nochmals Abb. 7/20).

Abb. 7/23 verdeutlicht – analog zu der Ableitung der Gesamtnachfrage-funktion in Abb. 7/3 –, wie sich eine Gesamtgebotskurve für einen bestimmten Gütermarkt aus mehreren Angebotskurven individueller Unternehmer ableiten läßt. Dabei ist schematisch – unter Reduzierung der in Abb. 4/2 enthaltenen Komponenten – nochmals dargestellt, daß sich der von dem einzelnen Anbieter (A_2) angestrebte Preis kalkuliert als Summe der bei der Produktion entstehenden Kosten für Vorleistungen (V) und der Faktorkosten [Löhne (L), Mieten (M), Zinsen (Z)] plus Gewinnzuschlag (G).

Ohne daß dies hier ebenso ausführlich dargestellt werden sollte wie im Zusammenhang mit der Nachfrage, sei erwähnt, daß natürlich auch beim Angebot die Reaktion der Angebots*menge* auf Kosten- oder Preisveränderungen als *Elastizität* ausgedrückt werden kann. Die Preiselastizität des Angebots wäre demnach:

$$(1) \qquad \varepsilon = \frac{\dfrac{\Delta X_A}{X_A}}{\dfrac{\Delta P}{P}}.$$

Obgleich die Produktionskosten ein sehr wesentlicher Bestimmungs-faktor des Angebots sind, gibt es natürlich noch eine ganze Reihe anderer wichtiger Größen. Im Zusammenhang mit den Kosten sind u. a. Preis- und Gewinnerwartungen mitbestimmend, wobei die Preise in einem Fall vom einzelnen Anbieter (mit) beeinflußt werden können, im anderen nicht (vgl. Kapitel 6 über *Marktformen*). Von entscheidender Bedeutung ist dabei auch das erwartete Nachfrageverhalten, d. h. wird das betrachtete Gut nachgefragt werden und wenn ja, in welcher Menge und zu welchem Preis? Mitbestimmend ist auch die maximale Produktionskapazität in Abhängigkeit von den bereits verfügbaren Produktionsfaktoren (Kapazitätsgrenze), bei deren Erreichen die Angebotsfunktion senkrecht nach oben abknicken wird (Abb. 7/23). Hinzu kommen Überlegungen im Hinblick auf die Konkurrenzsituation aufgrund von Substitutionsgütern, Zahl und Stärke von Konkurrenten, die Verfügbarkeit komplementärer Güter (Vorprodukte, Rohstoffe, Energie), Stand und Entwicklung der Technik (technischer Fortschritt), usw. Daß die ›typische‹ Angebotsfunktion dennoch nur in Abhängigkeit vom Marktpreis dargestellt wird [A = f (P)], ist im Grunde genommen eine unzulässige Vereinfachung, doch reduzieren wir ja auch die Nachfrage-funktion in der ›normalen‹ Darstellung auf eine Preis-Mengen-Beziehung. Beides ist erforderlich, um die Marktpreisbildung in einer Wettbewerbssituation untersuchen zu können. Dies ist Gegenstand des folgenden Abschnitts.

7.3 Marktgleichgewicht

In den vorangehenden Abschnitten wurde bereits verschiedentlich darauf hingewiesen, daß die in diesem Kapitel behandelten Zusammenhänge prinzipiell nur für solche Märkte gelten, auf denen bestimmte Voraussetzungen erfüllt sind: Grundsätzlich wird von einer Wettbewerbssituation ausgegangen, bei der eine polypolistische Marktstruktur vorliegt. Außerdem wird die Erfüllung bestimmter Nebenbedingungen vorausgesetzt, die man mit den Begriffen ›vollständige Konkurrenz‹ verbindet; in Kapitel 6 wurde dies vertieft.

Wie sich bereits aus der Kreislaufbetrachtung im Kapitel 3 ergeben hat, unterscheidet man auf der einen Seite zwischen Gütermärkten wie z. B. dem Gebrauchtwagenmarkt, dem Ski-Markt, dem Touristikmarkt, dem Rindfleischmarkt, etc.; ferner kann man u. a. zwischen Konsumgüter- und Investitionsgütermärkten unterscheiden. Der Begriff *Markt* bezieht sich dabei also auf bestimmte *Güter*. Auf der anderen Seite spricht man vom Arbeitsmarkt, vom Immobilienmarkt, vom Geld- und Kapitalmarkt, etc., wobei sich *Markt* auf *Produktionsfaktoren* bezieht. Daneben gibt es noch eine Reihe anderer Abgrenzungsmöglichkeiten, z. B. in regionaler Hinsicht (der Arbeitsmarkt in einem Bundesland oder einer Stadt), auf die hier nicht weiter eingegangen werden soll.

Im folgenden geht die Betrachtung von Gütermärkten aus, da es für die meisten Faktormärkte eine Reihe von Besonderheiten zu beachten gäbe, die eine allgemeine Darstellung unnötig komplizieren oder einschränken würden.

In Abb. 7/24 sind die aus dem Vorangehenden bekannten ›normalen‹ Angebots- und Nachfragefunktionen in einer Darstellung zusammengefaßt. Dies verdeutlicht nochmals, daß man unter *Markt* ganz allgemein die *gleichzeitige* Betrachtung von Angebot und Nachfrage versteht. Wie in Abschnitt 7.1 ausführlich dargelegt wurde, leitet sich der typische fallende Verlauf der Nachfragekurve aus den zusammengefaßten unterschiedlichen Vorstellungen der verschiedenen Einzelnachfrager ab, d. h. der eine hält einen Preis von 1000,– DM für einen antiken Schrank für angemessen, der andere würde nur 800,– DM ausgeben; bei dem niedrigeren Preis von 800,– DM würden also *beide* als Nach-

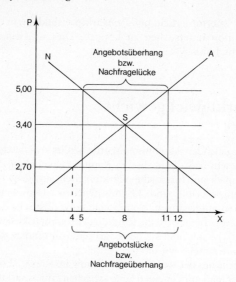

Abb.: 7/24 Marktgleichgewicht I

frager auftreten, bei 1000,– DM nur einer. Analoge Überlegungen gelten für verschiedene Anbieter. Eine volkswirtschaftliche Angebots- oder Nachfragekurve drückt also die *Gesamtheit aller Preisvorstellungen* von Anbietern bzw. Nachfragern aus.

Angenommen, auf einer Obstauktion würden Bananen einer bestimmten Sorte versteigert (wobei die Mengeneinheit – z. B. Tonnen – hier gleichgültig ist), und die entsprechenden Preisvorstellungen von Anbietern und Nachfragern seien durch die Funktionen in Abb. 7/24 dargestellt. Sofern der Auktionator zunächst einen Preis von 2,70 DM pro Einheit ansetzt, würden 4 Mengeneinheiten (ME, z. B. Tonnen) angeboten, aber 12 nachgefragt. Die entsprechende Marktsituation beschreibt man als **Nachfrageüberhang** oder **Angebotslücke**. Die Kaufinteressenten werden sich nun gegenseitig überbieten, wobei mit steigendem Preis einige Nachfrager aufgeben, aber einige Anbieter, die bisher nicht verkaufen wollten, weil ihnen der Preis zu niedrig erschien, nun ebenfalls bereit sind, ihre Ware zu verkaufen. Der Preis wird solange steigen *(Versteigerungseffekt)*, bis sich ein Preis findet, bei dem genauso viele Bananen angeboten wie nachgefragt werden, in unserem Beispiel 8 ME bei 3,40 DM. Diese Situation bezeichnet man als **Marktgleichgewicht**, weil alle, die zum **Gleichgewichtspreis** kaufen oder verkaufen wollen, zum Zuge kommen. Für den Gleichgewichtspreis gilt somit:

angebotene Menge = nachgefragte Menge.

Die Koordinaten des Punktes *S*, des **Gleichgewichtspunktes**, repräsentieren also den **Gleichgewichtspreis** (DM 3,40) und die **Gleichgewichtsmenge** (8 ME). Hierauf ist gleich zurückzukommen.

Wenn andererseits die angebotene Menge (z. B. bei 5,– DM) größer ist als die nachgefragte, werden einige Anbieter zu diesem Preis ihre Ware nicht absetzen können (**Angebotsüberhang** (Überangebot) bzw. **Nachfragelücke**). Der sich einstellende Effekt läßt sich auf jedem Wochenmarkt beobachten, wo man gegen Schluß sehr gut mit Gemüse- und Blumenanbietern verhandeln kann. Diese werden oft bereit sein, bisher nicht verkaufte Ware zu niedrigeren Preisen abzugeben: Der Marktpreis sinkt. Diesen Effekt könnte man als *Schlußverkaufseffekt* bezeichnen.

Sofern angebotene und nachgefragte Mengen bei einem bestimmten Preis nicht übereinstimmen, sofern sich also Angebots- oder Nachfragelücken ergeben, werden Preisänderungen dazu führen, daß sich diese Lücken schließen. Im Abschnitt 3.4.2 (Kreislaufbeziehungen) haben wir im Zusammenhang mit der Quantitätstheorie auf diese *Ausgleichsfunktion des Preises* bereits hingewiesen, wenn auch aus anderer Sicht.

Ein wichtiger Punkt ist hervorzuheben: Obgleich man den Preis, bei dem sich Angebots- und Nachfragemenge entsprechen, als *Gleichgewichtspreis* bezeichnet, bedeutet das sich einstellende Marktgleichgewicht *nicht*, daß *alle* ursprünglich am Markt auftretenden Anbieter und Nachfrager *zufrieden* sind. In Abb. 7/24 ist der Gleichgewichtspreis 3,40 DM, die Gleichgewichtsmenge 8 ME. Offensichtlich aber gibt es Anbieter, die auch gerne verkauft hätten, aber nur zu höheren Preisen. Sie werden durch Punkte auf dem Abschnitt der Angebotskurve rechts vom Schnittpunkt *S* dargestellt; z. B. werden in Abb. 7/25 Anbieter durch den Punkt *Q* repräsentiert, die bei DM 4,20 *und höher* verkauft hätten, die aber bei DM 3,40 *nicht* bereit sind, ihre Güter zu verkaufen.

Analog gibt es Nachfrager, die gerne gekauft hätten, aber nicht zu dem aus ihrer Sicht zu hohen Preis von 3,40 DM, sondern nur bei niedrigeren Preisen; sie werden durch Punkte auf dem Streckenabschnitt der Nachfragekurve rechts vom Schnittpunkt dargestellt; z. B. repräsentiert Punkt *T* Nachfrager, die zwar bei DM 2,60 gekauft hätten, aber nicht bei dem sich einstellenden Preis von DM 3,40. Die ›Unzufriede-

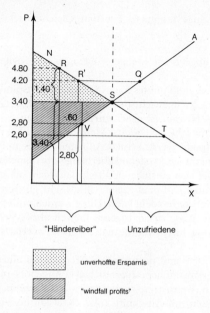

Abb.: 7/25 Marktgleichgewicht II

nen‹, die beim Gleichgewichtspreis (Marktpreis) von 3,40 DM nicht zum Zuge kommen, werden also insgesamt durch Punkte auf den Streckenabschnitten *rechts* vom Schnittpunkt *S* dargestellt.

Diejenigen Marktteilnehmer hingegen, die durch die Kurvenabschnitte *links* vom Schnittpunkt *S* zwischen Angebots- und Nachfragefunktion repräsentiert werden, reiben sich die Hände: Sie stellen einmal Nachfrager dar, die durchaus bereit gewesen wären, *höhere* Preise zu zahlen als den sich ergebenden Marktpreis; z. B. repräsentiert Punkt *R* solche Nachfrager, die durchaus auch DM 4,80 bezahlt hätten und nun lediglich DM 3,40 ausgeben müssen; sie machen eine unerwartete ›Ersparnis‹ von DM 1,40. Um ein anderes Beispiel zu nehmen: Wer sich einen Pullover kaufen möchte, wird sich eine (subjektive) Preisgrenze setzen. Wenn man einen den Vorstellungen entsprechenden Pullover zu einem niedrigeren Preis findet, als man angenommen hatte, wird man wohl kaum enttäuscht den Laden verlassen, sondern händereibend kaufen. Diese ›unerwartete Ersparnis‹ wird in manchem volkswirtschaftlichen Lehrbuch – etwas verstaubt – als **Konsumentenrente** bezeichnet (was also keineswegs bedeuten soll, daß den Nachfragern eine

Rente gezahlt wird . . .). Da die für Punkt *R* angestellte Überlegung für jeden anderen Punkt der Nachfragefunktion oberhalb des Gleichgewichtspunkts gilt, stellt in Abb. 7/25 der gesamte punktierte Bereich zwischen Nachfragefunktion und der Gleichgewichts-Preislinie das Feld der ›unverhofften Ersparnis‹ dar.

Aus der Sicht der Anbieter ist es hingegen betrüblich, mitansehen zu müssen, wie ein Kunde händereibend seine Ware einpackt, denn offensichtlich hätte dieser Kunde auch mehr bezahlt, wenn ein höherer Preis verlangt worden wäre. Man kann jedoch etwas unternehmen, um die ›Konsumentenrente‹ abzuschöpfen und in die eigene Tasche zu leiten: Man spricht die Nachfrager mit unterschiedlichen Preisvorstellungen auch unterschiedlich an. Hierfür gibt es viele Beispiele:

So ist auf dem Büchermarkt zu beobachten, daß Neuerscheinungen zunächst in anspruchsvoller Aufmachung auf den Markt kommen. Später gibt es dann eine Taschenbuchausgabe. Wäre man gleich mit der billigeren Taschenbuchausgabe herausgekommen, hätten die meisten Käufer wahrscheinlich auch die billigere anstelle einer teureren, ›besseren‹ Ausgabe gewählt (abgesehen von solchen Nachfragern, die nicht den Text, sondern 50 Zentimeter Goethe kaufen). Wenn man den Lesestoff als Gut betrachtet, wird er durch unterschiedliche Verpackungen zu heterogenen Gütern, die zu unterschiedlichen Preisen verschiedene Käufergruppen ansprechen. Je mehr es gelingt, den Markt für ein prinzipiell homogenes Gut in Teilmärkte mit (angeblich) heterogenen Gütervarianten aufzuspalten (**Produktdifferenzierung**), desto eher gelingt es, unterschiedliche Preise für gleichwertige Güter zu verlangen und die Konsumentenersparnis abzuschöpfen. Beispiele finden sich auch bei bestimmten Markenartikeln, die neben – bei ehrlicher Betrachtung – gleichwertigen billigeren Produkten verkauft werden, z. B. bei Kartoffelchips, ferner bei der Vielzahl von Modellvarianten ein und desselben Autoherstellers; im Lebensmittelbereich gibt es zahllose Brot-, Wurst-, Konservenvariationen, etc. Diese Vielfalt angeblich heterogener Güter wird natürlich jeweils zu verschiedenen Preisen angeboten, ohne daß diese Preisdifferenzierungen immer mit unterschiedlichen Produktionskosten zu begründen wären. Wenn es also beispielsweise gelingt, drei – bei ehrlicher Betrachtung homogene – Varianten eines Gutes zu DM 3,40, 4,20 und 4,80 Nachfragern anzubieten, deren subjektive Preiserwartungen durch die Punkte *R, R'* und *S* in Abb. 7/25 repräsentiert werden, werden die punktierten Bereiche potentieller ›unverhoffter Ersparnis‹ nicht realisiert, sondern fließen den Anbietern zu.

Umgekehrt bedeuten Punkte auf der *Angebotsfunktion* links vom Schnittpunkt *S*, daß es Anbieter gibt, die durchaus auch zu niedrigeren

Preisen verkauft hätten und sich über einen höheren Marktpreis freuen; z. B. hätte ein Anbieter, der durch Punkt *V* repräsentiert wird, auch zu DM 2,80 angeboten, kann jetzt aber zum höheren Marktpreis von DM 3,40 verkaufen und macht einen ›unverhofften Mehrerlös‹ von 0,60 DM. Hierauf wäre eigentlich der antiquierte Begriff ›**Produzentenrente**‹ anzuwenden, doch kann man ihn heute gut und treffend durch ›**windfall-profits**‹ ersetzen. Dieser Ausdruck bezog sich ursprünglich auf den Erdölsektor, wo man vor der ersten Erdölkrise 1972/73 offensichtlich mit und von den sich bis dahin gebildeten Marktpreisen leben konnte. Die seitens der *OPEC* durchgesetzten massiven Preiserhöhungen, die ja keineswegs auf Kostensteigerungen zurückzuführen waren, wurden auch von solchen Produzenten (gerne?) mitgemacht, die nicht der *OPEC* angehörten. Diesen Anbietern sind die unverhofften Mehrerlöse sozusagen »durch den Wind in den Schoß gefallen«. Der gesamte schraffierte Bereich zwischen Angebotsfunktion und Gleichgewichtspreislinie stellt somit *windfall profits* dar.

Im Kleinformat würden sich solche Mehrerlöse durch händereibende Verkäufer ausdrücken. Diesen Effekt kann man als Nachfrager nur vermeiden, wenn es gelingt, den verlangten Angebotspreis zu drücken. Das Feilschen auf einem Basar ist somit der gegenseitige Versuch, der anderen Marktseite keine ›Rente‹ zuzugestehen.

7.4 Störungen des Gleichgewichts

Im Abschnitt 7.1 wurde ausgeführt, daß Angebots- bzw. Nachfragefunktionen die sich *unter sonst gleichen Voraussetzungen* ergebenden Vorstellungen der Marktteilnehmer widerspiegeln, d. h. unter der Voraussetzung konstanter Anzahl von Marktteilnehmern, Einkommen, Güterqualität, Bedürfnisstruktur, etc. Bei unterschiedlichen Preisen werden somit lediglich unterschiedlich viele Marktteilnehmer angesprochen, was sich in Bewegung *auf* den Angebots- bzw. Nachfragefunktionen ausdrückt. Sofern sich keine der als gegeben angenommenen Voraussetzungen ändert, wird sich ein Preis einpendeln, der Angebot und Nachfrage mengenmäßig zum Ausgleich bringt (*Gleichgewichtspreis* und *-menge*), so wie in Abschnitt 7.3 dargestellt.

Sofern sich allerdings eine oder mehrere der übrigen Voraussetzungen ändern, wird ein bestehendes Marktgleichgewicht gestört. Werden z. B. statt wie bisher 8 Mengeneinheiten nun 12 kg Bananen bei einem Gleichgewichts-Marktpreis von 3,40 DM nachgefragt, drückt die bis-

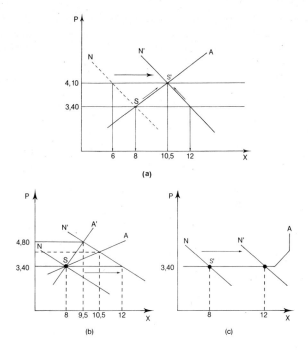

Abb.: 7/26 Nachfrageänderung

herige Nachfragefunktion N dies nicht aus. Vielmehr ist die neue
Situation durch eine neue Nachfragekurve N' darzustellen, die u. a. – in
der graphischen Darstellung – durch den Punkt 12 Kilo/3,40 DM
verläuft, mit anderen Worten: Die Nachfragefunktion verschiebt sich
nach rechts zu N' (Abb. 7/26 a).

Je *unelastischer* dabei das Angebot reagiert (graphisch vereinfacht: je
steiler die Angebotsfunktion verläuft), desto stärker wird der dann
eintretende Preissteigerungseffekt sein. In der Inflationstheorie spricht
man dabei dann von Nachfrage-Sog-Inflation. Wenn das Angebot
hingegen sehr elastisch reagieren kann, z. B. in einer Situation, in der
die Produktionskapazitäten nicht ausgelastet sind (d. h. graphisch, daß
die Angebotsfunktion sehr flach verläuft), wird die Nachfragezunahme nicht oder nur wenig zu Preissteigerungen führen (Abb. 7/26 b
und c).

Eine Nachfrageausweitung kann die verschiedensten Ursachen haben.
So können durch Steuersenkungen die verfügbaren Einkommen gestie-

gen sein, oder es wurde verstärkt für Bananen geworben, oder es gibt kein anderes Obst, oder die Bevölkerung hat sich vergrößert, oder oder. In jedem Fall hat sich eine der bisher konstant angenommenen Größen verändert. Bewegungen *auf* der Kurve sind daher – um es nochmals zu betonen – etwas grundsätzlich anderes als Bewegungen *der* Kurve selbst (Kurvenverschiebungen).

Die Rechtsverschiebung der Nachfragefunktion von N zu N' bedeutet – da sich ja auf der Angebotsseite nichts verändert hat und die Angebotsfunktion A konstant bleibt –, daß sich auf der Basis des alten Gleichgewichtspreises von DM 3,40 ein *Nachfrageüberhang* ergibt (Nachfrage: 12 ME > Angebot: 8 ME). Wie bereits ausgeführt, wird sich in einer solchen Situation ein ›*Versteigerungseffekt*‹ ergeben. Dieser führt dazu, daß der Bananenpreis steigt und dabei einige Nachfrager abschreckt, aber einige neue Anbieter anlockt, bis sich wiederum Angebots- und Nachfragemenge – nun auf einem *höheren Preisniveau* (im Beispiel 4,10 DM) – bei 10,5 Mengeneinheiten ausgleichen (Punkt S').

Die Betrachtung läßt sich auch umkehren, wenn man annimmt, daß sich die Nachfragefunktion von N' zu N nach *links* verschiebt, d. h. daß *weniger* Nachfrager als bisher bereit sind, Bananen zu 4,10 DM zu kaufen, aus welchen Gründen auch immer. Dann würde sich eine *Nachfragelücke* ergeben (Nachfrage: 6 ME < Angebot: 12 ME), so daß einige Bananenanbieter ihre Ware nicht absetzen können und versuchen werden, durch Preiszugeständnisse ihre Lager zu räumen, was wir als ›*Schlußverkaufseffekt*‹ bezeichnet haben (vgl. Abb. 7/26 a).

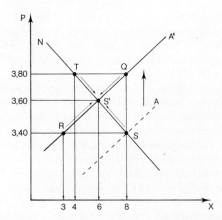

Abb.: 7/27 Angebotsänderung I

Störungen eines Marktgleichgewichts können natürlich auch von der *Angebotsseite* ausgehen, indem sich z. B. die Angebotskurve nach *oben* verschiebt (Abb. 7/27): Dies bedeutet, daß dieselbe Menge wie vorher angeboten wird (8 ME), aber nicht mehr zu DM 3,40, sondern *teurer* zu DM 3,80. Dies erfolgt z. B. aufgrund von Kostensteigerungen bei der Produktion (Rohstoffe oder Importgüter werden teurer; oder durch Lohnerhöhungen). Bei dem aus Anbietersicht nun wünschenswerten Preis von 3,80 DM ergibt sich aber eine *Nachfragelücke* (Punkte Q und T : 4 < 8), so daß die Preiserhöhung nicht in vollem Umfang durchzusetzen ist. Aufgrund der daraus resultierenden Angebotsüberschüsse werden Anbieter, um ihre Lagerbestände zu verringern, Preiszugeständnisse machen müssen, d. h. der Marktpreis wird sich tiefer einpendeln (3,60 DM), als von Anbieterseite aus ursprünglich gewünscht.

Andererseits kämen bei dem bisherigen Preis von 3,40 DM nun nach der Erhöhung der Produktionskosten weniger Anbieter als vorher ›auf ihre Kosten‹, so daß entsprechend weniger Anbieter als bisher zum alten Marktpreis von 3,40 DM verkaufen wollen: Die Angebotsmenge verringerte sich auf der Basis des alten Preises von DM 3,40 auf 3 ME, so daß eine *Angebotslücke* entsteht (Punkte R und S : 3 < 8) und der Marktpreis sich höher einpendeln wird (3,60 DM). Die **Gleichgewichtsmenge** ist dann 6 (Punkt S').

Überproduktion drückt Öl-Preis

Größtes Angebot von Iran und Irak / Auch Ecuador liefert wieder

Überangebot bei Steinkohle drückt auf die Preise

Höhere Benzinpreise nicht durchsetzbar

Hohes Angebot drückt auf den Markt

Altpapier-Überangebot

Köln (dpa/VWD). Der Umsatz des deutschen Altpapierhandels stürzte von 1,1 Milliarden DM 1985 auf 490 Millionen DM im vergangenen Jahr. Ursache dieses Einbruchs war ein starker Preisverfall, der von einem Überangebot an Altpapier ausgelöst wurde. Dies geht aus dem soeben veröffentlichten Geschäftsbericht des Bundesverbands Papierrohstoffe (Köln) hervor.

Verkaufswelle für Aktien drückt die Börsenkurse

Abb.: 7/28 Angebotsüberhang

Andererseits würde eine sich in einer *Rechts*bewegung der Angebotsfunktion ausdrückende Angebotsausweitung auf der Basis des alten
Gleichgewichtspreises zu einem Angebotsüberschuß führen, der – was
nach den vorangegangenen Erläuterungen sicher nicht weiter ausgeführt werden muß – zu sinkenden Marktpreisen führen wird. Abb. 7/28
zeigt Beispiele hierfür aus der Praxis. Das Beispiel der versuchten, aber
nicht realisierten Benzinpreiserhöhungen macht dabei deutlich, daß
sich zwei Einflußgrößen in ihrer Wirkung aufgehoben haben: Die
angestrebten höheren Benzinpreise bedeuten *ceteris paribus* eine Verschiebung der Angebotskurve nach *oben*, was zu einem höheren Gleichgewichtspreis führen müßte. Da aber gleichzeitig sich durch steigende
Angebotsmengen, die in den Markt ›gedrückt‹ werden, die Angebotskurve nach *rechts* verschiebt, d. h. der Gleichgewichtspreis *ceteris
paribus* sinken müßte, heben sich beide Wirkungen auf.

Am Beispiel der Angebotskurve soll nochmals ein wichtiger Aspekt
betrachtet werden: Aus Abb. 7/27 wäre ohne den eingezeichneten Pfeil
zwischen A und A' nicht zu entnehmen, ob sich die Angebotsfunktion
von A nach *oben* oder nach *links* zu A' verschoben hat. Obgleich dies im
Endergebnis zum gleichen Ergebnis führt – nämlich daß der Marktpreis
steigt – liegen einer Bewegung der Funktion nach *oben* ganz andere
Ursachen zugrunde als einer Bewegung nach *links*: Die Bewegung nach
oben bedeutet, daß sich die Summe der Faktorkosten (Vorleistungen,
Löhne, Mieten, Zinsen, incl. Gewinnzuschlag) erhöht hat (vgl. auch
oben Abb. 7/23), d. h. daß *dieselbe Menge* wie vorher angeboten wird,

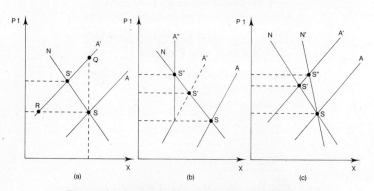

Zu 7/29 (b)

"Weinernte in Europa: Gute bis sehr gute Qualitäten"
Nach Frostschäden und Trockenheit zum Teil erhebliche Ausfälle / Steigende Preise

Abb.: 7/29 Angebotsänderung II

aber *zu höheren Preisen* (vgl. die Punkte Q und S in Abb. 7/29 a). Eine Bewegung der Angebotsfunktion nach *links* dagegen bedeutet, daß – auf der Basis des *bisherigen Preises* – nun *weniger* angeboten wird als vorher (vgl. Punkte S und R in Abb. 7/29 a).

Letzterer Fall wird besonders deutlich, wenn man sich einen Angebots-*ausfall* z. B. durch Mißernten, Naturkatastrophen oder Streiks vorstellt. In solchen Fällen würde die Angebotsfunktion bei der dann gültigen maximalen Angebotsmenge (sinngemäß: Kapazitätsgrenze) senkrecht nach oben abknicken (A'' in Abb. 7/29 b), denn z. B. bei einer Mißernte können auch steigende Preise nicht zu *mehr* Angebot führen, weil keine zusätzlichen Güter vorhanden sind (wenn man von Importgütern absieht).

In diesem Zusammenhang kann auch nochmals die Bedeutung der Nachfrage- bzw. Angebotselastizitäten herausgestellt werden (vgl. Abschnitt 7.1.4): In Abb. 7/29 b ist ersichtlich, daß der sich bildende Marktpreis im Falle des *völlig unelastischen* Angebots (A'') deutlich höher liegt als bei A', und Analoges gilt auch für die Nachfrage: Je steiler die Nachfragefunktion verläuft (d. h. hier: je unelastischer die Nachfrage auf Preisveränderungen reagiert) (siehe N bzw. N') desto höher sind die – in der Abbildung nicht alle eingezeichneten – Preissteigerungen bei einer Verschiebung der Angebotsfunktion nach oben bzw. links.

Bei preisunelastischem Nachfrageverhalten können neben Kostendruck auch höhere Gewinnzuschläge *(Gewinndruck)* eine Ursache für verlangte Preiserhöhungen, d. h. Höherverschiebungen der Angebotsfunktion sein, denn Abb. 7/29 c macht deutlich, daß sich die Preiserhöhung bei Funktion N' in einem geringeren Absatzrückgang auswirkt als bei Funktion N. Je monopolähnlicher die Position eines Anbieters ist, desto unelastischer wird die Nachfragereaktion sein; je größer andererseits die Anbieterkonkurrenz ist, desto höher ist die (Substitutions-) Elastizität der Nachfrage.

Der im obigen Beispiel angeführte Hinweis auf zunächst entstehende Lagerbestände macht deutlich, daß ein neuer Gleichgewichtspreis sich in der Realität nicht unverzüglich einstellen wird. Es muß nochmals darauf hingewiesen werden, daß wir in unseren modelltheoretischen Betrachtungen von einer Wettbewerbssituation ausgehen, die man als *vollständige Konkurrenz* bezeichnet (vgl. Kapitel 6). Dabei wird jegliche Verzögerung vernachlässigt, mit der Marktteilnehmer in der Praxis auf veränderte Marktsituationen reagieren. Es wird (u. a.) vielmehr unterstellt, daß sich Anpassungen sofort, im Extrem unendlich schnell vollziehen. Dies ist natürlich unrealistisch, weil in der Realität von verzögerten Reaktionen auszugehen ist. Allerdings wäre die theoretische Darstellung dann erheblich komplizierter, so daß man in der Regel davon absieht, solche ›Schwierigkeiten‹ in eine Modellbetrachtung einzubauen. Wir wollen hier auch lediglich das Grundprinzip des Marktgleichgewichts verdeutlichen und nicht die konkrete Preisbildung auf dem Bananenmarkt im Detail analysieren, auch wenn solche Beispiele gelegentlich zur Illustration gewählt werden. Beispiele haben den Vorteil des Anschaulichen, doch darf man dabei nicht übersehen, daß sie häufig nur einen Ausschnitt der Wirklichkeit widerspiegeln und insbesondere bestimmte Nebenbedingungen der Theorie nicht erfüllen.

Die Wirkungen, die von einer *Nachfragelücke* auf den Marktpreis ausgehen, sind prinzipiell dieselben wie bei einem *Angebotsüberhang*. Daher ist es in der Regel durchaus vertretbar, diese beiden Begriffe gleichzusetzen. Für Nachfrageüberhang und Angebotslücke gilt dies analog. Bei sprachlich schärferer Abgrenzung können die Begriffe *Überhang* und *Lücke* allerdings die *Ursachen* für Marktstörungen verdeutlichen: Eine Nachfrage*ausweitung* führt zu einem Nachfrage*überhang*, eine Angebots*verminderung* zu einer Angebots*lücke*, etc. Daher können diese Begriffe jeweils einen anderen Vorgang beschreiben, auch wenn die Wirkungen auf den Marktpreis letztlich gleich sind.

Zusammenfassend kann festgehalten werden: Angebots- und Nachfragefunktionen gelten jeweils nur *unter sonst gleichen Voraussetzungen*, und dies trifft somit auch auf die Bestimmung eines Marktgleichgewichts mit Gleichgewichtspreis und Gleichgewichtsmenge zu. *Jeder* Verstoß gegen die *ceteris-paribus*-Bedingung bedeutet, daß sich die bislang als konstant unterstellten Rahmenbedingungen verändert haben, und dies führt zu einer *Verschiebung* der betreffenden Funktion. Unter den Nebenbedingungen der *vollständigen Konkurrenz* wiederum ergibt sich aus jeder Kurvenverschiebung eine *neue Gleichgewichtssituation*, die solange Bestand hat, bis sich erneut eine bislang konstante Nebenbedingung verändert. Die marktwirtschaftlich orientierte Wirtschaftstheorie geht daher davon aus, daß Märkte bei Störungen des Gleichgewichts *von selbst* zu einem neuen Gleichgewichtszustand zurückfinden, so daß – vor allem staatliche – Eingriffe in das Marktgeschehen prinzipiell eher störend wirken. Da allerdings in der Realität kaum ein Markt die Bedingungen vollständiger Konkurrenz erfüllt, ergeben sich daraus Argumentationspunkte *für* eine staatliche Beeinflussung des Wirtschaftsgeschehens. Während eine ausführlichere Betrachtung gegensätzlicher wirtschaftspolitischer Konzeptionen dem wirtschaftspolitischen Teil vorbehalten ist, geht der folgende Abschnitt auf staatliche Beeinflussungen der Marktpreisbildung ein.

7.5 Staatliche Eingriffe in die Marktpreisbildung

Ungeachtet eventueller Bedenken hinsichtlich der Nichtübereinstimmung von Modelltheorie und Realität werden im folgenden staatliche Eingriffe in die Marktpreisbildung anhand der auch in den vorangehenden Kapiteln verwendeten Angebots- und Nachfragefunktionen dargestellt. Daß die gewählten Beispiele sicherlich nicht reibungslos mit der modelltheoretischen Unterstellung vollständigen, polypolistischen Wettbewerbs in Einklang zu bringen sind, ist klar. Dennoch können solche Beispiele *veranschaulichen*, was z. B. durch die verwendeten Graphiken modelltheoretisch *vereinfacht* dargestellt wird. Die Betrachtung erstreckt sich auf die Festlegung von Preisober- bzw. Preisuntergrenzen.

7.5.1 Höchstpreise

Die Festlegung von Höchstpreisen bedeutet, daß der Preis für das betrachtete Gut einen bestimmten Betrag nicht über-, wohl aber unterschreiten darf. Sofern der festgelegte Höchstpreis *über* dem Preis liegt, der sich frei am Markt bildet (P^{max} in Abb. 7/30 a), hat der Höchstpreis keinerlei Auswirkungen. Er wird erst dann bedeutsam, wenn sich durch Nachfrageausweitung oder Angebotsverknappung ein Gleichgewichtspreis bilden würde, der über dem Höchstpreis läge. Dann ergibt sich eine *Angebotslücke* bzw. ein *Nachfrageüberhang* (Punkte S und R in

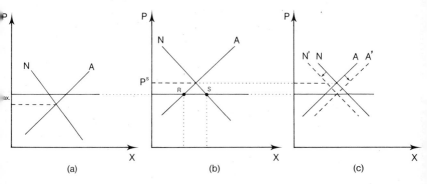

Abb.: 7/30 Höchstpreis

Abb. 7/30 b), wobei die Diskrepanz zwischen Angebot und Nachfrage unter Marktbedingungen durch die in Abschnitt 7.4 als *Versteigerungs-effekt* beschriebenen Reaktionen beseitigt würde, d. h. es würde sich ein höherer Marktpreis einstellen – allerdings auf einem (illegalen) **Schwarzmarkt**, auf dem der sich bildende Preis der tatsächlichen Ange-bots- und Nachfragesituation entspricht; der Schwarzmarktpreis P^s ist in Abb. 7/30 b gestrichelt dargestellt. Da der Schwarzmarktpreis für den Anbieter attraktiver ist als der zulässige Höchstpreis, führen Preisstops in der Praxis häufig dazu, daß die Angebotsmenge auf den offiziellen Märkten noch geringer wird, da sich das Angebot auf den Schwarz-markt verlagert oder auch durch Schmuggel ins Ausland geschafft wird, wo bessere Preise zu erzielen sind. Besonders tragisch haben sich derartige Maßnahmen in einigen Entwicklungsländern ausgewirkt, wo wichtige Grundnahrungsmittel aus sozialen Überlegungen mit Höchst-preisen belegt wurden, mit dem Erfolg, daß landwirtschaftliche Erzeu-ger sich vom Markt zurückzogen und nur noch für den eigenen Bedarf produzierten (**Subsistenzwirtschaft**), so daß sich die Angebotslücken teilweise dramatisch verschärften und Hungersnöte ausbrachen.

Ein Höchstpreis ist nur dann sinnvoll, wenn er in der Realität auch *durchgesetzt* werden kann. Der Staat darf somit nicht nur die Preisober-grenze festlegen, sondern muß durch geeignete Maßnahmen dafür sorgen, daß der Höchstpreis gleichzeitig auch Gleichgewichtspreis ist, indem Angebotslücken geschlossen bzw. – sofern dies gegeben ist – Nachfrageüberhänge abgebaut werden. Höchstpreise – oder anders

Neues Wirtschaftsprogramm in Argentinien
Weitere Lohn- und Preiskontrollen / Beängstigende Inflation

Paris behilft sich jetzt mit einem umfangreichen Preisstopp
Frankreichs Ministerrat kündigt ein Programm zur Inflationsbekämpfung an

Jugoslawien verfügt Preisstopp

Preisstopp in Schweden

Athen macht Schluß mit dem Lohnstop

Schweden hebt jetzt den Preisstopp wieder auf

Abb.: 7/31 Preisstops I

ausgedrückt: **Preisstops** – sollen dazu beitragen, inflationäre Entwicklungen einzudämmen. Beispiele dafür gibt es genug, nicht nur in Ländern mit **galoppierender Inflation** (**Hyperinflation**), sondern auch in einigen skandinavischen Ländern, in Frankreich, den USA und nicht zuletzt in den Ostblockländern (vgl. Abb. 7/31).

Preisstops werden meist mit **Lohnstops** gekoppelt, da sonst die Entwicklung der bei der Güterproduktion entstehenden Faktorkosten die eingefrorenen Marktpreise ›überholt‹. Preis- und Lohnstops allein sind ein – um es vorweg zu nehmen: untauglicher – Versuch, Inflation zu verbieten. Zwar mag es gelingen, durch Preisstops die sichtbare Entwicklung der Preise zu beeinflussen, doch wird sich die Inflation, die nicht offen zutage treten kann, *verdeckt* auswirken, beispielsweise auf Schwarzmärkten, auf denen sich die der Marktsituation entsprechenden höheren Preise bilden, oder indem sich Warteschlangen bilden. Schwarzmärkte wie Warteschlangen sind eindeutige Anzeichen einer **verdeckten Inflation**.

Im Falle von durch Höchstpreisregelungen entstehenden Angebotslücken bzw. Nachfrageüberhängen müßten staatliche Maßnahmen dafür sorgen, daß entweder das Angebot ausgeweitet wird (Rechtsverschiebung der Angebotskurve), so daß die Angebotslücke geschlossen wird, oder daß die Nachfrage reduziert wird (Linksverschiebung der Nachfragekurve), so daß der Nachfrageüberhang abgebaut wird, oder beides gleichzeitig.

Eine Angebotsausweitung kann direkt durch den Staat erfolgen, z. B. indem staatliche Unternehmen die von Preisstops betroffenen Güter produzieren oder anbieten, oder indirekt, indem durch staatliche Subventionen private Anbieter angeregt werden, ihre Produktion zu erhöhen. Der Teil des eigentlich erforderlichen Preises, den der Markt aufgrund des Preisstops nicht bezahlt, wird dann durch staatliche Zuschüsse abgedeckt. Außer durch direkte Subventionszahlungen kann dieser Effekt u. a. auch durch Steuererleichterungen erzielt werden. Denkbar ist auch, daß der Staat gezielt entsprechende Importe fördert.

Ein Beispiel für eine Höchstpreisregelung stellt – mit den eingangs hervorgehobenen Einschränkungen bezüglich der Nichtübereinstimmung von Theorie und Realität – der soziale Wohnungsbau dar. Mieten für Sozialwohnungen liegen tendenziell unter dem Mietniveau des freien Wohnungsmarktes. Für den Anbieter von Sozialwohnungen besteht der Anreiz darin, daß ihm u. a. zweckgebundene günstige Baukredite gewährt werden (wodurch graphisch die Angebotsfunktion nach *unten* gedrückt wird und sich – auf der Basis des Höchstpreises – die Angebotsmenge erhöht und die Angebotslücke verringert wird;

Abb. 7/30 c: *A* zu *A'*). Ein weiteres Beispiel stellt auch das **Europäische Währungssystem** (EWS) dar, das auf einer Kombination von Höchst- und Mindestpreisen basiert: Besteht beispielsweise die Gefahr, daß der vereinbarte maximal zulässige Wechselkurs zwischen zwei am EWS beteiligten Währungen überschritten wird, sind die beteiligten Notenbanken vertraglich verpflichtet, am Devisenmarkt das Angebot an der zu knapp werdenden Währung aus ihren eigenen Beständen zu erhöhen und so die zugrundeliegende Angebotslücke zu verringern.

Ein Nachfrageüberhang könnte u. a. vermindert oder abgebaut werden durch eine höhere Einkommenbesteuerung (inwieweit diese wirkt, ist eine Frage der Einkommenselastizität der Nachfrage, vgl. Abschnitt 7.1.4), auch durch Maßhalteappelle, gezielte Anti-Werbung (Rauchen!) oder auch Rationierung, z. B. durch Ausgabe von Bezugsscheinen. Abb. 7/32 enthält ein anderes Beispiel für den Versuch einer Nachfragereduzierung.

Bezugsscheinsysteme gibt es nicht nur in Kriegssituationen, sondern grundsätzlich immer auch dann, wenn man Eintrittskarten erwerben muß. Ein möglicher Nachfrageüberhang kann sich dann darin äußern, daß die Bezugsscheine (z. B. Eintrittskarten für eine Theaterpremiere) auf dem Schwarzmarkt zu höheren Preisen gehandelt werden. Nachfrage-vermindernde Maßnahmen bedeuten graphisch eine Linksver-

Preiskontrollen eingeführt zum Druck auf die Inflation

BRASILIA (dpa) - Die brasilianische Regierung hat Preiskontrollen für mehr als 100 Produkte eingeführt, darunter Nahrungsmittel, Getränke, Autos und Düngemittel. Damit will Brasilia eine Preis-Explosion verhindern, wie sie nach der jüngsten Cruzeiro-Abwertung befürchtet wurde. Es war angenommen worden, daß die Inflation nach der Abwertung auf bis zu 150 Prozent (Jahresrate) schnellen könnte – nach 99,7 Prozent 1982.

Tage ohne Fleisch

In Argentinien sind im Rahmen des Programms der Militär-Regierung zur „Bekämpfung der Inflation und Sicherung der Reallöhne" Höchstpreise für Brot und Milch festgesetzt worden. Ferner dürfen an zwei Tagen in der Woche (Donnerstag und Freitag) keine Rindfleischgerichte in Restaurants oder Hotels serviert werden.   (dpa)

Abb.: 7/32 Preisstops II

schiebung der Nachfragefunktion (Abb. 7/30 c: *N* zu *N'*), wodurch der Nachfrageüberhang vermindert wird. Wenn also staatliche Höchstpreise unter Vermeidung von Schwarzmärkten durchgesetzt werden sollen, ist entweder ein lückenloses Kontrollsystem erforderlich, wie etwa bei den Berechtigungsscheinen für Sozialwohnungen, oder staatliche Maßnahmen müssen dafür sorgen, daß der Höchstpreis zugleich auch *Gleichgewichtspreis* ist, indem Angebotslücken geschlossen bzw. Nachfrageüberhänge abgebaut werden (so daß sich graphisch die Angebots- und Nachfragefunktionen auf oder sogar unter dem Niveau des Höchstpreises schneiden; Abb. 7/30 c).

Höchstpreise allein sind also keine geeigneten Maßnahmen, um inflationären Entwicklungen nachhaltig entgegenzuwirken. In allen Fällen, in denen mit Preis- und Lohnstops versucht wurde, die Inflation zu ›verbieten‹, konnte allenfalls eine vorübergehende Unterbrechung des Preisauftriebs erreicht werden. Nach Aufhebung der preisbegrenzenden Verordnungen holten die Preise nach, was vorübergehend nicht möglich war. Man könnte dies mit einer Spiralfeder vergleichen, die man oben festhält und von unten zusammendrückt. Hebt man nach einiger Zeit die Begrenzung auf, schnellt die Spirale sprunghaft nach oben. Preis- und Lohnstops werden ja in der Regel nur bei gravierenden inflationären Entwicklungen verordnet. Dabei ist es natürlich nicht möglich, Preise und Löhne beliebig lange einzufrieren, denn u. a. verändern (erhöhen) sich die Preise importierter Güter auf dem Weltmarkt. Daher ist es erforderlich, von Zeit zu Zeit die staatlich verordneten Festpreise anzupassen, d. h. in Stufen anzuheben. Diese Preissprünge sind dann natürlich sehr viel spürbarer als ständige, gleitende Preiserhöhungen, und in einer ganzen Reihe von Ländern haben solche abrupten und drastischen Inflationsschübe zu zum Teil bürgerkriegsähnlichem Widerstand in der betroffenen – meist armen – Bevölkerung geführt.

Wenn es somit nicht gelingt, die durch Preisstops gewonnene ›Atempause‹ dafür zu nutzen, daß die *Ursachen* des Preisauftriebs beseitigt werden, wird die inflationäre Entwicklung nach Aufhebung der Preisstops nicht mehr nur *verdeckt*, sondern wieder *offen* zutage treten. Diese leidvolle Erfahrung mußten in der jüngeren Vergangenheit auch einige lateinamerikanische Länder machen, die nach entsprechenden Wirtschafts- und Währungsreformen binnen kürzester Zeit wieder galoppierende Inflationsraten ausweisen mußten.

7.5.2 Mindestpreise

Mindestpreise dürfen über-, nicht aber unterschritten werden. Wie Abb. 7/33 a zeigt, haben Mindestpreise solange keine Konsequenzen, wie sie *unter* dem Gleichgewichtspreis liegen. Sofern der Mindestpreis jedoch *über* dem sich normalerweise am Markt bildenden Gleichgewichtspreis liegt, ist das Preisniveau aus der Sicht der Anbieter attraktiv, aber aus der Nachfragersicht zu hoch. Dementsprechend bildet sich ein Angebotsüberschuß bzw. eine Nachfragelücke (Punkte *R* und *S* in Abb. 7/33 b). Sofern nicht geeignete Maßnahmen ergriffen werden, die das Angebot vermindern bzw. die Nachfrage erhöhen, können sich sog. ›graue Märkte‹ bilden. Auf diesen werden die nicht absetzbaren, weil durch Mindestpreis ›überteuerten‹ Güter billiger angeboten (P^G in Abb. 7/33 b). Als Beispiel sei auf den ›grauen‹ Automarkt verwiesen, wo bestimmte ausländische Kraftfahrzeuge zum Teil deutlich billiger gehandelt werden als bei offiziellen Markenhändlern.
Wie in Abschnitt 6.3.2 näher ausgeführt, gab es bis 1974 die Möglichkeit der sog. *Preisbindung der Zweiten Hand*, mit der ein Hersteller als ›erste Hand‹ die ›zweite Hand‹, also den Handel, verpflichten konnte, seine Produkte nicht unter bestimmten Mindestpreisen abzugeben. Dies wurde in der Praxis ständig unterlaufen, so daß die Festlegung eines Mindestpreises durch den Hersteller zur reinen Fiktion wurde. Aus diesem und anderen wettbewerbsrechtlichen Gründen wurde die Preisbindung der Zweiten Hand im Rahmen der Kartellgesetzgebung 1974 konsequenterweise aufgehoben und verboten. Sie existiert heute als einzige Ausnahme nur noch für Verlagserzeugnisse (Zeitungen, Zeitschriften, Bücher). Für einige Güter wie z. B. Tabakwaren gibt es aus verbrauchssteuerrechtlichen Gründen gleichwohl **Festpreisregelun-**

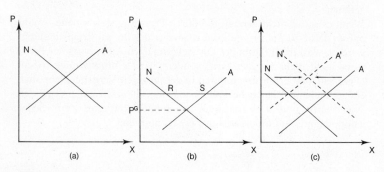

Abb.: 7/33 Mindestpreis I

Bundesbank stützt Franc und Krone

Europäische Notenbanken stützen den Dollar

Abb.: 7/34 Mindestpreis II

gen, was faktisch die Festlegung eines Preises gleichzeitig als Höchst-*und* Mindestpreis bedeutet, da der festgesetzte Einzelverkaufspreis bereits versteuert wurde; jede Abweichung von diesem Preise nach oben oder unten würde demnach bedeuten, daß entweder zuwenig oder zuviel Steuer entrichtet worden ist.

Sofern ein Unterlaufen von Mindestpreisregelungen vermieden werden soll, sind also wiederum flankierende (staatliche) Maßnahmen erforderlich. Entweder muß die Nachfrage erhöht werden (Rechtsverschiebung der Nachfragekurve) oder das Angebot muß verringert werden (Linksverschiebung der Angebotskurve), oder beides muß gleichzeitig erfolgen (Abb. 7/33 c: N zu N' bzw. A zu A'). Hierzu einige Beispiele:

Das **Europäische Währungssystem (EWS)** basiert – wie bereits erwähnt – auf einer Kombination von Mindest- und Höchstpreisen, wobei sich der Wechselkurs zwischen zwei am EWS beteiligten Währungen innerhalb dieser Bandbreite zwischen Höchst- und Mindestkurs frei bewegen kann. Wenn die Gefahr besteht, daß der vereinbarte Mindest-Wechselkurs unterschritten wird, sind die beteiligten Notenbanken verpflichtet, durch Ankauf die ›schwach‹ werdende Währung zu stützen. Gegenüber dem US-Dollar erfolgen solche Interventionen nicht aus vertraglicher Verpflichtung, sondern nach Ermessen der Notenbanken

Preissteigerungen signalisieren „Trendwende" am Milchmarkt

„Die Quoten greifen jetzt"

Härtere Regelungen lassen Liefermengen seit Jahresbeginn sinken

Quoten für den Rapsanbau gefordert

Milchmarkt als Beispiel

Abb.: 7/35 Produktionsquoten

(vgl. Abb. 7/34). Bereits oben wurden entsprechende Überlegungen im Hinblick auf den Höchstkurs angestellt. Ein weit verbreitetes Mißverständnis ist dabei die Aussage, dadurch würde das Angebot vermindert; dies ist nicht korrekt, denn das – zu hohe – Angebot ist am Markt (hier: am Devisenmarkt) bereits vorhanden, und ihm wird nun eine entsprechend steigende Nachfrage gegenübergestellt.

Auch für Maßnahmen zur Angebotsverminderung zur Verringerung eines Angebotsüberhangs bei Mindestpreisen gibt es weitere praktische Beispiele. In der europäischen Stahlindustrie beispielsweise haben die Produzenten im Rahmen eines *Krisenkartells* (vgl. Abschnitt 6.2) *Quoten* vereinbart, d. h. die Produktion der absetzbaren Mengen wird auf die verschiedenen Anbieter verteilt. Abb. 7/35 zeigt weitere Beispiele.

Umfangreiches Anschauungsmaterial für Mindestpreisregelungen liefert der **EG-Agrarmarkt**, der auch die Begleiterscheinungen verdeutlicht. In der Europäischen Gemeinschaft gelten für viele landwirtschaftliche Produkte sog. **Marktordnungen**. Diese umfassen in den meisten Fällen Mindestpreisregelungen, gekoppelt mit *Abnahmegarantien*, d. h. der Anbieter, der seine Produkte nicht auf dem freien Markt verkaufen kann, kann diese an staatliche **Interventionsstellen** zu eben diesen Mindestpreisen verkaufen. Diese Regelung ist vor dem Hintergrund der **Römischen Verträge** zu sehen, mit denen 1957 die **Europäische Wirtschaftsgemeinschaft** begründet wurde. Ziel der gemeinsamen Agrarpolitik sollte es sein, durch garantierte Mindestpreise den landwirtschaftlichen Erzeugern ein Mindesteinkommen zu sichern und damit gleichzeitig die Selbstversorgung der Gemeinschaft zu ›angemessenen‹ Preisen zu gewährleisten. Zum Schutz dieses Produktionsraumes wurden entsprechende Absicherungen gegenüber dem Weltmarkt geschaffen, auf die noch einzugehen sein wird.

Die in der Europäischen Wirtschaftsgemeinschaft gültigen Mindestpreise liegen über den potentiellen Gleichgewichtspreisen, d. h. hier: den Weltmarktpreisen. Abb. 7/33 b verdeutlicht graphisch, daß dies zu einer Nachfragelücke bzw. einem Angebotsüberhang führen muß, denn die – gemessen am Weltmarktniveau – zu hohen und durch Abnahmegarantien gesicherten Mindestpreise sind natürlich für den Anbieter landwirtschaftlicher Produkte ein Anreiz, so viel wie nur möglich zu produzieren. Da die ›freiwillige‹ Nachfrage zu gering ist, muß folglich der Staat die fehlende private Nachfrage ergänzen. Dies bedeutet in der Realität der EG-Agrarmarktordnungen, daß nicht verkaufte Produktionsmengen durch die staatlichen **Interventionsstellen** aufgekauft werden. Andererseits wird in manchen Bereichen versucht, die Produzenten von zu hohem Angebot abzuhalten, indem man ihnen **Stillegungs-** oder

Abschlachtprämien zahlt oder sie mit **Mitverantwortungs-Abgaben** ›bestraft‹.

Aber was soll man mit den aufgekauften Gütermengen machen? Auf den EG-Markt zurückschleusen wäre sinnlos, da die Nachfrage auf der Basis der Mindestpreise offensichtlich zu gering bzw. das Angebot ohnehin schon zu groß ist. Die aufgekauften Produkte billig innerhalb der EG anzubieten, würde das Mindestpreissystem ad absurdum führen. Folglich werden Obst, Gemüse oder Wein laufend vernichtet, was angesichts der Hungersituation in anderen Ländern massive Proteste provoziert; andere Güter werden *denaturiert*, d. h. zweckentfremdet anderen als den ursprünglichen Verwendungszwecken zugeführt (z. B. Milch zu Milchpulver verarbeitet und dann als Tiernahrung verfüttert); wieder andere Güter werden mit hohem Kostenaufwand (z. B. Fleisch oder Butter in Kühlhäusern) gelagert. Dadurch bilden sich die berühmt-berüchtigten Butter-, Weizen- oder Fleischberge und Milch- oder Weinseen – die vielgestaltige EG-Agrarlandschaft (vgl. Abb. 7/36).

Da aber die Lagerkapazität logischerweise begrenzt ist, müssen die Lager laufend geräumt werden, um überaltete Güter auszusondern und Platz für die laufend neu aufgekauften Güter zu machen. Dies führt dann zu Verkaufsaktionen von Getreide oder Butter zu Schleuderpreisen z. B. an die UdSSR, China oder andere Länder – natürlich nicht zu

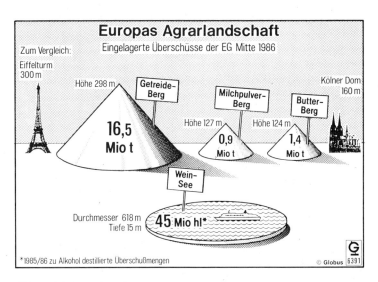

Abb.: 7/36 Agrarüberschüsse

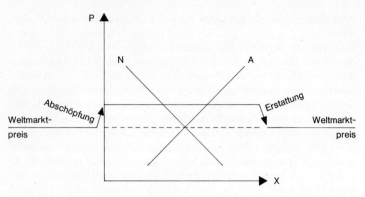

Abb.: 7/37 EG-Mindestpreis-System

den in der EG gültigen hohen Mindestpreisen, sondern (höchstens) zu den am Weltmarkt üblichen Preisen: Da die Interventionsstellen angesichts der erdrückenden Mengen ›mit dem Rücken zur Wand‹ stehen, da sie verkaufen *müssen*, um Platz zu schaffen, ist ihr Preisgestaltungsspielraum nach oben beim Verkauf sehr eng begrenzt.

Abb. 7/37 verdeutlicht schematisch dieses System. Da die Weltmarktpreise unter den EG-Mindestpreisen liegen, werden Importe aus Nicht-EG-Ländern durch **Abschöpfungen** verteuert. Dies sind de facto **Importzölle**, obgleich technisch gesehen ein Unterschied besteht: Zölle werden in der Regel als Prozentsatz festgelegt, während die Abschöp-

Abb.: 7/38 Lagerabbau

fungen die *absolute* Differenz zwischen Weltmarkt- und EG-Preis abschöpfen. Um andererseits die Interventionsstellen und ihre Lager zu entlasten, werden bestimmte Güter dadurch aus der EG heraus und auf den Weltmarkt geschleust, daß dem Exporteur die Differenz zwischen dem zu erzielenden Weltmarktpreis und dem Mindestpreis, den er von den Interventionsstellen erhalten hätte, *erstattet* wird. Allerdings ist dieses System nicht symmetrisch: Was beim Import als *Abschöpfungen* ›kassiert‹ wird, ist erheblich weniger als das, was beim Export an *Erstattungen* zu zahlen ist. Auch Verkaufsaktionen wie die billige *Weihnachtsbutter* sollen die Lagerbestände verringern, während es an anderer Stelle gar nicht erst zu neuen Lagerbildungen kommt, da die seitens der Interventionsstellen aufgekauften Mengen gleich vernichtet werden (vgl. Abb. 7/38). Und schließlich besteht noch die Möglichkeit, Güter zweckentfremdend zu verarbeiten (zu *denaturieren*) und an anderer Stelle einzusetzen; so kann beispielsweise Milch zu Milchpulver verarbeitet und dann verfüttert werden, ebenso wie (teures) Nahrungsmittel-Getreide verfüttert werden kann ...

In der Konsequenz ergibt sich eine immense Kostenbelastung für die EG, denn Aufkauf, Lagerung, Vernichtung, Denaturierung, billiger Verkauf auf dem Weltmarkt oder Erstattung von Preisdifferenzen

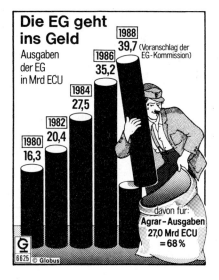

Abb.: 7/39 Agrarausgaben

führen zu ständig wachsenden Ausgaben für die EG-Kasse, die nur durch (gegenwärtig) zwei *Nettozahler* (die Bundesrepublik und Großbritannien) gefüllt wird. Man sagt, daß man zu jeder Mark, mit der die landwirtschaftliche Produktion gefördert wird, eine weitere hinzufügen muß, um die subventionierten Güter wieder vom Markt zu schaffen (vgl. Abb. 7/39). Die EG leidet folglich chronisch unter Finanzierungsproblemen und war bereits verschiedentlich zahlungsunfähig. Da wir hier nur eine allgemeine Betrachtung von Mindestpreisregelungen anstellen wollen, verbietet sich eine eingehende Würdigung der EG-Agrarmarkt-Ordnungen und der daraus resultierenden Probleme, so auch, was beispielsweise Billig-Verkaufsaktionen von Weizen auf dem Weltmarkt für andere Länder bedeuten, die ihrerseits in starkem Maße von Getreideexporten abhängen.

Als letztes Beispiel für Mindestpreisregelungen sei abschließend noch auf den Arbeitsmarkt verwiesen. Die in Tarifverhandlungen vereinbarten Tariflöhne sind de facto gleichfalls Mindestpreisregelungen. Da auf dem Arbeitsmarkt eine Nachfragelücke nach Arbeitskräften besteht, die sich in einer hohen Zahl von Arbeitslosen ausdrückt, liegt eine Situation vor, wie sie in Abb. 7/33 b dargestellt ist. Ohne Mindestlohnregelungen könnten sich möglicherweise in einigen Bereichen niedrigere Löhne einstellen als durch die Tariflöhne vereinbart, und dadurch einen Teil der Arbeitslosigkeit abbauen. Die Tatsache, daß hohe Mindestlöhne u. a. auch zu **Schwarzarbeit** und der illegalen Beschäftigung von Arbeitskräften verleiten, braucht wohl nicht näher erläutert zu werden. So gibt es denn auch immer wieder Überlegungen, die Mindestlohnregelungen zu überdenken (vgl. Abb. 7/40). Dieser wirtschafts*politische* Problembereich kann hier nicht vertieft werden, doch ist die Existenz von Arbeitslosigkeit, die sich *nicht* von selbst abbaut, so wie es den Theorien der freien Marktpreisbildung nach der Fall sein müßte, der Hintergrund für das wirtschaftspolitische Konzept von *John Meynard Keynes*, der mit seinen Ideen vor dem Hintergrund der **Weltwirtschaftskrise** nach 1929 eine ›Revolution‹ im wirtschaftspolitischen Denken auslöste: Wenn – wie in diesem Fall auf dem Arbeitsmarkt – eine Nachfragelücke nach Arbeitskräften besteht, die sich nicht von selbst schließt bzw. schließen kann, dann – so *Keynes* – soll es Aufgabe des Staates sein, diese Nachfrage selbst zu tätigen oder durch geeignete

Die britische Regierung will Mindestlöhne abschaffen

Abb.: 7/40 Mindestpreis III

Maßnahmen dafür zu sorgen, daß die private Nachfrage nach Arbeitskräften zunimmt. Dieselbe wirtschaftspolitische Konzeption läßt sich natürlich auch auf den Güterbereich anwenden, indem der Staat bei sich abschwächender Konjunktur die Güternachfrage direkt oder indirekt stärken soll. Solche Maßnahmen werden in der Regel als **Beschäftigungs-** oder **Konjunkturprogramm** bezeichnet.

8. Schlußbemerkung

Gerade die letzten Gedanken verdeutlichen vielleicht, daß die Grenze zwischen Wirtschaftstheorie und -politik inhaltlich leicht überschritten wird, so daß es immer wieder erforderlich wurde, eher wirtschaftspolitisch einzuordnende Aspekte zu vernachlässigen. In den vorangehenden Kapiteln wurde versucht, einige Grundlagen der volkswirtschaftlichen Theorie mithilfe von Beispielen aus der Realität zu erläutern. Dies kann nicht immer mit der erforderlichen Überzeugungskraft gelingen, da die Theorie häufig von Annahmen ausgeht, die in der Praxis nicht verwirklicht sind und teilweise auch nicht verwirklicht werden können.

Die dargestellten Theoriebausteine sind zumeist Elemente einer marktwirtschaftlichen Wirtschaftsphilosophie. In der marktwirtschaftlichen **Wirtschaftspolitik** wird versucht, mit Instrumenten, die mit der Marktwirtschaft vereinbar sind, die ökonomische Realität so weit wie möglich an einen als richtig erachteten und theoretisch untermauerten Idealzustand anzunähern. Wie dieser Idealzustand beschaffen sein soll, ist eindeutig eine *politische* Frage und nicht Gegenstand der Betrachtungen in diesem Buch – unabhängig davon, daß an verschiedenen Stellen auch die persönliche Meinung des Autors mit eingeflossen ist: Es ist nicht immer möglich oder sinnvoll, kommentarlos nur darzustellen. Dabei sollten allerdings subjektive Wertungen auch als solche erkennbar sein; dies ist hoffentlich geschehen.

Obwohl es nach penetranter Eigenwerbung des Autors aussehen mag, soll darauf hingewiesen werden, daß die inhaltliche Fortsetzung der theoretischen Grundlagenbetrachtungen dieses Buches in einer anderen Arbeit des Autors erfolgt: Jörn Altmann, **Wirtschaftspolitik. Eine praxisorientierte Einführung**, Gustav Fischer Verlag (UTB-Band Nr. 1317), 4. Auflage 1990. Die *Wirtschaftspolitik* geht von den Erkenntnissen dieses vorliegenden *Volkswirtschaftslehre*-Buches aus und erläutert u. a. Sinn und Messung wirtschaftspolitischer Ziele, untersucht die Folgen von Zielabweichungen, stellt wirtschaftspolitische Konzeptionen vor, wie z. B. Nachfrage- oder Angebotstheorie oder Monetarismus, und erläutert Zweck und Funktionsweise von Instrumenten der Fiskal-, Geld-, Kredit-, Währungs- und Außenwirtschaftspolitik. Beide Bände werden ergänzt durch das »Arbeitsbuch Volkswirtschaftslehre/Wirtschaftspolitik« (UTB 1537) mit über 650 Fragen, Aufgaben, Texten und Schaubildern mit Antworten, Lösungen, Interpretationen und Erläuterungen.

Unabhängig davon enthalten die Literaturhinweise zu jedem Kapitel des vorliegenden *Volkswirtschaftslehre*-Bandes umfangreiche Hinweise auf weiterführende und vertiefende Literatur.

Anhang

Einige Ergänzungen zum Elastizitätsbegriff

Im Abschnitt 7.1 wurden bei der Behandlung des Elastizitätsbegriffs aus didaktischen Gründen einige Vereinfachungen vorgenommen. An dieser Stelle sollen daher einige Ergänzungen und Verfeinerungen der Betrachtung nachgeholt werden, wobei wir uns auf das Beispiel der direkten Preiselastizität der Nachfrage beschränken; auf andere Funktionen, beispielsweise die Angebotsfunktion, sind die Erkenntnisse sinngemäß ohne weiteres zu übertragen.

1. Vorzeichen

Bei normaler Nachfragereaktion, d. h. einem fallenden Verlauf der Nachfragefunktion wie in Abb. 7/1 oder 7/7a ist der Elastizitätswert immer negativ:
Die allgemeine Formel der direkten Preiselastizität der Nachfrage lautet

$$(1) \qquad \mu = \frac{\dfrac{\Delta X}{X}}{\dfrac{\Delta P}{P}}.$$

Dies bedeutet, daß bei einer Preiserhöhung ($\Delta P > 0$) der Nenner positiv ist und der Zähler negativ, denn $\Delta X < 0$; bei einer Preissenkung wäre es umgekehrt, d. h. μ ist immer negativ.
Sofern es sich jedoch nicht um den Normalfall handelt, sondern beispielsweise um den Snob-Effekt der Abb. 7/7b, also einer steigenden Preis-Nachfrage-Funktion, wird der Elastizitätsquotient immer einen positiven Wert annehmen, denn ΔX und ΔP haben dann immer dasselbe Vorzeichen.
Wenn es also aufgrund der Betrachtung eindeutig ist, um welchen Fall es sich handelt, ist es allerdings auch gängig, auf das Vorzeichen zu verzichten und absolute Zahlen zu verwenden. In manchen Lehrbüchern wird auch der Elastizitätsquotient (1) bei der direkten Preiselastizität mit -1 multipliziert, so daß sich dann gleichfalls nur positive Werte ergeben.

2. Steigung der Nachfragefunktion

Vielfach besteht die irrige Meinung, daß eine steile Funktion eine unelastische und eine flache Funktion eine elastische Nachfrage ausdrücke (vgl. Abb. 7/12). Dies ist falsch, denn *jede* Funktion, egal, ob sie steil oder flach verläuft, umfaßt *alle* Elastizitätswerte von Unendlich (∞) bis 0. Dies kann leicht bewiesen werden, wobei die Darstellung sich auf *Geraden* beschränkt.

Untersuchen wir als Beispiel die Elastizität des Punktes A in Abb. A/1. Die oben gerade angeführte allgemeine Elastizitätsformel (1) kann in die Strecken der Koordinaten des Punktes A ›übersetzt‹ werden:

$$(2) \qquad \mu = \frac{\dfrac{\Delta X}{X}}{\dfrac{\Delta P}{P}} = \frac{\dfrac{KE}{AD}}{\dfrac{KA}{OD}} = \frac{KE}{KA} \cdot \frac{OD}{AD}$$

Da die Dreiecke AKE und CDA ähnlich sind, gilt

$$(3) \qquad \frac{KE}{KA} = \frac{AD}{CD}$$

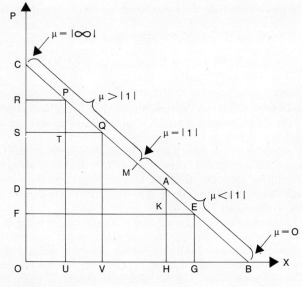

Abb.: A/1 Elastizität I

und somit

(4)
$$\frac{AD}{CD} \cdot \frac{OD}{AD} = \frac{OD}{CD}.$$

Nach dem 1. Strahlensatz ist

(5)
$$\frac{OD}{CD} = \frac{AB}{AC} = \mu.$$

Der Ausdruck $\frac{AB}{AC}$ bezeichnet das Verhältnis des Abschnittes auf der Nachfragefunktion *unterhalb* des betrachteten Punktes A, bezogen auf den Abschnitt *oberhalb* des Punktes A. Die Elastizität eines Punktes auf der Nachfragefunktion kann somit leicht ermittelt werden, indem man den unterhalb dieses betreffenden Punktes liegenden Streckenabschnitt der Nachfragefunktion teilt durch den Streckenabschnitt oberhalb des Punktes. (Aufgrund der obigen Ausführungen hinsichtlich des Vorzeichens können wir hier also der Einfachheit halber mit absoluten Zahlenwerten arbeiten; dies wird durch sog. *Betragsstriche* ($|..|$) ausgedrückt).

In der Streckenmitte M muß μ somit offensichtlich den Wert $|1|$ annehmen; unterhalb der Streckenmitte ist $\mu < |1|$, z. B. für A ist $\mu =$ AB : AC, d. h. es handelt sich um einen preisunelastischen Nachfragepunkt; oberhalb der Streckenmitte ist $\mu > |1|$, z. B. in Q ist $\mu =$ QB : QC, also elastisch.

In den Schnittpunkten mit den Koordinaten nimmt die Elastizität die Extremwerte 0 bzw. $|\infty|$ an:

In B ist $\Delta X = 0$, d. h. der Zähler des Elastizitätskoeffizienten (1) ist Null; gleichfalls ist der Streckenabschnitt unterhalb von B Null, d. h. der Zähler des analogen Ausdrucks zu (5) ist Null, d. h. in B ist $\mu = 0$.

In C hingegen ist $\Delta P = 0$, d. h. der Nenner des Koeffizienten (1) ist Null, und analog der Nenner des Ausdrucks (5), da es keinen Streckenabschnitt oberhalb von C gibt. Daher gilt $\mu = |\infty|$.

Da diese Zusammenhänge für *jede* Nachfragefunktion gleich welcher Steigung gelten, umfaßt *jede* Nachfragefunktion *alle* Elastizitätswerte von Null bis Unendlich:

(6)
$$0 \leq \mu \leq |\infty|$$

Jede Nachfragefunktion hat somit einen elastischen (oberen) Bereich und einen unelastischen (unteren) Bereich.

Betrachten wir anhand von Abb. A/1 ein Beispiel. Eine Preissenkung im Ausmaß RS bedeutet eine Bewegung von P zu Q mit einer Zunahme der Nachfrage um UV. In den Elastizitätskoeffizienten (1) eingesetzt bedeutet dies (ohne Berücksichtigung des Vorzeichens):

$$(7) \qquad \mu = \frac{\dfrac{\Delta X}{X}}{\dfrac{\Delta P}{P}} = \frac{\dfrac{UV}{OU}}{\dfrac{RS}{RO}}.$$

Daraus läßt sich (grob) ableiten, daß die Elastizität einen Wert größer als $|1|$ annehmen wird, denn das Verhältnis der Strecken im Zähler ist größer als das der Strecken im Nenner; es handelt sich also um einen elastischen Bereich.

Eine Bewegung von A zu E hingegen würde analog zu (7) bedeuten

$$(8) \qquad \mu = \frac{\dfrac{\Delta X}{X}}{\dfrac{\Delta P}{P}} = \frac{\dfrac{HG}{OH}}{\dfrac{DF}{DO}}$$

und einen unelastischen Bereich bezeichnen, da $\mu < |1|$ sein wird. Wie bereits in Abschnitt 7.1.4 gesagt wurde, besteht bei einer steilen Nachfragefunktion allenfalls eine recht hohe *Wahrscheinlichkeit*, daß es sich um den unelastischen, unteren *Teil* einer Nachfragefunktion handelt (vgl. hierzu oben Abb. 7/12), während es sich bei einer flachen Funktion wahrscheinlich um den oberen, elastischen Teil einer Nachfragefunktion handelt.

Im Abschnitt 7.1.4 wurde u. a. auch ausgeführt, daß eine Preissenkung *ceteris paribus* (und unter bestimmten Nebenbedingungen, auf die hier nicht eingegangen zu werden braucht) zu einer Umsatzeinbuße, bei elastischer Nachfrage hingegen zu einer Umsatzzunahme führen wird. Dies läßt sich gleichfalls anhand von Abb. A/1 zeigen:

Der Umsatz ist das Produkt von Menge mal Preis. Der zu Punkt P gehörende Umsatz entspricht also dem Flächeninhalt des Rechtecks PUOR, der zu Q gehörende dem Rechteck QVOS. Letzteres ist um das Rechteck QVUT größer und um PTSR kleiner als das ›alte‹ Umsatzrechteck PUOR. Da QVUT offensichtlich größer ist als PTSR, ist der Flächeninhalt des neuen Umsatzfeldes größer als der des alten; dies läßt sich also ohne Rechnen oder Messen erkennen. Dies erhärtet die Aussage, daß bei einer Preissenkung bei elastischer Nachfrage der (negative) Preiseffekt der Preissenkung überkompensiert wird durch den (positiven) Mengeneffekt der Nachfrageausweitung, so daß per Saldo der Umsatz steigt.

Durch analoge Überlegungen läßt sich unschwer zeigen, daß der Umsatz bzw. das Umsatzfeld bei einer Bewegung von A zu E, also bei unelastischer Nachfrage, entsprechend sinkt.

3. Punkteelastizitäten und Strecken

Die gerade betrachteten Beispiele sind im Grunde genommen unzulässig, denn zur Ermittlung von Elastizitätswerten vergleichen sie unterschiedliche Punkte auf ein und derselben Nachfragefunktion. Somit setzen sie Streckenabschnitte zueinander in Beziehung, während die Elastizität im Prinzip für unendlich kleine Veränderungen definiert ist: Sie ist eine Punkt- und keine Streckenelastizität. Formal entspricht dies dem Unterschied zwischen einem **Differenzen-** und einem **Differentialquotienten**, d. h. wenn ΔX unendlich klein wird, geht es über in dX.

Deutlich wird dies, wenn man als Nachfragefunktion keine Gerade, sondern – was viel realistischer ist – eine *gekrümmte Funktion* annimmt (Abb. A/2). Nach den vorangehenden Ausführungen zu Abb. A/1 läßt sich die Elastizität eines Punktes A messen durch das Verhältnis des durch den betrachteten Punkt definierten unteren Streckenabschnitt zum oberen Streckenabschnitt. Bei einer gekrümmten Funktion legt man dazu eine **Tangente** in diesem Punkt an die Funktion. Das Verhältnis ›unterer : oberer Streckenabschnitt‹ AB : AC ist dann in Zusammenhang zu bringen mit der **Steigung** der Nachfragefunktion in diesem

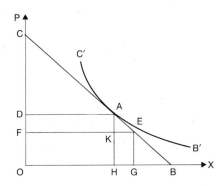

Abb.: A/2 Elastizität II

Punkt A, d. h. geht nicht von ΔP bzw. ΔX sondern von dP bzw. dX aus. Unendlich kleine Veränderungen, wie sie ein Differentialquotient voraussetzt, sind jedoch nur mit Mühe auf ökonomische Sachverhalte der Realität zu übertragen, so daß man bei praktischen Problemen quasi ›Streckenelastizitäten‹ betrachtet, obgleich dies mathematisch höchst bedenklich ist.

Literaturverzeichnis

Die Literatur zur Allgemeinen Volkswirtschaftslehre ist in ihrer Gesamtheit kaum zu überblicken. Die hier getroffene *Auswahl* läßt daher mit Sicherheit Lücken. Die Literaturangaben beziehen sich bis auf wenige Ausnahmen auf Monographien, die in der Regel auch im Fernleihverkehr zu beziehen sind. Für den Einstieg eignen sich in hervorragender Weise auch die didaktisch herausragenden Fachzeitschriften *Wirtschaftswissenschaftliches Studium (WIST)* und *Wirtschaftsstudium (WISU)*.

Allgemeine volkswirtschaftliche Lehrbücher

Bartling, Hartwig und Franz Luzius: Grundzüge der Volkswirtschaftslehre. 5. Aufl., München 1986.

Baßeler, Ulrich, Jürgen Heinrich und Walter Koch: Grundlagen und Probleme der Volkswirtschaft. 7. Aufl., Köln 1984.

Bender, Dieter (Hg.): Vahlens Kompendium der Wirtschaftstheorie und Wirtschaftspolitik. 2 Bände, 2. Aufl., München 1984.

Bücher, Karl: Die Entstehung der Volkswirtschaft. 7. Aufl., Tübingen 1910.

Czesanne, Wolfgang: Volkswirtschaftslehre. München 1987.

Eucken, Walter: Grundlagen der Nationalökonomie. 8. Aufl., Berlin 1965.

Franke, Siegfried F.: Volkswirtschaftslehre. Hamburg 1985.

Grass, Rolf-Dieter und Wolfgang Stützel: Volkswirtschaftslehre – eine Einführung auch für Fachfremde. München 1983.

Keynes, John Maynard (in der deutschen Übersetzung von Fritz Waeger): Allgemeine Theorie der Beschäftigung, des Zinses und des Geldes. München 1936, Nachdruck London 1961.

Paulsen, A.: Allgemeine Volkswirtschaftslehre: 4 Bände, 6. Aufl., (Göschen) Berlin 1969.

Samuelson, P. A. (dt. Übersetzung): Volkswirtschaftslehre. 6. Aufl., 2 Bände, Köln 1975.

Schneider, Erich: Einführung in die Wirtschaftstheorie. 4 Bände, verschiedene Auflagen, Tübingen ab 1969/1970.

Schneider, Helmut: Mikroökonomie. Eine Einführung in die Preis-, Produktions- und Wohlfahrtstheorie. 4. Aufl., München 1986.

Scholz, Hans Gunther: Gesamtwirtschaftliche Zusammenhänge: Volkswirtschaftslehre. Frankfurt 1982.

Schumann, Jochen: Grundzüge der mikroökonomischen Theorie. 5. Aufl., Berlin 1987.

Smith, Adam: Der Wohlstand der Nation. Eine Untersuchung seiner Natur und seiner Ursachen (dt. Übersetzung, hg. von Horst C. Recktenwald). München 1978.

Stobbe, Alfred: Volkswirtschaftslehre II: Mikroökonomik. Berlin 1983.

Streit, Manfred u. a. (Hg.): Wie funktioniert das? Die Wirtschaft heute. 3. Aufl., Mannheim 1984.

Trebeis, Orestes, V. (Hg.): Nationalökonomologie. 3. Aufl., Tübingen 1983 (kein Lehrbuch im eigentlichen Sinne; ein Buch für Kenner).

Wagenblaß, Horst: Volkswirtschaftslehre, öffentliche Finanzen und Wirtschaftspolitik. 3. Aufl., Heidelberg 1986.

Woll Arthur: Volkswirtschaftslehre. 9. Aufl., München 1987.

zu Kapitel 1: Volkswirtschaftstheorie und Wirtschaftspolitik und
Kapitel 2: Grundbegriffe des Wirtschaftens
(siehe auch die oben angeführten allgemeinen Lehrbücher)

Aldrup, D.: Das Rationalitätsprinzip in der politischen Ökonomie. Tübingen 1971.

Altmann, Jörn: Kollektive wirtschaftliche Entscheidungen durch Amalgamation individueller Präferenzen. Frankfurt 1977.

Arrow, K. J.: Social Choice and Individual Values. 2. Aufl., London, New York, Sydney 1963.

Buchanan, J. M. und G. Tullock: The Calculus of Consent. Ann Arbor 1962.

Schneider, Hans K.: Methoden und Methodenfragen der Volkswirtschaftslehre. In: Ehrlicher, W. u. a. (Hg.), Kompendium der Volkswirtschaftslehre. Band 1, 5. Aufl., Göttingen 1975.

zu Kapitel 3: Kreislauf und
Kapitel 4: Sozialproduktskonzepte

Bombach, Gottfried: Kreislauftheorie und volkswirtschaftliche Gesamtrechnung. In: Jahrbuch für Sozialwissenschaften. 11.1960, S. 217ff und S. 242ff.

Cassel, Dieter und Anja Caspers: Was ist Schattenwirtschaft? Begriff und Erscheinungsformen der Second Economy. In: WIST. 13.1984:1, S. 1ff.

Cassel, Dieter und Herbert Müller: Kreislaufanalyse und volkswirtschaftliche Gesamtrechnung. UTB Stuttgart 1975.

Claasen, Emila Maria: Grundlagen der Geldtheorie. 2. Aufl., Berlin 1980.

Gietschmann, Klaus (Hg.): Schattenwirtschaft: wirtschaftliche und sozialwissenschaftliche Aspekte, internationale Erfahrungen. Göttingen 1984.

Haslinger, Franz: Volkswirtschaftliche Gesamtrechnung. 4. Aufl. München 1986.

Hübl, Lothar: Wirtschaftskreislauf und gesamtwirtschaftliches Rechnungswesen. In: Bender, Dieter (Hg.), Vahlens Kompendium der Wirtschaftstheorie und Wirtschaftspolitik. Band 1, 2. Aufl., München 1984, S. 49ff.

Issing, Otmar: Einführung in die Geldtheorie. 6. Aufl. München 1987.

Jarchow, H.-J.: Theorie und Politik des Geldes. Band I: Geldtheorie. UTB, 6. Aufl., Göttingen 1984.

Krelle, W.: Volkswirtschaftliche Gesamtrechnung. 2. Aufl., Berlin 1967.

Langfeld, Enno: Die Schattenwirtschaft in der Bundesrepublik Deutschland. Tübingen 1984.

Leipert, Christian: Unzulänglichkeiten des Sozialprodukts in seiner Eigenschaft als Wohlstandsmaß. Tübingen 1975.

Niessen, Hans-Joachim: Schattenwirtschaft in der Bundesrepublik. Opladen 1987.

Peto, Rudolf: Einführung in das volkswirtschaftliche Rechnungswesen. 3. Aufl., München 1987.

Richter, Rudolf: Volkswirtschaftliche Gesamtrechnung/Volkswirtschaftliche Finanzierungsrechnung/Zahlungsbilanz. 2. Aufl., Wiesbaden 1982.

Schneider, Erich: Einführung in die Wirtschaftstheorie, I. Teil, Theorie des Wirtschaftskreislaufs. 14. Aufl., Tübingen 1969.

Stobbe, Alfred: Gesamtwirtschaftliche Theorie. Berlin 1975.

Stobbe, Alfred: Volkswirtschaftslehre I, Volkswirtschaftliches Rechnungswesen. 6. Aufl., 1984.

Thieme, H. Jörg (Hg.): Geldtheorie. Entwicklung, Stand und systemvergleichende Anwendung. Baden-Baden 1985.

Zapf, Wolfgang (Hg.): Soziale Indikatoren, Konzepte und Forschungsansätze. Bd. I, II, Frankfurt 1974, Bd. III Frankfurt 1975.

zu Kapitel 5: Wirtschaftssysteme und Wirtschaftsordnungen
(vgl. teilweise auch die Literatur zu Kapitel 6)

Basseler, U. und J. Heinrich: Wirtschaftssysteme. Kapitalistische Marktwirtschaft und sozialistische Planwirtschaft. Würzburg 1984.

Cassel, Dieter u. a. (Hg.): 25 Jahre Marktwirtschaft in der Bundesrepublik Deutschland: Konzeption und Wirklichkeit. Stuttgart 1972.

Cassel, Dieter (Hg.): Wirtschaftspolitik im Systemvergleich. Konzeptionen und Praxis der Wirtschaftspolitik in kapitalistischen und sozialistischen Wirtschaftssystemen. München 1984.

Dahrendorf, Ralf: Markt und Plan, 2 Typen der Rationalität. Tübingen 1966 (19 S.).

Dobias, Peter: Theorie und Praxis der Planwirtschaft. Paderborn 1977.

Erhard, Ludwig und A. Müller-Armack: Soziale Marktwirtschaft. Ordnung der Zukunft. Manifest 72, Frankfurt u. a. 1972.

Eucken, Walter: Grundlagen der Nationalökonomie. 8. Aufl., Berlin 1965.

Grosser, Dieter (Hg.): Der Staat in der Wirtschaft der Bundesrepublik. Opladen 1985.

Gutmann, Gernot: Volkswirtschaftslehre. Eine ordnungstheoretische Einführung. 2. Aufl., Stuttgart 1987.

Hamel, Hannelore (Hg.): Bundesrepublik Deutschland – DDR. Die Wirtschaftssysteme. 4. Aufl., München 1983.

Hedtkamp, Günther: Wirtschaftssysteme. Theorie und Vergleich. München 1974.

Hensel, Karl P.: Grundformen der Wirtschaftsordnung. Marktwirtschaft – Zentralverwaltungswirtschaft. 3. Aufl. München 1978.

Kosta, Jiri: Sozialistische Planwirtschaft. Theorie und Praxis. Opladen 1974.

Kosta, Jiri: Wirtschaftssysteme des realen Sozialismus: Probleme und Alternativen. Köln 1984.

Kromphardt, Jürgen: Konzeptionen des Kapitalismus. Göttingen 1980.

Lampert, H.: Die Wirtschafts- und Sozialordnung der Bundesrepublik Deutschland. 8. Aufl., München 1985.

Leipold, Helmut: Wirtschafts- und Gesellschaftssysteme im Vergleich. 4. Aufl., Stuttgart 1985.

Leiphold, Helmut (Hg.): Sozialistische Marktwirtschaften. München 1975.

Lösch, D.: Sozialistische Wirtschaftswissenschaft: Die Wirtschaftstheorie im Sozialismus und ihre Bedeutung für die Wirtschaftspolitik. Hamburg 1987.

Meyer, Christian: Die volkswirtschaftliche Gesamtrechnung der DDR: Methodik, Inkonsistenzen, Ideologie. München 1984.

Müller-Armack, A.: Soziale Marktwirtschaft. In: Handwörterbuch der Sozialwissenschaften. Band 9, Stuttgart u. a. 1956.

Nipperdey, Hans Carl: Soziale Marktwirtschaft und Grundgesetz. Köln u. a. 1965.

Osers, Jan: Sozialistische Wirtschaftsmodelle. Frankfurt a. M. 1980.

Peters, Hans-Rudolf: Einführung in die Theorie der Wirtschaftssysteme. München 1987.

Pilz, Frank: Das System der Sozialen Marktwirtschaft. UTB, 2. Aufl., München 1981.

Schmöldrs, Günter (Hg.): Unsere Wirtschaftsordnung und ihre Hauptprobleme. Ein Überblick. 2. Aufl., Essen 1976.

Sik, Ota: Wirtschaftssysteme. Vergleich, Theorie, Kritik. Berlin 1987.

Streißler, Erich und Christian Watrin (Hg.): Zur Theorie marktwirtschaftlicher Ordnungen. Tübingen 1980.

Thieme, H. Jörg: Wirtschaftssysteme. In: Dieter Bender u. a. (Hg.), Vahlens Kompendium der Wirtschaftstheorie und Wirtschaftspolitik. München 1984, Band 1, S. 1ff.

zu Kapitel 6: Marktformen und Verhaltensweisen
(vgl. teilweise auch die Literatur zu Kapitel 5)

Aberle, G.: Wettbewerbstheorie und Wettbewerbspolitik. Stuttgart, Mainz 1980.

Arndt, Helmut: Markt und Macht. 2. Aufl. Tübingen 1973.

Arndt, Helmut: Wirtschaftliche Macht. Tatsachen und Theorien. 2. Aufl., München 1977.

Arndt, Helmut: Irrwege der politischen Ökonomie. München 1979.

Bartling, H.: Leitbilder der Wettbewerbspolitik. München 1980.

Bechthold, R.: Das neue Kartellrecht. München 1981.

Bechthold, R.: Die Entwicklung des deutschen Kartellrechts von 1981 bis 1983. Neue Juristische Wochenschrift, 37.1984:4, S. 145–152.

Berg, H.: Wettbewerbspolitik. In: Vahlens Kompendium der Wirtschaftstheorie und Wirtschaftspolitik. Bd. 2, S. 213 ff.

Cox, Helmut u. a. (Hg.): Handbuch des Wettbewerbs. Wettbewerbstheorie, Wettbewerbspolitik, Wettbewerbsrecht. München 1981.

Emmerich, V.: Kartellrecht. 4. Aufl., München 1982.

Eser, G.: Die politische Kontrolle der multinationalen Unternehmen. Frankfurt 1982.

Herdzina, Klaus: Wettbewerbspolitik. UTB-Fischer Nr. 1294, Stuttgart 1984.

Hoppmann, Erich: Marktmacht und Wettbewerb. Tübingen 1977.

Kanzenbach, Erich: Die Funktionsfähigkeit des Wettbewerbs. 2. Aufl., Göttingen 1967.

Kaufer, E.: Theorie der öffentlichen Regulierung. München 1981.

Klippert, V.: Die wettbewerbsrechtliche Beurteilung von Konzernen. Berlin 1984.

Möschel, W.: Recht der Wettbewerbsbeschränkungen. Köln etc. 1983.

Monopolkommission des Deutschen Bundestages. Hauptgutachten der Monopolkommission. Versch. Jahrgänge.

Oberender, Peter (Hg.): Marktstruktur und Wettbewerb. München 1984.

Schmidt, J.: Wettbewerbspolitik und Kartellrecht. 2. Aufl., Stuttgart 1987.

Tolksdorf, Michael: Kartelle und Konzerne – Soziale Marktwirtschaft am Ende? Landeszentrale für politische Bildungsarbeit Berlin, Berlin 1981.

Rittner, F.: Einführung in das Wettbewerbs- und Kartellrecht. 2. Aufl., Heidelberg 1985 (UTB).

Schmidt, I.: Wettbewerbstheorie und -politik. Eine Einführung. Stuttgart 1981.

zu Kapitel 7: Marktpreisbildung
(siehe auch die oben angeführten Allgemeinen Lehrbücher)

Bartling, Hartwig: Landwirtschaft. In: Oberender, Peter (Hg.), Marktstruktur und Wettbewerb. München 1984.

Franke, Jürgen: Grundzüge der Mikroökonomik. 3. Aufl., München 1986.

Kleps, Karlheinz: Staatliche Preispolitik. München 1984.

Neumann, Hans-Peter: Die EWG-Agrarmarktpolitik. System und Probleme. In: WIST 3.1974, S. 269 ff.

Ölschläger, Klaus: Grundlagen der Mikroökonomik. 4. Aufl., München 1980.

Schneider, Helmut: Mikroökonomie. Eine Einführung in die Preis-, Produktions- und Wohlfahrtstheorie. 4. Aufl., München 1986.

Schneider, Erich: Einführung in die Wirtschaftstheorie. Band 2, 13. Aufl. 1972.

Siebke, Jürgen: Preistheorie. In: Bender, Dieter (Hg.), Vahlens Kompendium der Wirtschaftstheorie und Wirtschaftspolitik. Band II, 2. Aufl., München 1984, S. 57 ff.

Stobbe, Alfred: Volkswirtschaftslehre II: Mikroökonomik. Berlin 1983.

Streißler, Erich und Monika (Hg.): Konsum und Nachfrage. Köln u. a. 1966.

Register

Abschreibungen 66 ff.
Abschöpfungen 180 f.
Angebot 30, 31, 43, 146–159
Angebots-
-elastizität 158
-funktion 154–159
-lücke 160, 164 ff., 171 ff.
-überhang 161, 164 ff., 171 ff.
Arbeit (Produktionsfaktor) 15 ff., 18 f.
Arbeitskosten 155
Arbeits-
-losigkeit 23 f., 30
-produktivität 23 f.
-teilung 21–30, 36 ff.
– gesellschaftliche 22
– internationale 23
– technische 22
-zerlegung 23
Außenbeitrag 78
Autarkie 22, 35, 36

Bankensektor 33
Banknoten 45 f., 50
Bartergeschäfte 39
Bedürfnis(se) 5–10
– endogene 5
– exogene 5
Bedürfnis-
-intensität 136–146
-skala 6 f.
-struktur 136–146
Betriebswirtschaftslehre 4, 146
Boden 15 ff.
Brutto-
-inländerprodukt 82
-inlandsprodukt 81 f.
-investition 67
-produktionswert 64
-sozialprodukt 65, 66 ff., 82 ff.
-wertschöpfung 61, 65
Buchgeld 46

ceteris-paribus – Bedingung 3, 123–183

Dienstleistungen 10, 30 ff.
direkte Steuern 71, 145

Einkommen 134–136
– aus selbständiger Arbeit 75 ff.
– aus unselbständiger Arbeit 75 ff.
Einkommenselastizität 145 f.
Einzelwirtschaft 4
Elastizität 136–146, 158, 164–170, 187–192
Endnachfrage, volkswirtschaftliche 77
Entstehungsrechnung des Sozialprodukts 61–69, 70–74, 80
Entwicklungsländer 27, 182
Ersatzinvestition 67
Erstattungen 180 f.
Ertragsgesetz 149 f.
Erweitungsinvestition 68
EWG 178
EWS 174, 177

Faktor-
-kosten 62, 69–73
-märkte 37, 51 f.
-produktivitäten 28
Fisher'sche Verkehrsgleichung 54 ff.
Freihandel 23
Frühstückskartell 108, 118
Fusion 111, 115–121

GATT 23
Gebietskörperschaften 32
Gebrauchsgüter 12
Geld-
-arten 43–46
-funktionen 41–43
-menge 50 f., 54 ff.
-schöpfung 47–51

– Naturgeld 43
– Warengeld 43
Gesamtrechnung, volkswirtschaftliche 30, 33
geschlossene Volkswirtschaft 59
Gesetz der Massenproduktion 152 f., 157
Gesetz gegen Wettbewerbsbeschränkungen 109–121
gesetzliches Zahlungsmittel 42 f.
Gewinndruck 169
Gewinnquote 75
Giralgeld 46, 47–51
Gleichgewicht (Markt-) 161 ff., 164 ff., 171 ff.
Gossen'sches Gesetz 150
Grenzerträge 148–150
Güter 6, 10–14
– freie 11
– heterogene 13
– homogene 13
– inferiore 135
– knappe 10 f., 12
– komplementäre 12, 133
– märkte 37, 51 f., 159–183
– meritorische 13 f.
– öffentliche 13
– private 13
– spezifische (öffentliche) 13
– substitutive 12, 134
– superiore 135
– Gebrauchsgüter 12
– Individualgüter 13
– Investitionsgüter 12
– Kollektivgüter 13
– Komplementärgüter 12
– Konsumgüter 12
– Sachgüter 10, 30 ff.
– Substitutionsgüter 12
– Verbrauchsgüter 12

Haushalte
– öffentliche 32
– private 30, 36 ff., 51 ff.
Höchstpreise 171–175
Holdingsgesellschaft 111

indirekte Steuern 71, 145
Individualgüter 13
Inflation 29 f., 42, 171–175
– hausgemachte 29
– importierte 29
Inländerkonzept 80–82
Inlandskonzept 80–82
Inländerprodukt 80–82
Inlandsprodukt 80–82
Intransitivität 8 f.
Investition
– Bruttoinvestition 67
– Ersatzinvestition 67
– Erweiterungsinvestition 68
– Nettoinvestition 67
– Rationalisierungsinvestition 69
– Reinvestition 67
Investitionsgüter 12, 58
Isoquanten 147

Kapital 15 ff., 17
Kapitalbildung 15 f., 57–59
Kartellamt 112–121
Kartelle 109, 113–115
Kreislauf, volkswirtschaftlicher 35–37, 51–60
Kollektivgüter 13
Kompensationsgeschäfte 39
Komplementärgüter 12
komparative (Kosten-)Vorteile 27
Konkurrenz, vollständige 105 f.
Konsumenten 30
Konsumentenrente 162
Konsumgüter 12
Konsumverzicht 58
Konvergenztheorie 100 f.
konvertible Währung 51
Konzentration von Marktmacht 109–121
Konzentrationskontrolle 112–121
Konzern 110, 115–121
Kosten
– externe 95
– fixe 151
– variable 151 f.
– komparative (K-Vorteile) 27
– Gesamtkosten 152

– Opportunitätskosten 12
– Stückkosten 152 f.
Kostendruckinflation 29 f.
Kreditpotential 48 ff.
Kreditschöpfung 47–51
Kreuzpreiselastizität 143–144

Leistungsbilanz 78
Liberalismus 94 f., 96
Limitationalität 146 f.
Lohnkosten 155 f.
Lohnquote 75

Makroökonomie 4
Markt
– Faktormarkt 37, 51 f.
– grauer Markt 176 ff.
– Gütermarkt 37, 51 f.
Markt-
  -formen 103–108
  -gleichgewicht 159–183
  -macht 95, 109–121
  -ordnungen 178–183
  -preise 69–73, 123–183
  -wirtschaft 91–97, 100 f.
  – soziale 94, 96 f.
Maximalprinzip 20 f., 23, 29
Mehrwertsteuer 64
Mengen-
  -anpasser 107
  -fixierer 107
Mikroökonomie 4
Mindestpreise 176–183
Minister-
  -fusion 119
  -kartell 119
Mindestpreise 176–183
Mindestreserve 47–50
Minimalprinzip 20 f., 23, 29
Mißbrauchsaufsicht 117–121
Modellbildung 3 f.
monetärer Strom 35 ff., 51–60
Monopol 103, 107
Monopolkommission 112
Münzen 43
– vollwertige 44
– Scheidemünzen 44

Münz-
  -regal 43, 56
  -stätten 44
  -umlauf 50
Multis 121

Nachfrage 30, 31, 43, 123–146
  -lücke 161, 164 ff., 171 ff.
  -überhang 56, 160, 164 ff., 171 ff.
Natur 15 ff.
Naturgeld 43
Netto-
  -faktoreinkommen 81
  -investition 67
  -produktionswert 65
  -sozialprodukt 66 ff., 69, 73
  -wertschöpfung 73

offene Volkswirtschaft 59
ökonomisches Prinzip 20 f., 21–30
Oliogopol 103, 108
Opportunitätskosten 12, 26

Parallelwährung 42
Planung
– imperative 92, 97–101
– indikative 92
Polypol 103, 106
Preis-
  -bindung 113 f., 171–175, 176 f.
  -elastizität 136–144, 158
  -fixierer 107
  -index 85 f.
  -niveau 53 ff.
  -stops 171–175
Produktdifferenzierung 163
Produktionsfaktoren 15–19
– derivative 15
– originäre 15
Produktionsfunktionen 146–150
Produktionskapazitäten 56
Produktionskosten 151–154
Produktionswert
– Bruttoproduktionswert 65
– Nettoproduktionswert 65
– sektoraler 67

Produktivität 21–30, 23
– Faktorproduktivitäten 28
Produzentenrente 164
Profitquote 75
Prohibitivpreis 128
Protektion 28

Quantitätstheorie des Geldes 54–57
Quotenregelungen 177 f.

Rationalisierungsinvestition 69
Rationalität 5 f.
Rationalprinzip 20
realer Strom 35 ff., 51–60
Realkapital(bildung) 58
Realtausch(probleme) 36, 39–41, 42
Recheneinheitsfunktion des Geldes
   41
Rechte 10
Regression 128
Reinvestition 67

Sachgüter 10, 30 ff.
Sachkapital 17
Sättigungsmenge 128, 135
Schattenwirtschaft 83, 172
Schlagschatz 44
Schutzzölle 28 f.
Schwarzmarkt 172, 182
sektoraler Produktionswert 67
Sektoren, volkswirtschaftliche
   30–34, 51–60
soziale Indikatoren 89
soziale Marktwirtschaft 94, 96 f.
Sozialprodukt 54 ff., 59, 61–90
– Bruttosozialprodukt 65, 66 ff.
– Nettosozialprodukt 66 ff., 69, 73
– nominales 83 ff.
– pro Kopf 86 f.
– reales 83 ff.
Sozialversicherungen 32
Snob-Effekt 131
Staatseingriffe 96, 112–121,
   181–183
Staatssektor 32
Steuern 71, 72, 145

Strom
– monetärer 35 ff., 51–60
– realer 35 ff., 51–60
Subsistenzwirtschaft 83, 172
Substitutionalität 148–150
Substitutionsgüter 12
Syndikat 109

Tausch 22–30, 26 f.
– asymmetrischer 27
– zweistufiger 41
– Realtausch 36, 39–41
Tauschgleichung 54
Tauschmittelfunktion des Geldes 41
Tauschprobleme 39–41
technischer Fortschritt 17
Transfereinkommen 76
Transitivität 7 f.
Transnationale Unternehmen 121
Trust 112

Überschußreserve 47, 49
Umlaufgeschwindigkeit des Geldes
   53–55
Umschlagshäufigkeit (der Geldmenge) 53
Unternehmen
– öffentliche 32
– private 31, 36 ff., 51 ff.

Verbrauchsgüter 12
Verbrauchssteuern 71 f., 142
Verkehrsgleichung 54
Vermögenssektor 33
Verteilungsrechnung des Sozialpro-
   dukts 75–77, 80, 86 f.
– personelle Verteilung 76
– funktionelle Verteilung 76
– Primärverteilung 76
– Sekundärverteilung 76
Verwendungsrechnung des Sozial-
   produkts 77–78, 80
Volkseinkommen 73–74, 75–77
Volkswirtschaft
– geschlossene 59
– offene 59
volkswirtschaftliche
– Endnachfrage 77
– Gesamtrechnung 30, 33

Vollbeschäftigung 56
Vorleistungen 62, 64–66
Vorsteuerabzug 64

Wachstum 24, 57
Währung
– konvertible 51
Wahlparadox 8 f.
Warengeld 43
Wertschöpfung
– Bruttowertschöpfung 61, 65 ff.
– Nettowertschöpfung 73
Wertaufbewahrungsfunktion des
  Geldes 41 f.
Wettbewerb, vollkommener 105
windfall-profits 164

Wirtschaften 5, 10, 20
Wirtschafts-
  -subjekte 20, 30
  -ordnung 91–101
  -planung 32, 92, 97–101
  -politik 2 f.
  -systeme 91–101
  -theorie 2 f.

Zahlungsbilanz 34, 60, 78
Zahlungsmittel, gesetzliches 42
Zentralbankgeldmenge 54
Zentralverwaltungswirtschaft
  91–93, 97–101
Zigarettenwährung 42
Zwei-Sektoren-Modell 52

BUCHTIPS · BUCHTIPS · BUCHTIPS · BUCHTIPS

Altmann
Wirtschaftspolitik
Eine praxisorientierte Einführung
3. Aufl. 1989. 382 S., 203 Abb.,
kt. DM 22,80 (UTB 1317)

Altmann
Arbeitsbuch Volkswirtschafts-lehre/Wirtschaftspolitik
Fragen, Aufgaben, Materialien und
Lösungen
1990. 359 S., zahlr. Abb. u. Tab.,
kt. DM 29,80 (UTB 1537)

Wagner
Mikroökonomik
1989. 221 S., 39 Abb., kt. DM 22,80
(UTB 1517)

Herdzina
Wettbewerbspolitik
2. Aufl. 1987. 237 S., 9 Abb.,
12 Übersichten, kt. DM 21,80
(UTB 1294)

Wagner/Kaiser/Beimdiek
Ökonomie der Entwicklungs-länder
2. Aufl. 1989. 312 S., 50 Abb.,
45 Tab., kt. DM 32,80 (UTB 1230)

Siebert
Außenwirtschaft
4. Aufl. 1988. 376 S., 131 Schaubilder,
23 Tab., kt. DM 34,80 (UTB 212)

Leipold
Wirtschafts- und Gesellschafts-systeme im Vergleich
5. Aufl. 1988. 300 S., 19 Abb., 3 Tab.,
kt. DM 24,80 (UTB 481)

Harbrecht
Die Europäische Gemeinschaft
2. Aufl. 1984. 279 S., 2 Abb., 3 Tab.,
kt. DM 19,80 (UTB 746)

Ritter/Zinn
Grundwortschatz wirtschafts-wissenschaftlicher Begriffe
Englisch-Deutsch/Deutsch-Englisch
4. Aufl. 1987. 231 S., kt. DM 19,80
(UTB 644)

Preisänderungen vorbehalten

BUCHTIPS · BUCHTIPS · BUCHTIPS · BUCHTIPS

Bestellkarte

Ich bestelle aus dem Gustav Fischer Verlag, Postfach 72 01 43, D-7000 Stuttgart 70, durch die Buchhandlung:

40210 .... Expl. Altmann · **Wirtschaftspolitik**
Eine praxisorientierte Einführung
3. Aufl. 1989. DM 22,80 (UTB 1317)

40216 .... Expl. Altmann · **Arbeitsbuch Volkswirtschaftslehre/Wirtschaftspolitik**
Fragen, Aufgaben, Materialien und Lösungen
1990. DM 29,80 (UTB 1537)

.... Expl. ....

.... Expl. ....

.... Expl. ....

Preisänderungen vorbehalten.

....
Datum/Unterschrift

Absender:

Altmann, Volkswirtschaftslehre, UTB 1504, 2. A.
III. 90. 4,0. nn. Printed in Germany

☐ Teilverzeichnis Wirtschaftswissenschaften/
Statistik/EDV (kostenlos)

....
....
....

Werbeantwort/Postkarte

Uni-Taschenbücher GmbH

Postfach 801 124

D-7000 Stuttgart 80